# 当代社会发展观导论

叶泽雄 著

华中科技大学出版社

中国·武汉

**图书在版编目(CIP)数据**

当代社会发展观导论/叶泽雄　著.—武汉：华中科技大学出版社，2008 年 11 月
ISBN 978-7-5609-4975-8

Ⅰ.当…　Ⅱ.叶…　Ⅲ.社会发展-概论　Ⅳ.K02

中国版本图书馆 CIP 数据核字(2008)第 180014 号

**当代社会发展观导论**　　叶泽雄　著

责任编辑：曹　红　　封面设计：范翠璇
责任校对：汪世红　　责任监印：周治超

出版发行：华中科技大学出版社(中国·武汉)
武昌喻家山　邮编：430074　电话：(027)87557437

录　排：华中科技大学惠友文印中心
印　刷：湖北新华印务有限公司

开本：710mm×1000mm　1/16　印张：10.75　字数：183 000
版次：2008 年 11 月第 1 版　印次：2008 年 11 月第 1 次印刷　定价：25.00 元
ISBN 978-7-5609-4975-8/K·52

## 内容提要

发展问题从来没有像今天这样备受人们的关注和思考。本书以马克思社会发展理论为指导，立足于全球发展的宏大背景，既依托于又不拘泥于各种具体发展理论和实践，尝试以哲学的方式对社会发展观的基本问题，诸如发展本质、发展理想、发展道路、发展规律、发展代价、发展目的等进行一种前提性批判与反思，力求在此基础上为社会发展确立合理的价值坐标和意义支撑，为各种具体发展问题的解答提供可行、可鉴的理论框架和运作思路。阅读此书，你会对马克思社会发展理论蕴涵的当代价值，社会理想构建的合理与否对于人类历史进程的影响，社会规律存在形式和作用方式等的性质和特点，社会发展道路选择的统一性与多样性，社会发展的人为性与为人性的辩证统一等问题有更深层的理解和思索。

# 内容提要

[illegible]

# 目　　录

导言 ………………………………………………………… (1)
第一章　发展界说 ………………………………………………… (7)
一、当代人类面临的发展问题 ………………………………… (7)
二、发展的内涵 ………………………………………………… (12)
三、发展观的历史演变 ………………………………………… (15)
四、发展哲学及其研究域 ……………………………………… (22)
第二章　发展理想 ……………………………………………… (27)
一、社会理想合理构建的当代紧迫性 ………………………… (27)
二、社会理想的内涵与外延 …………………………………… (38)
三、社会理想设计的历史误区 ………………………………… (40)
四、社会理想合理构建的思路与原则 ………………………… (46)
第三章　发展道路 ……………………………………………… (51)
一、马克思和恩格斯的发展道路思想 ………………………… (51)
二、发达国家的发展道路 ……………………………………… (58)
三、发展中国家的发展道路 …………………………………… (72)
四、中国的发展道路 …………………………………………… (86)
第四章　发展规律 ……………………………………………… (101)
一、社会历史发展有无规律之争 …………………………… (101)
二、马克思的社会规律观 …………………………………… (106)
三、社会规律把握的多维视角 ……………………………… (112)
第五章　发展代价 ……………………………………………… (120)
一、社会发展代价的内涵及其实质 ………………………… (120)
二、社会发展代价产生的必然性 …………………………… (124)
三、社会发展与代价的关系 ………………………………… (128)
四、中国社会发展的代价特征 ……………………………… (134)
五、代价视野下的可持续发展 ……………………………… (139)

**第六章　发展目的** …………………………………………………… (143)
　　一、人的发展的基本内涵 …………………………………… (143)
　　二、市场经济与人的发展 …………………………………… (146)
　　三、人的发展和社会发展 …………………………………… (157)
**参考文献** ……………………………………………………………… (164)
**后记** …………………………………………………………………… (166)

# 导　言

毋庸置疑，发展是人类有史以来面临的永恒主题，只不过在人类历史发展的不同时期或阶段，人们对发展问题的关注程度有所不同而已。在目前，随着环境污染和全球问题的日趋严峻，解决人类生存和发展问题从来没有像今天这样紧迫过。

发展问题关系到人类共同的利益。从时代背景上看，引起人们对发展问题深切关注的缘由，概括地说，一是在人与自然关系上的“全球问题”的形成；二是在人与社会关系上的“世界历史”的形成。由于人与自然关系和人与社会关系之间相互关联、相互制约，因而在人与自然关系上全球问题的形成，以及在人与社会关系上世界历史的形成，实际上是一个问题的两个方面。所谓全球问题，是在全球范围内普遍存在的、影响整个人类社会生存和发展的一系列重大问题。尽管全球问题的形成蕴涵积极或正面效应，但人们尤为关注的是其消极或负面效应，即全球性的困境、危机、极限，诸如粮食奇缺、能源不足、资源匮乏、污染严重、生态失衡等。虽然“世界历史”这一概念不是马克思、恩格斯最先提出的，但“世界历史不是过去一直存在的”是马克思、恩格斯首先发现的。马克思、恩格斯在其合著的《德意志意识形态》一书中就提出了世界历史理论。他们指出：资本主义大工业的发展首次开创了世界历史，它使得以往存在的那种限制民族和国家交往的自然隔阂和屏障逐一被打破，民族与民族、国家与国家之间愈来愈在生产和消费上成为一个相互关联的整体。与全球问题一样，世界历史的形成亦有正负两个方面的效应。其正面效应是形成全球分工、全球贸易、全球通信、全球合作等的发展格局，使区域与全球、民族与人类、国度与世界之间更加紧密地联成一体；其负面效应则是出现了人类共同性社会问题，如气候控制、生态平衡、保护大气臭氧层、和平利用宇宙空间、资源能源的合理开发和利用、原子能的和平利用、国际贸易的公平竞争与交往、环境保护等。由此引发了人们对发展问题的高度关注和对发展本质等问题的深刻反思与探索。

面对发展实践中出现的问题，自 20 世纪 60 年代以来，在全球范围内形成了一股“发展研究”(development studies)热，出现了多种多样的有关现代化的“发展理论”(development theory)。其中有对于发达国家如何进一步发展的论述，但更多的是对不发达国家如何发展这一重要问题的探寻。在西方，由于“发展”范畴最初被理解为一个摆脱不发达状况实现现代化的过程，因而发展理论也就顺理成章地被理解为研究从不发达状态向发达状态转变，或从传统农业社会向现代工业社会转变的理论。从总体上看，这些理论的研究视角和侧重点虽有所不同，但具有一个共同的“理念”，即把西方模式看做是整个世界发展所应遵循的单一模式，也就是按照西方模式来规范世界的发展，主张后进国家只有完全重演发达国家的发展模式，才能摆脱不发达状况走向现代化。诚然，先期走向现代化的国家对后进国家无疑具有某种“示范效应”，但不能被理解为后进国家应完全重复发达国家的发展道路。我们记得在 20 世纪 50—60 年代，发展中国家为了赶超发达国家，往往照搬发达国家的发展模式。这一浪潮最初在拉美国家兴起，尔后逐渐扩展到世界范围，以至于形成包括所有发展中国家在内的全球性现代化浪潮。尽管发展中国家经过长期努力取得了重大成就，但其发展实践及其结果并不乐观，这在一些拉美国家表现得尤为突出。第二次世界大战以后，随着国际政治格局的演变，一大批殖民地、半殖民地国家相继取得独立，成为新兴的民族国家。他们都是刚刚从长期的殖民压迫和经济剥削下解放出来的，十分落后。因此，探索经济发展之谜就成了当务之急，且把经济增长当做发展的第一要义和首要目标。但实践证明，这种模仿战略并没有给发展中国家带来经济的普遍繁荣，也没有带来社会生活的全面进步，相反，重现了发达国家在发展过程中所造成的社会弊端，且通货膨胀、人口激增、贫富悬殊、环境污染、生态失衡、社会腐败、债务累累等现象愈演愈烈。

从国内来看，中国仍然是一个落后的农业大国。从近代开始，中国人向西方学习，力图以西方模式为样本来改造中国现实。这种学习在很大程度上是被迫的、不自觉的，而且实践证明，也是不成功的。中华人民共和国成立以后，我们照搬了苏联模式，虽然起初取得了成效，但随着时间的推移，其弊端日渐暴露出来。改革开放以来，邓小平明确指出：中国未来的社会发展“既不能照搬西方资本主义国家的做法，也不能照搬其他社会主义国家的做法，更不能丢掉我们制度的优越性”①。照抄、照搬外国模式从来就不会获得成功。我们必须“根据自己的特点，自己国家的情况，走自己的路”②。自此，中国进入了一个全面推进建设有中国特色社会主义的新时代。然而，从其发展实践的过程来看，并非一帆风顺。和其他拉美国家一样，落后的现实决定了发展经济成了中

①② 邓小平文选：第 3 卷[M]. 北京：人民出版社，1993：256，256.

国发展的首要前提和第一要务。建设小康社会，虽带来了经济繁荣和GNP、GDP的增长，但利益分配不公、贫富差距拉大、城乡二元对立明显、环境污染严重、社会动荡因素增多等负面现象也随之一一呈现出来。我们注意到，从建设小康社会到提出构建和谐社会，既是趋近中国特色社会主义这一总体目标的必要环节或阶段性目标，也是中国共产党依据以人为本的科学发展观而作出的战略调整。其主旨除了到2020年经济总量和人均收入上一个新台阶外，对发展还提出了新的、更高的要求，即以促进人的发展为中心，推进经济、社会、人口、资源环境等的协调共进，全面发展。

发展中国家的发展实践表明，发展从来就不是一个单纯的经济现象，而是涉及包括经济在内的政治、文化、社会、科技等的全面变革；发展也不是一种纯客观的事实判断或描述，而是内含着人的价值判断和主观意愿的社会跃迁，其本身就包含着价值选择，是一个与价值密切相关的范畴，因而不能离开人的价值取向来谈论发展问题；此外，从传统发展理念转向现代发展理念，抑或从传统发展观向现代发展观的转变，意味着当今世界已经联结为一个有机整体，发达国家在实现现代化之初所面临的特定国际环境和条件，已被它的现代化进程所重构，由此决定了发展中国家已不可能在同样的初始条件下去重演发达国家的发展历程。每个国家和民族都须根据自己的国情和条件去自主选择适合自身的发展目标和道路。

事实上，不仅是落后国家，而且发达国家也面临着与时代变化相关的发展问题。我们知道，可持续发展观的提出本身就蕴涵着世界各国在发展的过程中所共同面临的困境、难题及模式抉择。然而随之而来的问题是，发展的“可持续性”(sustainability)是否可能以及如何实现？在某种意义上，这一问题的解决就构成了其他诸多问题解决的前提。当代人之所以要把“发展”与“可持续性”关联起来一并思考，绝不是任意的或毫无根据的。它意味着，当代人类在其生存方式上日益表露出的整体相关性和互补性，决定了世界任何一国的发展要想得以为继，可持续发展战略是他们不得不接受和认同的唯一可行的抉择和选择。可持续发展是一个矛盾范畴。发展是可持续的前提和目标，可持续是发展的要求和保障，脱离可持续的发展是短暂的畸形的发展，脱离发展的可持续性是毫无意义的停滞。从现实情况来看，当今全球自然资源的稀缺性同人类需要的无限性之间的矛盾日益尖锐，而经济全球化趋向又使得国家间经济的相互依赖性和互补性达到了前所未有的程度，这就决定了，任何一个国家和民族都不可能脱离世界而孤立地生存和发展，也就是说，离开了发展的“可持续性”和离开了可持续性的“发展”，对于发达国家和发展中国家来说，都是不可能的。正因为如此，发达国家已不可能在原初的条件下依靠武力征服、强权政治、掠夺别国资源以及转嫁危机等方式来换取发展，它必须同发展中国家一道，在全球困境的压力面前，暂时将在社会制度、意识形态、文化传统、民族利益等问题上存在着的差别和分歧悬置起来，出让其部分的特殊利益，主动承担起既有共同性又有差异性的伦理责任，只有这样，才有可能在唯一的“诺亚方舟”上同谋生存，共求发展。

至此，问题已经很清楚了。随着人类社会实践和科学技术的不断发展，人们彼此之间的整体相关性日益凸现出来。然而，这种整体相关性绝不是排斥各具特色、多元性发展的抽象普遍性，而是体现为以多样性为基础的相互整合性和相互依存性。历史向世界历史的转变强化了世界的一体化趋向，增强了世界各国、各民族发展进程中的共通性、内聚性和统一性；但由于历史和现实的原因，世界各国、各民族的发展模式和道路又不可能是完全同一的，必然有各自的特色。面对人类生存方式上的这种时代变化特征，在如何构建未来社会发展目标和方案制订问题上，人们通过深刻的历史反思之后又重新回到了马克思的立场。或者说，马克思的社会发展理论在规范人类社会健康前行，预示社会发展的未来走向方面愈来愈显现出它的巨大魅力和当代价值。

对于马克思社会发展理论的当代价值，或许有人持有这样的疑问：马克思主义产生于一百多年前，如今所处的时代与其理论产生的时代相比，已经发生了很大的变化，那么，它的效用性能否适应今天变化了的实际呢？毫无疑问，当今世界的确发生了前所未有的变化，以至于人们可以从不同的视角，在不同的意义上对时代进行划分，如农业的、工业的、知识经济的、信息的乃至生态的，等等。尽管如此，我们注意到，只要时代的性质未变，时代的主题或存在的主要问题未变，马克思社会发展理论就不会“过时”。从人类历史发展的长河来看，如今所处的时代与一百多年前并没有本质的变化，正如封建社会在经历的一两千年中没有本质变化一样。马克思逝世后，资本主义历经自由竞争、私人垄断、国家垄断，现在发展到国际垄断阶段，但这只不过反映的是资本主义具体形式的变化，而不是资本主义实质的变化。马克思在当年所着重分析的资本主义社会存在的基本矛盾及其表现，在今天依然存在，并以新的方式产生影响。美国学者布热津斯基坦言，美国就有 20 个“基本难题”，法国学者德里达在《马克思的幽灵》一书中共列举出资本主义制度有“十大弊端”。知识和科学技术在现代社会发展中的作用愈来愈大，但这种作用再大，也没有从根本上改变现代社会发展的内在逻辑，即资本逻辑。科学技术之所以快速发展，知识进步之所以日新月异，最主要的原因就在于资本的驱动。要说变化，只不过与马克思所处的时代不同，资本的逻辑已不再局限于某一国家，而是表现为由一国向他国，由一个地域向其他地域乃至全球的推进运动。从理论层面上看，马克思社会发展理论中所蕴涵的基本原理和原则并不因时代的变化而丧失其科学性和真理性。直到今天,可以说没有任何一个人能拿出任何一个事实来驳倒唯物主义的基本原则,否定辩证法的基本规律。恩格斯在评论18世纪的哲学观点时指出,18世纪上半叶的自然科学在知识上,甚至在材料的整理上大大超过了希腊时代,但在观念地掌握这些材料上,在一般的自然观上大大低于希腊时代。这说明,哲学观点更具有普遍性和相对稳定性。有效性与时间性毕竟不是一回事。

应当说,马克思社会发展理论的当代价值是不言而喻的,但这种当代价值并不是自然显现的,从根本上来说,这取决于它对于社会现实需要的满足程度。就整个世界而言,正是当代全球化、社会现代化、社会未来走向、人的精神家园失落等问题的日益突出,才使马克思文本中的世界历史理论、交往理论、东方社会理论、社会发展规律理论、人的全面发展理论等成为人们关注和研究的热点问题。在这里,研究的理论是文本的,研究的指向则是现实的。对于某一国家或民族来说,不同时代或同一时代的不同历史条件下,人们都有自己所关注和亟待解决的各种具体的现实问题。与西方早发国家相比,发展中国家在推进现代化过程中所遇到的矛盾和问题,往往因其发展的背景不同、发展的起点不同、所处的国际位置不同、发展的导因不同、推进的方式不同,从而导致的发展逻辑也不同,引发的问题也颇为特殊和复杂。这些问题之所以是特殊和复杂的,原因在于这些问题在发达国家现代化过程中是不曾遇到或很少出现的,而在发展中国家不仅初次出现,而且具有一种把早发国家现代化过程在历史不同阶段上出现的矛盾和问题堆积在一起,并要求"一揽子解决"的特征。有学者把这些矛盾概括为浓缩与循序、滞后与超前、机会与压力、解构与重建、民族化与世界化等矛盾。① 如果说这些问题还是发展中国家的共性问题,那么,我国在其发展中还有自身更为特殊的个性问题。我国人口之多,人均耕地之少,资源之匮乏,城乡差别之明显,发展之不平衡,在世界上都是极为罕见的。如何才能克服和解决这些共性和个性的问题呢?实践表明,简单地搬用西方的现代化理论显然不行,必须结合本国具体实际,运用马克思社会发展理论加以具体分析、探索,以形成新的解决思路和方案。这种分析和探索的过程,既是深入研究马克思社会发展理论的过程,也是提升和凸显马克思社会发展理论当代价值的过程。

基于上述分析,本书始终以马克思社会发展理论为指导,以全球发展为宏大背景,对发展问题进行分析研究,既依托于又不拘泥于各种具体发展理论和

① 丰子义.发展的反思与探索[M].北京:中国人民大学出版社,2006:38-39.

实践，力图从一个全新的视角，以哲学方式对社会发展观的基本问题，诸如发展本质、发展理想、发展道路、发展规律、发展代价、发展目的等进行一种前提性批判与反思，其主旨不在于对发展（理论和实践）经验进行归纳和注解，也不在于对各种发展理论提供的知识材料进行概括和总结，而在于通过这种批判与反思，为社会发展确立合理的价值原点或坐标，为各种具体发展问题的研究提供可行、可鉴的解释框架和方法导引，从而在实践层面上合理规范、校正和调适社会的现代化和发展过程。

# 第一章 发展界说

发展，既是当代中国、又是当代世界社会生活的一个主题。因此，关于发展的理论探讨和发展战略的选择，也就理所当然地成为各国政府、党派和有识之士不断关注的重大问题。然而，究竟什么是发展，如何看待发展，以发展问题为研究对象的发展哲学及其学科性质究竟是怎样的，等等，对这些基本问题的梳理与厘清是理解和把握其他问题的前提和基础。

## 一、当代人类面临的发展问题

应该说，发展是人类有史以来面临的永恒主题，然而在人类的发展历史过程中，人们对发展问题的关注从来没有像今天这样紧迫和热切。

### 1.“发展问题”由来的时代背景

从时代背景上看，引起人们对发展这一反映人类共同利益问题深切关注的缘由，可从两个层面略加分析：一是在人与自然关系上的全球问题的形成，二是在人与社会关系上的世界历史的形成。当然，这两个方面的问题又是密切关联在一起的。

我们知道，人与自然的关系和人与社会的关系是相互联系和相互制约的，因此，人与自然关系上的全球问题的形成和人与社会关系上世界历史的形成，实际上是一个问题的两个方面。所谓全球问题，是指在全球范围内普遍存在的、影响整个人类社会生存和发展的一系列重大问题。从时空维度来看，它不是某个国家和地区存在的个别问题，而是关系到代内和代际共同利益的普遍性问题；从解决方式来看，它需要全球性的通力合作和协调一致；从涉及的广度来看，它包括政治、经济、文化和生态各个领域。全球问题的形成有双面的意义：其正面意义是全球发展，表明人类首次在地球范围内真正作为一个整体来生存、活动和发展，形成具有全球规模、全球计划、全球协作和全球效应的当代大生产、大实践，表明人类本质力量在利用和改造自然方面已经达到全球控制的整体水平;其负面意义则是全球性生成和凸显的困境、危机、极限,诸如粮食奇缺、能源不足、资源匮乏、污染严重、生态失衡等,这是全球问题作为一个当代问题而引人关注的主要之处。

“世界历史”作为一个概念不是马克思、恩格斯提出的,而是在他们之前就有人对它进行了广泛的研究和使用,但“世界历史不是过去一直存在的”是马克思、恩格斯首先发现的。早在《共产党宣言》之前,马克思、恩格斯就在其合著的《德意志意识形态》一书中提出了世界历史理论。他们从对人的现实活动的考察出发,发现随着资本主义大工业的发展,以往存在的那种限制民族和国家交往的自然隔阂和屏障逐一被打破,民族与民族、国家与国家之间越来越成为一个整体。他们指出:资本主义大工业的发展“首次开创了世界历史,因为它使每个文明国家以及这些国家中的每个人的需要的满足都依赖于整个世界,因为它消灭了各国以往自然形成的闭关自守的状态”①。世界历史是物质生产活动发展的产物,是交往的产物。“各个相互影响的活动范围在这个发展进程中越是扩大,各民族的原始封闭状态由于日益完善的生产方式、交往以及因交往而自然形成的不同民族之间的分工消灭得越是彻底,历史也就越是成为世界历史。”②世界历史的形成亦有双面意义。其正面意义是世界整体化、一体化的发展。马克思说,人与自然之间的狭隘关系制约着人与社会之间的狭隘关系。当人类作为一个整体在全球范围内与大自然相抗衡的时候,它必然以社会内部全球性组织和整体协调为前提。在相当长的历史阶段中,人类的生存和活动被分割在区域、民族和国度的范围之中,人类社会的发展史被分写成区域史、民族史和国度史。资本主义的世界性发展引发了瓜分和重新瓜分世界的两次大战,标志着并促进了历史向世界历史的转变。这一转变导致全球分工、全球贸易、全球通信、全球合作等发展格局的形成,使区域与全球、民族与人类、国度与世界之间能更加内在地、有机地和紧密地联成一个整体。其负面意义是人类共同的社会性问题的凸现。自然-社会问题是密不可分的。随着社会的整体性发展,人类第一次面临如此众多的具有共同利益的问题,诸如气候稳定、生态平衡、保护大气臭氧层、和平利用宇宙空间、医疗保健、资源能源的开发和利用、原子能的和平利用、国际贸易的保障、环境保护及食品供应和交通通信的保障等,这些问题无疑也是当代人们普遍关注的焦点。

正是由于全球问题和世界历史的形成,从而在深层次上引发出人们对发展问题的重新反省和思考,诸如发展内涵、发展模式、发展道路、发展动力、发

①② 马克思恩格斯选集:第1卷[M].北京:人民出版社,1995:114,88.

展目的等，或者从哲学层面上追问何谓发展、能否发展和如何发展等问题。应该强调的是，这些问题（发展）的普遍性，并不仅仅限于发展中国家或落后国家，在发达国家中也是异常严峻和突出的。

### 2. 发展中国家面临的发展难题

第二次世界大战以后，除少数发展中国家走上"新兴工业化国家"的道路以外，大多数发展中国家在摆脱了殖民统治获得政治独立之后，首先面临的就是发展本国经济、进行社会改革的艰巨任务。发展中国家面临的问题多种多样，其中具有普遍性的问题则表现在以下几个方面。

(1) 经济发展与社会整体发展之间的矛盾。由于经济发展的落后制约着发展中国家的社会进步，因而各个国家在取得民族独立之后就理所当然地把发展经济作为振兴国家的第一要务。第二次世界大战后，发展中国家加快了经济建设的步伐，取得了较快的经济增长速度，但社会问题也凸现出来，且付出了不小的代价。这种现象常常被发展学家称为"有增长而无发展"或"零增长"，其中巴西最为典型。巴西在现代化过程中实行的是国家干预下的市场经济，是国营、私营、外资企业三种成分的"混合经济"。经过20～30年的努力，已经进入中等发达国家的行列，成绩是很大的，但问题也不少。巴西政府执行的是"先增长、后分配"的政策，城乡二元经济结构对立明显，贫富差别非常大。据世界银行统计，1983年，巴西20%最低收入家庭仅占全国总收入的2.4%，而20%最高收入家庭占全国总收入的62.6%；其中10%的最高收入家庭竟占全国总收入的46.2%，也就是说接近一半。巴西的教会人士认为，巴西的富豪占1%，富人占9%，有固定收入的中下层占40%，50%的人处于社会边缘。正像当时的巴西总统所说："巴西经济很好，但巴西人过得很苦。"[①]如何在推进经济建设的同时促进社会各个领域的全面发展，是发展中国家所面临的普遍的发展难题。

(2) 发展经济与环境保护之间的矛盾。环境问题与人口、经济发展问题是密切相关的，随着地球上人口的急剧增长，给生态环境造成了越来越大的压力。发展中国家由于人口众多，加上资本缺乏和技术落后，不得不以拓展生存空间的粗放方式来维持国民生计，由此带来对于资源、能源的过度浪费和消耗，其结果是以牺牲生态环境为代价来换取经济上的增长。加之发达国家把一些耗能高、污染重的工业转嫁到发展中国家，使这些国家普遍存在着环境污染严重、资源锐减、能源告急等问题。这种巨大的社会成本既是这些国家社会

① [美]塞缪尔·亨廷顿等. 现代化：理论与历史经验的再探讨[M]. 罗荣渠，译. 上海：上海译文出版社，1993：332.

经济落后的结果,同时又是其经济增长缓慢甚至停滞的原因。

(3) 依附性与自主性之间的矛盾。由于历史的原因,发展中国家与发达国家形成了不合理的经济、政治格局,整体上处于经济上依附、政治上受压制、文化传统和道德观念上受冲击的境地。多斯桑托斯认为:"在世界经济体系中,继续存在着经济、技术、文化中心和从属的、依附的外围之分。"①发展中国家的依附性主要表现在:本土放弃了在科学技术方面的努力;研发方面投资的缺乏使中产阶级收入下降并移民到中心国家,大学培养的人才也因研究条件的缺乏造成了人才向发达国家流动;巨额的债务压力使国家成为金融资本的俘虏,沦落到为大金融资本服务的境地;财富的高度集中和社会不公平导致了服务行业的低需求;剩余价值以大大超过投资的数量向发达国家转移,等等。总之,"帝国主义阻碍殖民地民族的生产力的发展,铲除他们在经济增长、教育发展、健康等方面的能力"②。落后国家的发展被限制在发达国家主导的国际经济体系中,这是导致发展中国家落后、依附性并阻碍其自主性发展的主要原因。

此外,在推进现代化过程中还充满着多重矛盾。有学者把这些矛盾概括为浓缩与循序、滞后与超前、机会与压力、解构与重建、民族化与世界化等矛盾。这些矛盾成为制约发展中国家的"瓶颈"。

如果说上述矛盾还是发展中国家所具有的共性问题,那么,我国在其发展中还有着自身的特殊问题。我国的人口如此之多,人均资源占有量如此之少,城乡差异、地区差异如此之大,发展如此不平衡,这在世界上是极为罕见的。如何在这样的条件下既保持经济稳定、快速、健康地增长,又要控制人口数量、提高人口素质,还要节约资源、保护自然和合理开发,实现全面、协调、可持续的发展,这是我们所面对的一个严峻课题。

### 3. 发达国家面临的发展问题

苏联和东欧剧变之后,一时间西方一些右翼学者大肆鼓吹马克思主义已被驳倒、社会主义已经失败,资本主义的"自由与民主的观念"已深入人心,无可匹敌。但随后他们就意识到,发达国家不仅存在发展难题,而且问题很多。美国知名学者布热津斯基坦言,美国就有 20 个基本难题,其中包括:债务,贸易赤字,低储蓄和投资,缺乏工业竞争力,生产力增长速度低,不适宜的医疗保

---

① [拉美]塞格雷拉主编. 全球化与世界体系:下[M]. 白凤森,等译. 北京:社会科学文献出版社,2003:679.

② [拉美]塞格雷拉主编. 全球化与世界体系:上[M]. 白凤森,等译. 北京:社会科学文献出版社,2003:69.

健制度，低质量的中等教育，贪婪的富有阶级，爱打官司到了走火入魔的程度，日益加深的种族和贫困问题，广泛的犯罪和暴力行为，大规模吸毒现象的蔓延，社会上绝望情绪的内部滋生，过度的性自由，通过视觉媒体大规模地传播道德败坏的世风，公民意识下降，潜在的制造分裂的多元文化主义的抬头，政治制度出现上下脱节现象，日益弥漫的精神空虚感，等等。[①] 德国学者德里达在反驳弗兰西斯·福山的所谓资本主义是人类历史上空前绝后的最好制度时，一下列举了资本主义制度的“十大弊端”[②]。他认为，正是由于这些弊端，资本主义绝对不是福山所说的最好的制度，他强调“经济战争、民族战争、少数民族间的战争、种族主义和排外现象的泛滥，种族冲突，文化和宗教冲突，正在撕裂号称民主的欧洲和今天的世界”[③]。

从哲学层面上看，当代资本主义的发展难题主要体现在两个方面；而从国家范围来看，突出地表现为人与社会的对抗和人性的扭曲。在当今西方国家，“上帝死了”(尼采语)，人们获得了一定程度的精神自由，然而对理性的无上尊崇和顶礼膜拜，对科学的过分仰仗和不合理运用，又使人们不愿看到和忍受随之而来的一个个人主义盛行，一切以追求经济财富、现世幸福、及时行乐为准则的物欲横流的社会。西方一学者认为，伴随三重关系的疏离(人与自然、人与社会和人与上帝)，原来用以支撑人类心灵的基石一下子坍塌了；人在物质生活相对富裕的条件下，似乎还在寻找着别的什么东西。对此，马斯洛认为：“我们时代的根本疾患是价值沦丧，这种危险状况比历史上任何时候都严重。”[④]以上问题的出现反映了当代人对自己未来精神生活的关注，更反映了当代人对生活现状的某种焦虑和期望。从世界范围来看，伴随全球化进程而来的全球问题是发达国家和发展中国家面临的共同问题。相应的，为解决这些问题而使得人们彼此之间的整体相关性日益凸现出来。人类的活动空间正日益超越国家和地区的界限，在世界范围内展现出全方位的沟通、联系、交流、互动的客观历史进程。在这一趋势中，世界系统内部已逐步形成链式反应结构，呈现出牵一发而动全身的同步效应。每一民族通过“俱损俱荣”的效应方式与世界发生着同步震荡。就此而言，全球发展以世界历史的形式拓宽了人类的活动空间，扩充了人类的共同利益，具有发展空间背景上的整体性要求。这种整体性要求意味着，不同个体之间、群体之间乃至国家之间的不同利益必须服从全球发展的整体利益。当代发达国家和发展中国家都处在谋求发展的时

---

① [美]布热津斯基．大失控与大混乱[M]．潘嘉玢，刘瑞祥，译．北京：中国社会科学出版社，1995：115-118.

②③ [法]德里达．马克思的幽灵[M]．何一，译．北京：中国人民大学出版社，1999：115-119，115.

④ [美]亚伯拉罕·马斯洛．人类价值新论[M]．胡万福，译．石家庄：河北人民出版社，1988：1.

代，然而经济全球化使得国家间经济的相互依存性和互补性达到了前所未有的程度。任何一个国家和民族都不可能脱离世界而孤立地生存和发展。这就是说，无论是发达国家还是发展中国家，一方的发展必须以另一方的发展为前提。在这一意义上，任何国家要实现真正意义上的可持续发展，必须将社会制度、意识形态、文化传统、民族利益等问题上存在着的差别和分歧暂时悬置起来，出让其部分的特殊利益，主动承担起既有共同性又有差异性的伦理责任。具体来说，发达国家应加大对环境的自身资源的控制力度，保护自然与人的和谐平衡，通过提高自然资源的利用率来减缓资源的枯竭趋势，同时还应向发展中国家提供更多的资源和技术援助，以减少发展中国家在发展过程中的环境代价，减轻全球的环境压力，带动他们共同富裕、共同发展。这既是一种补偿，也有利于发展中国家参与国际合作。发展中国家则应该把适合本国条件的产业作为可持续发展的经济增长点，谨慎地权衡长期成本和效益，提高保护环境的意识，重视经济增长与环境保护、发展速度与质量和效率之间的关系。只有在这种全球责任意识的前提下，人类才能走出"囚徒困境"。

## 二、发展的内涵

"发展"概念人人皆知，且被高频率地使用于多种场合，似乎发展是众所周知、无须辨明的。其实不然。从现实情况来看，人们在不同的场合、不同的领域和不同的层次上对"发展"的理解和运用，不仅是不同的，而且有时是混乱的。细究起来，我们认为，"发展"可以在两种意义上加以理解和把握：一是广义的发展概念；二是狭义的发展概念。

### 1. 广义的发展概念

现在我们使用的"发展"一词，其形成来自于多种理论中关于方向性变化观念的多义合成，它直接源自近代生物学胚胎发育学说，并把它用于说明社会变迁时接受了启蒙理性主义进步观的深刻影响。喻示发展内涵的胚胎隐喻，似乎从古希腊就出现了。根据卡陀瑞狄思的说法，在古希腊哲学看来，"有机体渐次向生物成熟的阶段演化就是发展"，如种子成长开花，婴儿成长为大人。自近代以来，社会发展观念更是直接来自于"development"（即"发育"一词）。对发展的理解受传统进化论的影响，自然进化成为发展的基本含义。"进化"的概念源于拉丁文"evolutio"，原意为"展开"，一般用以指事物的逐渐变化，由一种状态过渡到另一种状态。生物进化论最先将此词用于生物学研究中，认为一切生命形态都有其发生、发展的演变过程，生物最初就是由非生物发展过来的，现代生存的各种生物有其共同的祖先，生物在进化过程中，通过变异、遗传和自然选择，逐渐由低级到高级、从简单到复杂，其种类由少到多。受生物进化论的影响，许多哲学家、社会学家也用这种思维方式来解释社会现象。比如斯宾塞就把“development”从胚胎领域拓展到所有的自然过程，并把它称为“进化”。他认为，社会发展的过程在性质上与生物进化的过程是相同的，只不过更为复杂罢了。

在这个含义上，“发展”一词是中性的，它只是一个描述性概念，而不包含价值判断。它泛指自然界、人类社会、人的认识（思维）的一切变化，尤指这种变化具有不可逆性。这样理解的“发展”，事实上与“运动”“变化”“演化”“进化”“进步”等处于同一序列，意义是相近的。

然而，在社会历史领域，“发展”一般被认为必然包含着某种价值判断。在通常情况下，人们习惯于称自然界发生的过程为“变化”“演化”；称生物现象为“生长”“进化”；对于人为事物、人的活动及其结果，人的认识，对于这个领域的具有某些特征的“变化”，称为“发展”，例如，“社会发展”“科学发展”“认识发展”等。在克罗齐看来，“把历史设想成发展就是把它设想成理想价值的历史”[①]。我国有学者认为，“‘发展’必定蕴涵着一种趋向更好目标的方向性意义”。[②] 英国当代经济学家 A. P. 瑟尔瓦尔在其《增长与发展》一书中指出：“发展的含义是变化，刻画了国家内部经济和社会变迁的过程。”这样讲“发展”显得过于宽泛，即使补充限定于“经济和社会”领域，也并非任何“变迁的过程”都被称为发展。因此，瑟尔瓦尔进一步说：“在发展的概念中，必须包含各个社会主要追求的经济和社会目标的价值。”这就道出了“发展”一词的“特殊意味”。由对“价值”的强调，也就走向了对“发展”的狭义理解。

2. 狭义的发展概念

关于发展的狭义理解，首先须说明两点。

第一，所谓狭义，是相对上述广义而言的，即“发展”概念所关注的对象不是任何事物、任何现象，而是仅仅指人为事物、社会现象；不是与任何目标、价值无关的“一切变化”，而是仅仅与人的目标、与价值有关的那种“变化”。因此，狭义的发展概念是相对于人的有目的的活动及结果而言的。这里所说的“有目的的活动”是指社会活动的特质，不论是自发的还是自觉的，“有目的的活动”是人类社会实践的本质规定。因此，广义和狭义的两种理解的区别，并不是一个词义和用词规则方面的问题，而是自然界和人类社会的区别以及对

① ［意］克罗齐．历史学的理论与实际［M］．傅任敢，译．北京：商务印书馆，1982：217．

② 刘森林．发展哲学引论［M］．广州：广东人民出版社，2000：5．

这种区别的看法问题。在这个意义上,“发展”显然是一个与人类社会相关的,以现代价值为预设前提的现代语词。

第二,所谓狭义,“狭”到什么程度?在不同的学科中,情况也有所不同。例如,在发展社会学中,发展是指发展中国家由不发达状态向发达状态的转化,即实现现代化;在发展经济学中,发展主要指经济增长,虽然后来人们已经认识到“增长”本身并不一定就是“发展”,但经济增长毕竟是经济学所关心的基本方面。

对于发展的理解,各个具体学科的研究固然有必要,但更为重要的是需要一种哲学理解方式,以达到总体上的、一般性的理解和把握。在哲学历史观的视野里,发展并不像具体科学那样只讨论社会生活的某个侧面、某个领域的特殊问题,也不只讨论社会发展的某个时期、某个阶段上的特殊问题,而是讨论对社会具有普遍意义的问题。这种问题或许是从某些特殊问题中引申出来的,但它们具有基础性、根本性的意义。简言之,哲学对于社会发展问题的讨论,实际上是讨论社会发展观的问题。

所谓社会发展观,就是关于社会是否发展以及如何发展的基本见解。那么,社会发展观与社会历史观是什么关系呢?它们之间能不能等同?我们认为,第一,社会发展观只是社会历史观的一个组成部分。它回答的是社会的本质是什么,社会何以为社会,社会运动的规律和形式等问题。而社会发展观则着重研究相对于一定的价值目标的社会行为过程。例如,它要研究社会是怎样形成特定的价值目标的,什么样的发展目标是合理的,为什么人们会选择不同的途径去实现目标,等等。也就是说,合目的性、价值指向性、目标和目标实现是社会发展观的中心范畴。第二,在现代,社会发展观是社会历史观的突出内容和集中表现。换句话说,社会历史观在现代所关注的核心问题是社会发展问题。难怪有的学者认为,马克思的历史唯物主义就是一种社会发展理论。如果说在历史上,人们主要在本体论意义上关注社会,即关注的是社会是什么,是契约关系(契约论)、有机体(有机论)、一种组织形式(组织论),还是一种特殊的结构(结构论),也就是说,它所关注的是社会的存在以及怎样解释这种存在;那么在现代,人们则主要是在价值论意义上关注社会,即关注的是如何推动社会向着特定的目标发展(例如实现现代化)。这就不仅考虑社会作为一种存在物的性质,而且考虑社会作为一种创造物的性质,人们如何通过有目的活动去创造一种社会状态,去达到某种社会目标。

应当说明和强调的是,我们今天主要是从狭义上来理解和把握“发展”一词。发展不是一种纯客观的描述,而是内含着人的目标和价值的社会发展。发展本身就包含着价值判断、价值选择、价值目标和价值实现,因而是一个与价值密切相关的范畴,不能离开人的价值取向来谈论发展的问题。

## 三、发展观的历史演变

如何理解发展,实际上是与人们所持的发展观密切联系在一起的,或者说,有什么样的发展观,就有什么样的发展观念。历史地看,发展观经历了一系列的演变过程,这一过程又可以大致分为相对独立的发展阶段,有所谓"三阶段说""四阶段说"或"五阶段说"。当然,这种划分是相对的,关键在于采取的是何种视角或以什么为坐标。由于发展主要是一个近现代的话语,所以,我们也主要以近现代为界,将发展观的历史演变过程划分为以下几个主要阶段。

### 1. 经济增长:发展客体论

面对发展中出现的问题,自 20 世纪 60 年代以来,出现了全球性的发展研究热。在所形成(提出)的发展理论中,有对发达国家如何进一步发展的论述,但更多的则是对发展中国家如何从不发达状态走向发达状态的论证。

发展客体论就是对不发达国家如何发展这一重要问题的解答。第二次世界大战以后,随着国际政治格局的演变,一大批殖民地、半殖民地国家相继取得独立,成为新兴的民族国家,它们刚刚从长期的殖民压迫和经济剥削下解放出来,十分落后。这样,整个世界便日益鲜明地被划分为发达国家和发展中国家两大营垒,经济发展成为占世界人口一半以上的广大发展中国家和人民生死攸关的问题。因此,探索经济发展之谜成了当务之急。理所当然,发展经济学就成为早先传统发展理论的主要内容。由于种种原因,首先研究不发达国家经济发展问题的不是出自于本国学者,而是来自西方学者。他们根据发达国家的早期经验和发展中国家的发展状况,建构出第一批发展理论,即以发展经济学为主要内容的现代化理论。现代化理论根据其强调的现代化的特质不同,体现为发展客体论和发展主体论两种不同的发展观。发展客体论有两个特征:第一,将发展经济学作为发展理论的主要形态;第二,认为发展的本质或发展的关键在于经济增长,发展的目标就是如何追求和保证 GNP 的有效增长,社会发展成为一种经济行为或经济现象,只要能将经济蛋糕做大,其他问题就会迎刃而解。

发展客体论的合理性在于:经济增长是一切发展的现实基础,是支撑政治、文化、法律、道德等政治的和观念的上层建筑的基础。这是历史唯物主义的一个基本原则,也是发展观的基本准则。当第三世界国家要改变因历史而造成的长期贫困落后的面貌、巩固政治独立和维护国家主权时,都要依赖于经济的迅速腾飞和实力的不断增强。没有强大的民族经济，就没有发展的可能。因此，作为发展的首要环节和初始条件，将发展经济作为中心是必然的，也是合理的。而且，当今世界竞争的态势日益加剧，而各种竞争（政治、军事）归根到底都是综合国力的竞争。“发展是硬道理”，首先是指以经济发展为目标。

然而，发展客体论具有明显的片面性。首先，它以物为中心，是一种客体至上论，在“人-物”这个“主体-客体”极中指向客体极。发展本该是社会各方面的综合进化，而发展客体论把增长等同于发展，以经济取代其他方面，忽视了发展中人的主体地位与作用，忽视经济发展与政治制度、意识形态、文化价值的相互作用关系。在实践中，这种发展观并没有给第三世界国家带来繁荣，反而引发了一系列经济、社会问题，如文化冲突、通货膨胀、经济结构失调、失业、分配不公、两极分化等。巴西在 20 世纪 60—70 年代因经济增长较快而一度繁荣，但只不过是一颗经济彗星。实践证明：社会发展是一个综合进化的系统过程，单纯的经济增长是难以奏效的。其次，这一发展观毫无疑问地导向“西方中心论”，将发展现代化等同于西方化，正像人们所反复批评的那样：发展经济学总是以西方经济学为蓝本来建构框架，借以指导不发达国家的发展实践，这是导致它们屡遭失败的根本原因。总之，经济增长并不等于发展，传统发展观在实践中的失败导致了它的自我嬗变：从客体论走向主体论。

### 2. 人的现代化：发展主体论

发展主体论是以人本身的现代化为发展动力和根本标准的发展观，是对发展客体论的否定和超越。其理论形态是人的现代化理论，理论的切入点是从发展经济学转向社会心理学研究。

人的现代化理论的主要代表、美国著名的现代化理论家阿历克斯·英格尔斯选择了六个发展中国家，用社会心理学的人格量表进行社会心理测定和比较研究，写出了著名的《从传统人到现代人》一书。这本书彻底批判了以往发展经济学的发展客体论，提出并系统论证了发展主体论。它包括以下两个方面。

其一，批判发展客体论，提出以人的现代化为中心的发展主体论。英格尔斯认为：以往的发展理论对增加人均国民生产总值的关心超过了对其他所有方面的关心。人们不必怀疑经济学的重要性，但要指出的是，除了高水平的人均国民生产总值以外，国家发展还有更多的方面。发展过程中的一个基本因素是个人，人的现代化是国家现代化必不可少的因素，它并不是现代化过程结束后的副产品，而是现代化制度与经济得以长期发展并取得成功的先决条件。

因为落后和不发达不仅仅是一堆能勾勒出社会经济图画的统计指数，也是一种心理状态。他进一步指出，如果一个国家的人民缺乏一种能赋予这些制度以真实生命力的、广泛的现代化心理基础，如果执行和运用这些现代化制度的人自身还没有从心理、思想、态度和行为方式上经历一个向现代化的转变，失败和畸形发展的悲剧是不可避免的；再完善的现代制度和管理方式，再先进的技术工艺也会在一群传统人的手中变成废纸一堆。这话的确很有道理，值得我们深思。比如在我国，仅仅就工业、农业、国防、科技四个方面的现代化而言，科学技术的现代化确实是关键，没有科学技术的现代化，没有科学技术的优先发展，缺乏雄厚的科学技术基础，工业、农业、国防的现代化必然要落空，这已是全国人民的共识。然而，我们绝不能忘记这样一些历史事实：当西方人处于愚昧状态、未能领略到科学的威力时，人们却极力拒斥科学，置布鲁诺、伽利略等科学大师于死地；当中国人闭关自守、未能感觉到西方工业文明的神奇和现代化浪潮的冲击时，清政府却荒唐地视火车为怪物，弃之于大海；甚至到了社会主义的新中国，"四人帮"还强逼人民"宁要社会主义的草，不要资本主义的苗""宁要社会主义的穷，不要资本主义的富"。这些历史事实已经用血的代价给我们揭示了一个并不复杂的道理：当国民的心理和精神还被牢固地锁在传统意识之中时，当人的心态和素质还未能发生改变时，再先进的科学技术也是无法生根、无法发挥作用的。近年来，我国的一些企业只顾盲目地引进国外的先进技术和设备，而不致力于企业员工素质的提高，结果要么是技术资料读不懂，要么是机器设备不会用，最后不得不使这些先进的技术和设备闲置起来，变为无用之物。对此，英格尔斯在访问我国时就意味深长地提出，"希望中国除'四化'之外进入第五个方面的现代化"，即人的思想和精神的现代化。因为这第五个现代化才是真正决定我国四个现代化乃至整个社会现代化成败的关键。因此，与物的现代化相比，人的现代化更具有重要意义。由此实现发展观念从以"物"为中心的客体论到以"人"为中心的主体论的视角转换，为发展观念的科学化打下了坚实的基础。

其二，将人的现代化视为一个发展过程，即所谓从传统人格向现代人格的转变。英格尔斯认为，现代人的性格有四个方面的特点："他是一个消息灵通，参与的公民；他拥有相当明确的个人效率感；就他与传统影响力之间的关系来说，他是非常独立且自主的（特别是当他对如何引导私人事务做出基本决定时）；同时，他对新经验即新理念都易于接受，易言之，他的心胸是相当开放的，且在认识上有极大的弹性。"传统社会造就传统人格，他们保守、封闭、没有时间观念，表现为"人际关系中的互不信任""家族主义""缺乏创新""宿命论""有限的渴求与抱负”“狭隘的世界观”“较低的同情心”等[①]。总之，英格尔斯认为，要现代化必须要变革，变革的过程就是人格转型的进程，这同时就是社会现代化的过程。

然而，发展主体论也存在着重要缺陷。首先，它对人的理解是抽象的，对人的现代化判定脱离了本土化的政治、经济与文化环境，强调了主体在现代化中的地位，但又过分轻视了经济、政治与文化环境的作用。其次，人的现代化理论仍带有浓郁的“西方中心论”色彩，在现代化标准和实现方式上都是如此。“传统人”与“现代人”的划分带有对欠发达、非西方国家的歧视性质。其做法，往往是先验地认定西方人的素质为现代的，而非西方人则与之相反即为非现代的。比如，西方人参与意识较强，那么非西方人参与意识差；西方人倾向于个人主义，非西方人倾向于家族主义，如此等等。这种将“西方-非西方”“现代化-传统”完全对立的划分方法，只能是“西方中心论”陈腐、偏见的产物。与此相应，在现代化的实现方式上，当然是采用“扩散论”，即不发达向发达、传统向现代化转变的实现方式只能是西方社会经济、政治制度及文化价值观向西方以外世界的扩散过程。所以，从这个意义上说，人的现代化理论的“西方中心论”范式更加明显，它对非西方国家发展的主体地位和发展的内生性否定得也更彻底。

3. 中心-边缘：主-客相关论

人的现代化的“西方中心论”产生了极大的消极后果，对其批判的结果，使发展观念实现了从单一主体论转向“主-客相关论”，其主要理论形态是依附论和世界体系理论。

依附论和世界体系理论与现代化理论相同的地方，在于它们都以发展中国家的发展问题为重要论题，但二者的结论不同。现代化理论认为，发展中国家加入世界经济体系是促使其实现现代化的必要条件，而依附论和世界体系理论将发展中国家的不发达和发达国家的发达关联起来，认为发展中国家的不发达是发达国家的发达的必要条件，而发达国家的发达是发展中国家的不发达的重要原因。也就是说，不能摆脱资本主义世界体系的不公正待遇是导致发展中国家不发达的根本原因。如果说现代化理论是发达国家的学者从正面探索第三世界国家如何实现发展、实现由传统国家向现代国家转变的理论，那么，依附论和世界体系论则主要是非西方学者从反面来解释第三世界国家之所以欠发达的理论。

---

① 萧新煌编译．低度发展与发展[M]．台北：巨流图书公司，1985：112.

依附论把世界分为中心、边缘两部分，认为第三世界贫困的根源在于对发达国家的依附，在于其经济与社会结构的非独立状态，或者说正是帝国主义或后殖民主义的剥削导致了第三世界的不发达。弗兰克是激进的依附论代表人物之一。他在继承普雷维什的"核心-边缘"概念的基础上，以"宗主-卫星"结构来分析世界相互关联体系，认为"低度发展国家和已发展国家之间过去和目前持续不断的经济和其他各方面的关系，才是导致目前低度发展国家发展停滞不前的最主要因素"。他反对现代化理论学派关于"传统国家的现代化只有依靠国际资本主义中心传播资本、制度和文化价值"的观点，认为发展中国家过去的经验说明"低度发展国家唯有摆脱其对发展国家的过分依赖，其经济才有起飞的可能"①。

依附论虽然弥补了现代化理论从社会内部看问题的片面性，但在批判内因决定论的同时，又陷入了外因决定论的缺陷之中。它认为，在资本主义经济秩序内发达国家与发展中国家之间形成的"中心-边缘"的关系中，不发达国家的发展历史，就是它们被发达国家纳入以西方国家为主导的"中心-边缘"经济体系的依附化过程，这个依附化过程导致了两种结果：西方国家的发达和非西方国家的不发达。事实上，任何事物的发展都是内因与外因共同作用的结果。依附论的不足，导致了许多批评。20 世纪 70 年代后期出现了一种新的发展理论，进一步拓宽了依附论的视角，这就是沃勒斯坦（Immanuel Wallerstein）的世界体系理论。作为依附论的完美形式，世界体系理论进一步把世界看成是一个统一的关联整体。其命题的表达形式是"中心-半边缘-边缘"，其视角从二元结构到一个有机体系，从内部决定论到结构决定论，强调发展在全球空间多极项之间进行，任何国家都不能脱离全球关系来实现自主发展。然而，世界体系理论强调世界体系的本质是不平等的。它认为"中心"的改变和"体系的变革"是两个完全不同的概念。随着时间的推移，不同国家在"中心-半边缘-边缘"体系中的位置可能有所改变，但这绝不是体系的改变。可见，究其深层底蕴，世界体系理论所持的仍是"主-客"两极框架。

与现代化理论所持的发展观相比，依附论和世界体系理论所持的"主-客相关论"从全球空间结构出发，分析不发达国家落后的原因并寻求发展路径，在发展研究的视阈上大为拓展。同时，这一发展观体现了对不发达国家发展主体地位的深切关注，有助于激发和唤醒不发达国家人民的发展主体的意识。但是，这一发展观仍然充满着矛盾，在"中心-半边缘-边缘"的世界体系中，仍然只有一个主体、一个中心。尽管这一观念关注着第三世界如何摆脱客体依附

---

① 萧新煌编译. 低度发展与发展[M]. 台北：巨流图书公司，1985：180.

地位，成为独立发展的主体，但是既定的世界体系仍然是建立在单一"主体-客体统一论"或相关论的基础之上，第三世界似乎很难摆脱受控制、受奴役的客体地位。这样一来，等于取消了他们成为发展主体的可能性。那么，谈"摆脱奴役"又有何现实的价值呢？诚如沃勒斯坦自己所言，从长期来看，虽然此种不平等或许有一天会消失，甚至这一体系有一天也会产生结构性的巨大变化，但是，因为我们的寿命是那么有限和短促，我们可能根本看不到那一天的来临。

可见，这一发展观虽反叛已往的"西方中心论"发展观，希望第三世界摆脱奴役，支持为争取独立发展的主体资格而进行的斗争，但又不相信第三世界自主发展的能力，感到旧世界"中心-边缘"格局难以改变，因而表现出消极和悲观。因此，"主-客相关论"最后不得不回到传统的单一主体论的原点上。

4. 可持续发展：主客辩证统一论

20 世纪 80 年代后，在全球范围内兴起的可持续发展理论是发展观念的重大突破，它克服了传统发展观的片面性、狭隘视野以及西方中心论的偏见，以全球意识来审视和把握人类整体的生存与发展。可持续发展思想可谓源远流长，但赋予它完整的意义和特定的内涵是 20 世纪下半叶以来人类对自身与自然的关系的正反历史经验的总结，是人类对环境与发展之间的辩证关系的深化认识的结果。

对于可持续发展的概念，众多的理论家和学者从多种学科角度进行了解释，或侧重于环境，或侧重于经济发展，或侧重于科技方面，或侧重于社会公正，等等，这些界定各有其合理性，但也明显带有一定的片面性。目前比较公允的解释是挪威前首相布伦特兰夫人在《我们共同的未来》(1987)中提出的可持续发展概念，即"既满足当代人的需求，又不对后代人满足其自身需求的能力构成危害的发展"。这一解释包含了不可分割的两个基本点，或者说，包含着在人与自然和人与人的关系问题上我们应该持的基本态度。在人与自然的关系问题上，人对自然的依赖是永恒的，人类不能毫无节制地掠夺自然，享受自然，而不顾忌自然资源与环境的承载能力。也就是说，对自然资源的利用要符合生态学法则：在长期内，物种的灭绝不能超过物种的再生、进化；土壤的侵蚀不能超过土壤的形成；森林的采伐不能超过森林的再造；碳的释放量不能超过碳的固定量；捕鱼量不能超过渔场的再生能力；人类的出生率不能超过死亡率。以上这些充分体现了生态系统动态平衡的质、量、度之间的辩证法，违反了这些法则，将可能导致整个生态系统的崩溃。正如"地球日"的发起人盖洛得·纳尔逊所说："来自自然的威胁比战争更加危险。从德国和日本我们知道，一个国家可以从战争的创伤中恢复过来，但没有一个国家能从被破坏的自然环境中发展。”①在人与人的关系问题上，强调当代人之间以及当代人与后代人之间应具有公平的生存权和发展权。这里的“公平”有三层意思。一是当代人际间的公平，即同代人之间的横向公平性。可持续发展要满足全体人民的基本需要和给予全体人民机会，以满足他们要求较好生活的愿望。然而，当今世界的现实是：一部分人富足，而另一部分贫困，特别是占世界人口1/5的人处于贫困饥饿状态。这种贫富悬殊、两极分化的世界，不可能实现可持续发展。因此，要给世界公平的发展权，要把消除贫困作为可持续发展的特别优先的问题来考虑。二是代际间的公平，即世代人之间的纵向公平性。要认识到人类赖以生存的自然资源是有限的，本代人不能因为自己的发展与需求而损害人类世世代代满足需求的条件——自然资源与环境。要给世世代代以公平利用自然环境的权利。三是资源分配与利用的公平。目前的现实是，只占世界人口25%的发达国家消耗的能源、钢铁、纸张等，都占全球的80%以上，而占世界人口75%的发展中国家，只享受很少的能源和资源。

从上述对可持续发展的理解中可以看出，可持续发展是一个涉及生态、经济、社会和科技的综合性范畴，也是在代际公平和代内公平方面的一个综合性范畴。从系统科学的角度看，发展是一个极其复杂的巨系统。从发展的概念自身演变的过程来看，第二次世界大战以来，发展的内涵由“经济增长”到“经济增长＋社会变革（结构变动）”再到“经济增长＋社会变革＋环境保护”而逐步深化。在这里，发展实质上就是可持续发展。尤其是20世纪90年代以来，不同领域的研究者越来越趋向于把可持续发展理解为资源、环境、经济、人口、社会五大子系统相互协作、共同进步的发展。这五大系统之间的相互关系构成了可持续发展的三个基本内容：一是以自然资源的可持续利用和良好的生态环境为基础；二是以经济可持续性发展为前提；三是以提高生活质量、谋求社会的全面进步为目标，亦即自然资源与生态环境的可持续发展、经济的可持续发展和社会（包括人口）的可持续发展。

对可持续发展的理解，从表层意义上看，它取代传统发展观，表现为以“人与自然的和谐统一”关系取代传统的“人是自然的主宰”的关系。但是仅仅把可持续发展看成是人与自然、人与社会的统一协调，这是有失偏颇的，因为它只看到了可持续的一面，而忽略了发展的重要性。可持续发展是一个辩证范畴，可持续与发展是对立统一关系。发展是可持续的前提和目标，可持续是发展的要求和保障；脱离可持续的发展是短暂的、畸形的发展；脱离发展的可持

---

① 转引自郑积源主编.跨世纪科技与社会可持续发展[M].北京：人民出版社，1998：11.

续性是毫无意义的停滞。

应当强调的是，可持续发展战略无论对发达国家还是对发展中国家同样都是必要的战略选择。这一世界性的潮流要求发达国家和发展中国家都必须相应地调整和制定经济和社会发展战略，处理好人与自然、经济与社会的关系。但是，可持续和发展两个方面，在不同的国家、不同的时期有着不同的地位和作用。就今天的发达国家与发展中国家的比较而言，由于经济发展水平的不同、文化资源和环境基础等的差异，发达国家和发展中国家在可持续发展问题上的侧重点也是不同的。发达国家制定可持续发展战略主要是为了继续保持已获得的优越的生活环境和现有的消费模式，维护和提高其在国际事务中的地位，所以它们将可持续发展定位于在环境保护基础上的经济发展。由此决定它的优先选择项目也都是围绕保护环境进行，如废物循环利用、污水处理、可持续能源、绿色农业等，如法国的可持续发展政策和计划的着眼点在于使生态环境和经济活动不再相互矛盾，强调企业必须优先考虑环境问题，从重视环境问题入手，加强研究与开发工作，推广应用先进实用的环保技术，改革生产工艺和流程，合理使用原材料和能源，把经济发展对环境的影响降低至最低限度，使环境和发展二者相互促进，相得益彰。发达国家通常认为，经济发展和保护环境并不矛盾，并特别强调保护环境的重要性。而对于发展中国家而言，可持续发展战略的主要目标是强调发展，因为发展中国家还有1/4的人生活在绝对贫困之中，而贫穷不可能达到可持续发展的目标。因此，消除社会贫困，提高人民的生活、教育水平和健康水平是发展中国家普遍面临的任务。要实现这个任务，必须在发展中实现与环境资源的协调，并以发展促进环境资源的开发、保护，又以环境资源的开发、保护而更加推动经济发展。所以，发展中国家在实施可持续发展战略中，主要的任务依旧是经济的发展。如果为了实现可持续发展，仅仅单纯地去保护环境资源是不够的，其结果不仅保护不了而且极有可能造成更大的损害。把发展放在首位，通过发展达成可持续，这对发展中国家来说才是最重要的。《中国21世纪议程》的白皮书指出："可持续发展对发达国家和发展中国家同样是必要的战略选择，但是对于像中国这样的发展中国家，可持续发展的前提是发展。"①

## 四、发展哲学及其研究域

发展，自20世纪初开始就成为理论界探讨的一个重要的问题阈。对于发

① 中国21世纪议程[M]．北京：中国环境科学出版社，1999：4．

展问题的研究，始终是与人类对自身前途和命运关注紧密联系在一起的。特别是20世纪下半叶以来，一方面是对两次世界大战给人类带来的深重灾难的反思，另一方面是对广大新兴的第三世界国家发展道路的思考，这都有力地推动了发展理论的兴起，形成了现代化理论、依附理论和世界体系理论等诸多流派。我国对发展问题的研究兴起于20世纪末，主要集中于对近代以来中国现代化进程的批判性反思以及当前中国社会的转型等方面的问题。也正是在这一探讨的过程中，人们才提出了发展哲学的概念。但是在研究的过程中，人们更多的是从不同的视角出发，在各自不同的领域内阐述他们所理解的发展哲学，而并没有形成一个统一的认识；同时，对于“什么是发展哲学”这一问题，也没有人给予系统的阐述。

人们之所以对发展哲学有多种理解，就在于“发展”一词本身就具有多重含义。发展既是一种事实，也是一种价值。就其作为一种事实而言，发展就是人类社会生活本身的变化，例如，物质产品丰富，居住条件的改善，政治参与范围的扩大等可以用指标体系来标示出的变化。而作为一种价值来说，发展又是与人类活动的目的性、价值取向性等密切相关的。或者说，作为一种价值的发展，它寓于发展的事实之中，正是在考察事实的指标体系中，标示出对于发展的价值判断。也就是说，对发展事实的每一个方面的分析，都包含着一种确定的价值。因此，发展不仅仅是人类社会某一方面的变化，而且是人类文明变迁的整个过程，是社会的总体性变迁。它涉及人类社会生活的一切领域，无论是在物质生活领域，还是在精神生活领域，人们都可以从不同的视角去审视发展问题，从而形成对发展问题的多种理解方式，即多种不同的发展哲学。归纳起来，对于发展哲学大致有以下三种观点。

(1) 把发展哲学看做是一种系统化、理论化的发展观。这种观点把发展哲学看做是现代哲学理论体系的一门分支哲学或部门哲学，但又属于具体的发展科学或一般的发展学。①

(2) 把发展哲学看做是介于元哲学与具体发展学说之间的应用哲学，强调发展哲学对发展的研究既不是对发展进行传统哲学的抽象思辨，也不是对发展进行实证意义的分析，而是将发展置于形而上与形而下相统一的基础上进行准抽象的研究。②

(3) 把发展哲学看做是通过对发展理论和发展实践的批判反思，从而不断地纠偏、校正和调适发展思维和发展实践的一门应用哲学。因此，发展哲学

---

① 邱耕田. 发展哲学导论[M]. 北京：中国社会科学出版社，2001.

② 张忠良. 发展哲学导论[M]. 长沙：湖南人民出版社，1998：20-26.

既不可能是一种纯粹的哲学,也不可能是一种经验哲学,而是介于二者之间的中间理论。[①]

可以看出,上述三种观点的共同点在于把发展哲学看做是介于元哲学和具体经验科学之间的一门应用哲学,但它们之间也存在着区别。第一种观点实际上是将哲学以及哲学的基本问题运用于发展哲学中的结果,把发展哲学看做是对一般发展理论的概括和总结,这种知识论立场忽视了发展哲学的反思性和实践性。第二种观点试图避免传统哲学的纯思辨性,也避免对发展作纯实证的研究,强调发展哲学应当建立元哲学到具体实践之间的实践观念模型,强调理论对实践的指导性,但对于发展哲学如何处理元哲学和具体经验科学之间的关系则缺乏明晰的论证和说明。相对而言,第三种观点似乎更具合理性。它不仅强调哲学的批判性和反思性,将发展哲学同具体经验科学区分开来,而且强调哲学的实践指导性。这种指导不是抽象地提出某种发展的教条,而是立足于对发展实践的批判性反思来不断地调适发展着的理论与实践。

综合上述观点,我们赞同将发展哲学理解为一门实践应用型哲学学科,但同时认为,发展哲学作为对发展问题的哲学研究,不可能将思辨性与经验性、反思性与实践性完全剥离开来。因而,完整意义上的发展哲学应将一切有关发展的问题都纳入研究的视阈之内,只不过在其理论结构上可包括形而上、形而中和形而下三个层面。具体来说,就是指发展形而上学、发展社会学和具体的发展问题研究。从这一含义来理解发展哲学,一切有关发展问题的研究都可纳入到发展哲学的概念之下。因而,广义的发展哲学并不是一门独立的学科,而是一个以发展为主题的问题阈,其内涵极为广泛,涉及哲学、政治学、经济学、文化学等诸多学科和人类社会生活的诸多领域。

发展形而上学是对发展问题的哲学研究,属于发展问题研究的批判和反思层面。其目的不在于对发展(理论和发展实践)经验进行归纳和注解,也不在于对各种发展理论(学科)提供的知识进行概括和总结,而是力图借助哲学对发展问题进行一种前提性批判和反思,以确定社会发展的价值原点或坐标,从而为各种发展问题的研究提供意义上的支撑。发展形而上学通过对发展的本质、过程和元价值的思考,从总体上规范、校正、调适不同社会的现代化过程。由于发展问题具有多层次性,因此,在研究过程中必然会出现多学科并举的局面;特别是当人类社会的发展已不再局限于某一领域,而是表现为社会的整体变迁之时,各门具体学科都从自身内在的逻辑出发去探讨人类社会发展中属于学科领域内的问题。于是,发展经济学、发展社会学、发展政治学等蓬

---

① 刘森林. 发展哲学引论[M]. 广州:广东人民出版社,2000.

勃兴起。问题在于,各门具体学科或只是执著于自己的理论阈限,或只是以本学科的目标为终极目的。例如,最初的发展理论是以经济发展为最终目的的。这种研究方式导致的结果,或是肢解了人类社会这个整体,或是以人类社会的某一方面的发展代替了社会整体的发展。如果说这种学科分立的研究在近代人类社会的发展中尚具有积极的意义,那么在今天,这种研究方式已无法适应人类社会整体变迁的时代特征。因此,我们必须超越各门具体学科对发展问题的研究,将各门具体学科的研究成果整合起来,形成对社会发展的总体认识;必须借助于哲学的批判与反思,对各门具体学科关于发展问题的研究进行前提性批判,揭示其深层内涵和价值,以最终形成对人的生存意义的深层诠释。

从哲学的制高点出发,将发展问题研究的各个层面纳入统一的人类精神的规约之中,才能保证人类社会发展的持续性和发展方向的正确性。

一般认为,发展社会学是立足于当今发展中国家的具体实践,在总结和借鉴发达国家现代化经验和教训的基础上,对广大发展中国家现代化发展过程的理论、途径、模式和经验等进行综合性研究,即把发展社会学看做是研究第三世界发展的社会学。在发展社会学产生之初,确实是主要研究第二次世界大战后新兴民族国家的发展问题,如现代化理论、依附理论等。但是,在当今时代,西方发达国家也面临着如何发展的问题。同时,由于日益强化的全球化趋势已将世界各国紧密地联系在一起,任何一个国家的发展在推动世界发展的同时,又必须以世界的发展为前提。在这种情况下,传统意义上对于发展社会学的理解就显得过于狭隘了,因而必须从更广泛的意义上去加以理解。

从发展社会学的理论来源看,一方面,它来源于 19 世纪社会学家关于长期社会进程理论;另一方面,它来源于 20 世纪社会学家对社会变迁的理论分析(社会变迁是指社会结构的变化和社会制度的改变,对社会变迁的考察,目的在于揭示社会发展的内在规律)。从这两方面来看,发展社会学对第三世界社会发展的研究,属于理论与实践相结合、理论指导实践的层面。而当今世界的发展已经超越了具体的民族国家的限制,因此,必须探讨全球化时代人类社会发展的规律,从全球化的背景上阐明各个国家和地区经济、社会发展的历史和现状。这就决定了发展社会学的研究应当包含两个方面的内容。其一,从社会学的视角来看,重要的是考察社会变迁过程中社会的诸面,如政治、经济和文化之间的相互关系及其变化的规律。对于社会变迁的层面问题,理论界普遍认同"将社会行为划分为微观层面,群体、制度和机构为中观层面,整体社会为宏观层面"。发展社会学的研究,主要是从整体社会变迁过程分析到中观层面,直至微观层面。其二,从发展形而上学所确立的价值坐标(原点)——人的全面发展出发,去探讨全球社会变迁的共同性和普遍性,并尝试建立相关的普遍化的理论——全球社会学，以阐明全球化时代各地区、各民族、各个国家之间的相互影响、相互作用的内在机制，从而为人类社会的未来发展提供理论上的解释，以探讨广大发展中国家的发展规律问题。可以说，这是发展社会学的全新领域。

从上述两个方面进行的社会发展研究，只能大致确定当今时代人类发展的一般规律，勾画出一幅普遍的模式。如果停留于此，是不可能说明任何社会发展的问题的。因此，必须使这一普遍的模式与各个具体国家的发展结合起来，这就是发展问题研究的第三个层面：具体的发展问题研究。

具体的发展问题研究，属于发展理论研究的实践层面，即以发展形而上学所确立的价值坐标为指导，运用发展社会学所确立的普遍模式，对具体的社会发展问题进行研究。它包括两个方面的内容：其一是区域性发展问题研究，即以某一具体的国家或地区为对象的发展问题研究；其二是领域性发展问题的研究，即对社会发展进程中的某一方面、某一领域问题的研究，例如，社会发展进程中经济的增长问题、政治的民主化问题、发展战略的选择和未来发展趋势等问题。

发展哲学研究的这三个层面既相互区别又紧密联系。首先，三个层面各有不同的研究范围和研究方式。发展形而上学的研究主要集中在价值层面，其注重的是批判与反思，其目的在于为发展理论的研究提供意义和价值的支撑；发展社会学的研究集中于社会整体的变迁，其目的在于揭示人类社会发展变化的内在规律和趋势，为未来的发展提供理论解释；具体发展问题的研究则更关注社会生活的实际变化，力图通过实证的考察，揭示社会生活的具体变化。其次，发展哲学研究的这三个层次(面)又构成了一个不可分割的整体。发展形而上学虽然是对发展问题的哲学研究，但其研究的对象不是抽象的人类活动，它力图通过对人的本质及其存在方式的分析，确定人的存在的最终意义和价值，并以此为基点，对现有的社会发展理论进行批判性反思，为发展理论的建构提供前提和意义上的支撑。只有实现了这一目的，这种形而上学的反思和批判才算是实现了自身存在的价值。发展社会学所依赖的基础是发展形而上学的分析。发展社会学的目的不仅在于揭示人类社会的内在结构及其变化的过程，而且要揭示人类社会的发展方向，使其朝着有利于人的完善、完满的方向发展。显然，赋予社会发展以方向的能力是社会学研究本身所不具备的，必须借助于哲学的形而上学的反思。但是，发展社会学所确立的人类社会变迁的理论，只有在分析各个具体社会的发展问题时才能实现其意义。任何社会的存在和发展都是具体的，要最终解决人类社会的发展问题，只能对其进行具体的分析。所以，真正意义上的发展哲学，应该是上述三个层面的统一。

# 第二章　发展理想

明确了发展的内涵及其本质之后，紧接着就是思考社会应如何发展的问题。从哲学认识论尤其是社会认识论的层面上看，社会应如何发展的问题，实际上就是社会未来发展目标的设计，亦即社会理想的构建及其合理性问题。从前面的分析中不难理解，所谓发展总是与人的自觉活动和价值取向相关联的。从人的活动的角度看，人与动物不同，人是未完成的，他的生命活动不得不"需要一个指引方向的榜样或理想以供参照"（兰德曼语）。人在活动之前，其活动的结果就已经在人的观念中存在着。对每个个体的活动而言是如此，对由个人构成的社会活动亦是如此。这就是说，社会要实现发展，首先必须在活动之前在人的头脑中完成应如何发展的观念设计。换句话说，要实现对社会发展的理想，亦即社会理想的实际建构，首先必须在头脑中完成对社会理想的观念建构。这既是人类活动不同于动物行为的本质特点，也是社会发展得以可能的前提条件。

## 一、社会理想合理构建的当代紧迫性

对于人类社会的发展来说，探索和建构一个指引方向的榜样或理想，既是人类生存和发展的重要精神动力，又是人类社会得以历史前行的价值坐标。然而，历史实践表明，人类建构一个什么样的社会理想据以解释社会生活和引导自己的活动，却往往深深地影响着人类社会的历史行程。尤其在当代，何谓发展和如何发展的问题之所以凸现出来，社会理想的合理建构问题之所以被人们重新提出并加以思考，并不是偶然的。其重要性正如当代西方发展经济学和发展社会学的一些学者所言：价值目标的合理选择对于解决现代化发展所面临的问题具有本质意义。从这一意义上，反思人类社会各个历史发展阶段中构筑的社会理想是否合理以及不合理的形成根源，在此基础上确立新的、合理的理想坐标，对于人类社会的健康发展无疑具有非常重要的意义。

### 1. 人类实践的双重效应及其哲学反思

人们认识世界是为了改造世界，而改造世界的目的是为了满足自己的需要。然而，人类为满足自己的需要而从事改造世界的实践活动是否在任何时候、任何条件下都是天然合理的呢？当代人类社会实践中呈现的正负效应同步增长的事实对此作出了否定性的回答。我们往往看到的是，一方面，随着科学技术和社会生产力的迅猛发展，人类拥有越来越多的新知识和急剧增长的物质力量。人类运用这些新奇的知识和强大的力量，观念地和实践地掌握外部物质世界，创造着能够满足自己不同形式需要的对象物，并通过享用、消化、吸收，把它们变成人的社会的“无机的身体”，转化为人的本质力量，使人类在世界上的地位和作用发生了根本性的改观。这就是人类活动的正效应。另一方面，人们往往陶醉于对大自然的胜利之中而忘乎所以。现代人似乎未能真正意识到，在这样一个新时代里，自己对周围世界、对地球、对生物圈和对人类命运所应负担的时代责任；未能及时而深刻地反思自己在拥有日益强大的实践力量和人造系统的同时，把人与自然之间的对立和分裂强调到极致所带来的时代性后果。如果说在近代历史条件下肯定人与自然的分裂是不可避免的——因为这不仅是科学独立和发展的前提，而且也是人自身独立和发展的前提——那么，在现代生活中继续固守人与自然的分裂就会令人难以接受，甚至难以容忍。我们不能对人与自然的对立的严重后果视而不见：对自然的控制和利用正在变成对自己的盘剥和掠夺，人类将面对自然资源的匮乏和自然的失衡。尤其是大量工业废渣、废气和废水的排放，森林面积的日趋缩小以及随之而来的水土流失和土地的沙化，正在使人类的生存环境日益恶化。这就是人类活动所带来的负效应。

用哲学的眼光来审视负效应的产生，实质上就是人同世界关系的严重破坏和失衡。具体地说，根源于人在实践中未能处理好人的活动所面临的双重关系：人与自然的关系和人与人之间的社会关系。人与人之间的社会关系同人与自然的关系是相互依赖和相互制约的。在社会历史领域，尽管“任何事情的发生都不是没有自觉的意图，没有预期的目的的”①，但历史又离不开自然，社会实际上是人与自然和人与人双重关系的统一。“整个所谓世界历史不外是人通过人的劳动而诞生的过程，是自然界对人说来的生成过程。”②在马克思看来，把历史与自然既区别开来又联系起来的桥梁是人的实践。实践即指劳动是人以自身的活动来引起、调整和控制人和自然之间的物质、能量和信息的

---

① 马克思恩格斯选集：第 4 卷[M]. 北京：人民出版社，1995：247.

② 马克思恩格斯全集：第 42 卷[M]. 北京：人民出版社，1979：131.

变换过程。在这个过程中，人与人之间又必然要结成一定的关系并互换其活动，并且只有在这种社会联系和关系中，才会有人类对自然的关系，才会有生产。这说明，实践内在地包含着人与自然和人与人之间的关系。从人的活动方式、过程、结果的角度看，人与自然的关系依赖于人与人之间的社会关系。人与人之间究竟采取一种什么样的社会联系方式和组合方式，固然由其劳动状况（尤其是生产力）所决定，但也在很大程度上表征着人类征服自然的能力和自然被征服的程度。既然人的实践所包含的人与自然的关系和人与人之间的社会关系彼此是相互影响和相互制约的，那么，人与自然的不和谐关系必定以人与人之间社会关系的不合理为前提，反之亦然。可以说，当前我们面临的所有的自然-社会问题，正是人们在实践中掠夺自然、享受自然，而很少顾忌、规范社会和人自身的行为，以及不能协调社会与自然的关系所酿下的苦果。

人类实践活动呈现出的双重效应，尤其是负面效应的迅速增长与扩大，既给人类的生存和发展带来巨大的威胁，又给我们以深刻的启示和警示。

首先，人们的实践活动理应成为人们自己主要的批判对象之一。如前所述，现实形态的实践创造活动对于人类自身来说并非在任何情况下都是正当的、合理的，它往往具有积极的和消极的两面性。一方面，它维系了人类的生存和发展，创造了日趋扩大着的文明，使人类不断地走向文明和进步；另一方面，它对环境世界也造成了严重的污染和破坏，给人类制造了无数的灾难。因此，我们不应该对现实世界、对实践活动持无原则的崇拜态度，不应该对它们盲目地顶礼膜拜，而应该对它们进行深刻的反思和理性的批判。

其次，要维系人与自然和人与社会双重关系的和谐与平衡。毫无疑问，人类的生存和发展，既要依赖外部自然界，又要依赖人类社会共同体。因此，人类在改造自然界的过程中，必须尽可能地维持自然系统内部的平衡，以保护自然界的延绵不断的再生产能力，使自然真正成为有利于人类生存和发展的属人的环境。同样，人类在改造世界、改造社会的过程中，也必须尽可能地维持社会共同体的合理平衡，识大体，顾大局，以社会的、全人类的和代表人类发展大方向的社会主义的根本利益为最高标准。必须切实从根本上保证人类社会共同体的持续存在和再生产，使社会共同体真正成为有利于自己生存和发展的属人的存在体。同时，人与自然和人与社会之间又是相互关联的，因此，人类要想在自己的实践活动中克服和减少否定性的负面效应，就必须把它们看做是同一问题的两个方面，正确而合理地认识、对待和处理自己同周围外部世界的关系，使自己与自然、人类社会之间始终保持和谐与平衡的关系。

再次，要深刻反省人类实践所包蕴的认识前提和价值内涵。社会应如何发展，不仅是一个理论问题，更是一个实践问题；不仅是一个真理问题，更是一个价值问题，因为社会生活本质上是实践的。由于实践的中介，主体成为社会的主体，社会成为主体的社会，社会与主体互为一体，深刻关联。因此，社会发展也就变成了主体的发展问题，而主体的发展又总是与一定的价值取向、意义追求联结在一起的，于是社会发展也就和价值向度问题紧密地联系在一起了。然而从理论上看，社会发展的价值向度和主体发展的有机联系往往被人为地“斩断”与“阉割”，从而导致了实践上社会发展价值向度与主体发展的严重偏离。尽管人与世界的关系的生成是通过人的实践活动而实现的，人对周围世界所采取的态度、看法和作用也是通过人的实践活动而确证的，人对周围世界的超常态的污染、破坏和冲突同样也是由人的对象性的实践活动所造成的，然而当人类透过表层的阴霾对自身行为的异化效应作进一步反思时就会发现：如果说实践有什么问题，那一定是指导实践的理论认识本身有问题。换句话说，行为不合理的根源又在于认识的不合理。这就告诫人们，要减弱、克服以至于预防人类实践活动中的负效应，就必须回溯到指导这种实践的“理想意图”和实践观念上，对人类的认识、决策、运作过程和方式、途径及其结果的合理性、正当性、正义性等进行再认识、再评价。在此基础上，确立新的社会发展的价值向度和价值目标，从而引导社会循着促进人的生存和发展的方向运行。社会理想作为人类历史前行的价值坐标，对其进行深入研究和合理建构正是因此而显得格外紧迫和突出。

### 2. “时间之箭”与人的思维视角的转向

在历史上很长一段时期里，对于时间（包括空间），人们并不怀疑它的客观性，却习惯于把它看成是与物质及其运动无关的、绝对不变的东西。历史上支撑着这种时空观念的有两大科学体系，一是欧几里得几何学，另一个是牛顿的经典力学。前者，其空间的特性是永远不变的，直线向两端延伸永远也不会相交，三角形的三内角之和永远等于180°，等等。而后者，牛顿则提出了“绝对时间”和“绝对空间”的概念，甚至还设想了量度这种绝对时空的标准钟和标准尺。后来，量子力学、相对论等的问世，打破了人们在时空观上的形而上学之梦。就时间而言，时间的相对性、可变性不仅表现在自然领域，而且在社会历史领域也以一种特殊的方式体现出来。随着当代社会实践和科技的迅猛发展，时间因素和时间的变化特性对社会生活的节奏、节律、组织秩序等的影响和作用愈来愈明显和突出。时间的三个维度——过去、现在和未来——不仅仅呈单向流程，而且呈双向互动。这就是说，社会时间有别于自然时间。传统意义上的时间的一维性、不可逆性在社会历史领域往往由于多重因素的干扰和介入而呈现为多维性、可逆性。就现实与未来的关系而言，现实不仅制约和影响着未来，未来也反过来影响和冲击着现实，并且这种影响和冲击呈现出“由远而近，由小到大，由浅入深”的时代特点。相应的，如何规划未来，建构未来，以未来指导和规范现实，就成为人们极为关心的问题了。

纵观人类社会发展的历史，应该承认，处在不同发展阶段和水平上的社会，人们对未来的关注以及关注的程度是有所不同的。有人认为，在农业社会，人们习惯于向过去看；在工业社会，人们倾向于向现在看；而在信息社会，人们则把聚焦镜对准着未来。这并非没有道理。但从总体上看，人们对未来的关注只存在关注的方式、程度、范围以及时间的长短不同，并不存在有无之别。因而可以说，对未来的关注是人类产生以来便有的认识现象，具有普遍性和广泛性。只不过在现代社会里，人们对未来的关注和展望的确比历史上任何时期都要强烈、迫切得多，以至于以研究“未来”为专门任务的未来学、预测学等也作为相对独立的学科在短短几十年里雨后春笋般地应运而生。对于这一现实，托夫勒认为：“生活在正在变革的社会和文化之中，特别是处在今天那种革命性变革时期，用过去来指导现在的决策和将来可能发生的事情，已经越来越不可靠了。面临这种情况，必须对未来可能发生的事情有明确的概念，还要想出新办法来对付它们。”①这就告诉我们，人们现有的思维模式和行为方式已不能应付已经发生和将要发生的一切。“时间之箭”要求人们把自己的思维视点和行为决策的着眼点投向未来。造成这一现象的原因，从根本上来说，正是当代社会实践的不断深入和科学技术的迅速发展，使得现实与未来的关系呈现出错综复杂的、具有时代变化的特点。对此，我们可从现实对未来的影响和未来对现实的冲击这两个方面略加分析。

现实对未来的影响之所以引起现代人的密切关注和思考，是因为这种影响的强度、力度、深度、广度以及时间久远等方面是以往任何时代所不能比拟的。究其原因，固然能从人们对当代实践所引发的双重效应的反思中寻得某种答案，但从实质上来讲，这种答案更需要从主体能力和客体的抗拒力，以及它们之间的相互作用的变化特点中去寻找。一般来说，人的实际力量同被作用的自然客体力量在性质上是不同的，但在程度上成正比、等值地发展。人的实践力量越狭小，自然的抗拒力和效应报复也就越有限；人越是强有力地改造和控制自然，自然也就越是强有力地抗拒人的改造和控制。人的实践活动的规模越大，楔入自然系统的力量越多，造成自然系统内部关系的失衡与破缺的可能性和严重性也就越深刻、越广泛，由此而来的负面效应和异化现象也就越剧烈、越明显、越普遍。人与社会关系方面的异态化效应同样具有类似的情

① [美]阿尔温·托夫勒. 预测与前提[M]. 粟旺，等译. 北京：国际文化出版公司，1984：187.

形。如果说，在古代乃至近代社会里，由于人的实践能力相对弱小，而对这种作用与反作用产生的“异态化效应”可以不予计算或忽略不计的话，那么在现代社会里，人们决不能对此等闲视之，置若罔闻。事实表明，人类的某些实践活动及其结果从暂时利益来看是积极的、有利的，但从长远利益来看是消极的、不利的；或者说，从现实考虑是有利于人们的实际生活的，从未来着眼却妨碍着人类的继续生存和发展。对此，罗马俱乐部的一些成员通过大量的统计资料向人们表明，“加速工业化，快速的人口增长，普遍的营养不良，不可再生资源的耗尽，以及恶化的环境”是当今世界发展的主要趋势。如果这种“趋势继续下去，这个行星上增长的极限有朝一日将在今后100年中发生”[①]。

他们的预测和评价尽管带有更多的悲观色彩，但陈述的事实本身并非危言耸听、空穴来风。面对此状，人们不得不冷静下来，从根本上反省人类自身的、现实的思维方式和活动方式，并探究这种方式对未来可能造成何种影响以及影响的程度和大小。过去、现在和未来是相互关联的，事物在时间上的变化亦并非在其某一点上做自我旋转。任何现实的事物，既由过去的事物发展而来，同时又在自身蕴涵着未来事物发展的胚胎。既然如此，现实活动的一切也就必然或多或少、或长或短、或深或浅地对未来产生这样或那样的影响。其实，人们并不是没有意识到这一点，只是没有充分地意识到这一点，并自觉地引起他们的密切关注和足够重视。只是到了今天，严峻的现实问题迫使人们不得不去关注未来，设计和规划未来。

反过来，未来对现实也有着重要的影响。有人用“冲击”一词来形容这种影响，这不仅仅因为现实和未来之间本身就存在着互为因果关系，更重要的是，未来对现实的影响在今天还带有鲜明的时代挑战性特点。

未来问题与历史问题一样，本质上是个时间问题。但未来问题与历史问题相比，未来问题则更显重要。这是由于，历史已成既定事实，无法改变；而未来则涉及人类的发展和命运，它由人们的现实活动所创造，并可能为人们的认识和行动所改变。因此，对未来的关注，从根本上说，是人类的主动性和创造性本能的一种积极表现，是人作为社会历史主体的特有功能。但是，“未来的冲击”作为一种紧迫和严峻的事实，使得人们对于未来的关注在相当大的程度上带有一种被动的和应战的性质。因此，积极地研究和掌握这种“未来的冲击”就成为人们重新恢复主动性和创造性，尤其是作为主体的自信心的重要前提条件了。

也可以说，“未来的冲击”是作为人类社会加速发展的一种现实结果而出

① [美]丹尼斯·米都斯. 增长的极限[M]. 李宝恒，译. 吉林：吉林人民出版社，1997：17.

现的。托夫勒认为:“未来冲击是一种时间现象,是社会加速变化的产物。”[①]事实上,现代社会的发展呈现出周期缩短、速率加快、方向增多、变幻莫测等复杂特点,而现代通信、计算机技术以及现代交通运输手段又极大地改变着人们占有的时间和活动的空间。现实的空间在单位容量方面扩大了,而相对于人们不断扩大着的活动范围而言却显得愈加狭窄和拥挤;现实的单位时间中容纳的事件多了,而人们在每次具体的活动中却更加感到时间的紧迫和短暂。古代人呼喊出的“一寸光阴一寸金,寸金难买寸光阴”和现代人倡导的“时间就是生命”“时间就是效益”等口号,在一定程度上正是对社会变化的加速性与人的心理感受的短促性之间关系的回音。只是到了现代,这种回音的力度随着社会变化的加速度而不断加大,使得预期在未来一定时区发生的事件突如其来地提早降临到人们的面前,使得习惯于传统思维和生活节奏的人们常常感到应接不暇、不知所措,但又不得不承认它的存在,正视它对人的现实生活所产生的影响。表面上看,这是人们对现实世界的变化缺乏心理和行动上的准备,深层地看,则在于对未来缺乏积极预测和把握。

由此看来,人类实践如果不提高预测的自觉性,克服盲目性和被动性,就会在极其复杂、瞬息万变和加速发展的现代社会面前束手无策,丧失其主动性。相应的,在社会实践活动中,自觉地运用时间观念和时间方法,把时间看做是常量与变量、均匀性与变动性的统一,在对未来的持续性预期与非持续性预期的张力关系中洞见社会的未来发展,把握其变化的时间差,确定其变化的实际速率及其对现实影响的强度和力度,从而提高预测和预见的有效度和准确性,为人们的科学决策提供切实可靠的依据,就成为科学地设计未来、合理地规范实践的不可或缺的重要一环。不仅如此,从传统实践向现代实践的转变过程中,无论实践要素还是实践方法都呈现出时代变化的特点。如果人们通常划分的从农业社会到工业社会再到信息社会的变化模式成立的话,那么以下的相应的转变就是明显的事实:从实践要素方面看,实践主体由体力型向体智型再向智力型的转变,实践对象由体力作用的自然向体智作用的自然再向智力作用的自然的转变,实践手段由手工工具向体智工具再向智能工具的转变;从实践方法方面看,发生着从孤立性实践向系统性实践、从直接性实践向间接性实践、从原型实践向“模拟-原型”实践的深刻转变。因此,在改造自然和改造社会的过程中,每走一步,都必须“瞻前顾后”“左顾右盼”,对自身的行为过程和后果不断地进行追踪监测、修正、调控。人类虽然不能够完全消除实践结果所产生的负面效应,因为实践总是指向未来的,而未来究竟以什么样

① [美]阿尔温·托夫勒. 未来的冲击[M]. 孟广均,等译. 北京:新华出版社,1996:5.

的面貌出现，往往因其多种因素的相互作用、干扰和变化使人难以完全预料；但人类的自觉能动性、预见性、目的性和计划性能够使这种负面效应减小到最低限度。也正是基于这一点，人类有信心、有能力在深刻了解历史和现实的基础上，把握社会发展的趋向，超越现实社会的运动速度，走在社会进化实际过程的前面，去预先地构想其可能具有的方向、结果、途径和方式，为人们进一步作出目标选择和决策提供条件。

### 3. 理性破缺与人的精神家园的失落

当时代步入新的世纪时，已逝的历史往往给人的心灵留下几分困惑和迷惘；同时，新纪元的曙光仿佛又向人们昭示着：未来的历史将会出现新的希望和转机。从哲学层面上来看，这个问题的出现反映出已步入新世纪的当代人对自己未来精神生活的关注，更反映出当代人对生活现状的某种焦虑与期望。这焦虑来自于传统价值观念已丧失其权威性，新的价值观念尚未确立起来，这一"时间差"给人们的心灵造成一种不安宁和无所依赖的感觉；这期望表达出人们对未来安身立命之处所进行的思考、反省与追求。

现代一些人之所以陷入深深的困惑和迷惘之中，从思想根基上讲是源自于长久以来对于理性和科学的盲目崇拜和过分仰仗。的确，人的力量归根结底是人类所特有的意识和理性的力量。对理性的崇尚和顶礼膜拜，远可以追溯到古希腊时代的传统西方哲学。传统西方哲学有两个基本理论支柱：第一，相信万物本原的存在，并把解决本原问题作为解决其他问题的基础。绝大多数传统哲学家，无论是唯物主义者或唯心主义者，还是二元论者，都对此坚信不疑，尽管他们对本原的理解是多么的不同。如唯物主义者中的泰勒斯、赫拉克利特、德谟克利特、霍尔巴赫等分别把水、火、原子等物质的具体形态看成是本原；而唯心主义者中的毕达哥拉斯、柏拉图、亚里士多德、莱布尼兹、黑格尔等则分别把数、理念、形式、单子、绝对精神看做是世界的本原。第二，古典理性主义。相信理性可以把握本原，并把完善理性工具看做是哲学的根本任务之一。传统哲学家们大多自发地相信人的理性的权威，认为凭借理性就可以把握绝对。

那么，理性是什么？一般说来有两种含义。一方面，理性是人类所特有的一种本质力量和主体能力。近代启蒙运动以来，它与人类所特有的那种认识、独立判断、穷究原委的精神相联系，说到底就是凡事敢于问个为什么和怎么样，然后根据事实并符合逻辑规则地得出不受权威意见影响的结论。另一方面，理性又是一种人类本性或人类要求，它与人类对于外部世界的合理性、真理性、完善性，以及平等、正义、人权等的要求和自我意识相联系，从而也是人类所特有的一种价值标准和评价尺度。理性作为思维能力和价值尺度的统一,应用于一定的客体,则转化为一种理性的方法;它既是一种认识方法,与逻辑化、规范化、精确化等相联系,又是一种评价方法,与合理性、完善化、理想化等相联系。

理性的真实内涵和功能发挥,只是到了近代才渐渐显露出来,以贬低神性、高扬人性为旗帜的文艺复兴运动,是人类理性的觉醒和复兴。这一运动涉及思想文化领域的各个方面,主要是由人文主义运动、宗教改革运动和新科学运动所构成。这些运动虽然有着不同的出发点和目的指向,但渗透的是同一种时代精神——理性(主义)。一方面,人类理性的自我发现和自我确认,是在人类将自己的内在本质力量对象化的过程中实现的。科学是人类理性的产物和重要标志,是人类理性和智慧的集中和结晶。科学的物化,不仅第一次使自然力,即风、水、蒸汽等大规模地从属于直接的生产过程,而且使自然力变成了社会劳动的因素,创造出了自然界根本不可能自动发生的物质运动过程,从而极大地发展了社会生产力,确立了人在自然界的主导地位。对此,马克思在《共产党宣言》中写道:"资产阶级在它的不到一百年的阶级统治中所创造的生产力,比过去一切世代创造的全部生产力还要多,还要大。自然力的征服,机器的采用,化学在工业和农业中的应用,轮船的行驶,铁路的通行,电报的使用,整个整个大陆的开垦,河川的通航,仿佛用法术从地下呼唤出来的大量人口——过去哪一个世纪能够料想到在社会劳动里蕴藏有这样的生产力呢?"[①]理性通过与自然科学的结合,逐渐转换为一种崇尚自然规律和因果性的科学精神,成为人们对自然的客观性穷追不舍的动力源泉。文艺复兴后的近代哲学在自然科学的空前发展中看到了理性的实际效力和辉煌成就。

另一方面,新时代的人们在战胜自然取得胜利的同时,却日益强烈地感受到来自社会方面的束缚和压力。开始是封建主义、宗法制度、宗教神学作为一种强大的社会桎梏,极大地阻碍着资本主义生产力的发展和资产阶级"理性王国"的确立。近代的思想家们通过对宗教神学的反叛和清算,重新树立了理性的权威。在他们看来,理性是衡量一切的唯一尺度。"他们不承认任何外界的权威,不管这种权威是什么样的。宗教、自然观、社会、国家制度,一切都受到了最无情的批判;一切都必须在理性的法庭面前为自己的存在作辩护或者放弃存在的权利。"[②]这也就是说,人在把理性的眼光投身于自然的同时,也开始用批判性的眼光审视现存社会制度的合理性和合法性等问题。几乎所有那个时代的思想家都相信,那个时代的社会和政治需要改进,在改善政治和社会的

---

① 马克思恩格斯选集:第1卷[M].北京:人民出版社,1995:277.

② 马克思恩格斯选集:第3卷[M].北京:人民出版社,1995:355.

进程中，必须点燃理性的火炬，在理性之光的照耀下洞察一切需要祛除的弊端。与此同时，理性不仅是人类征服自然的力量源泉，而且也是人类追求现世幸福、快乐的活动根据。人们开始提出自己关于美好社会的理想方案，开始以自己的理性为基础，解释人与人之间的社会关系，建构自己世俗的社会学说，人被认定为推动社会历史发展的根本动力。人们以为，只要自己设计出一个伟大的理想蓝图，只要自己照着这个方向和目标去奋斗，就能实现自己美好的未来生活。

然而，伴随着西方社会理性化进程的持续进行，理性一改与人性相统一的初衷，日益从人类走向自由的手段异化为束缚人的自由的羁绊，变成一种敌视人的、"见物不见人"的单一的工具理性或技术理性。在启蒙时代之初，理性与人性是平衡统一的，因而理性对人具有双重意义：它既是外在技术层面征服自然而实现人的自由的工具（工具理性），又是内在精神层面维系人的生命存在的目的（价值理性）。价值理性与工具理性是统一的、和谐的，天赋人权和科技进步同被启蒙思想家视为社会进化的理想目标。然而这种统一和谐好景不长，资本主义工业化的经济起飞进程打破了这种和谐，工具理性逐渐取得了工业文化的主导地位。科技的发展把价值理性远远地抛在后面，从而造成二者的分裂和对立。因此，韦伯的合理性概念是对理性在社会研究领域的创造性引申，而他对工具合理性与价值合理性的二重划分，则折射出文艺复兴以来人类理性实践的成果与缺陷，以及与此相关的非理性主义思潮的崛起。在韦伯看来，正是工具合理性所含的形式合理性与实质非理性的二重属性的矛盾，才造成了西方社会注重功利目的而使价值理性失落的矛盾和社会危机。由此他设置了重视人的内在精神情感和价值目标的价值合理性概念，并赋予其超越其外在形式规范、破除常规、弘扬进取精神的实质合理性内涵。

文明和进步无疑是人类追求的重要目标。然而，文明发展的趋势使得社会变得越来越有理性。韦伯认为，现代生活是由理性的经济道德、理性的精神，以及生活态度的理性所构成的。工具理性或技术理性作为人类征服自然、自然的量化、有效性思维、社会组织生活的理性化，以及人类物质需求的先决性条件等基本文化价值的一整套观念，不仅在客观上导致了现代技术和科学的兴起和发展，而且也建立起了一种源于科学技术的世俗化的理性权威。当这种技术理性权威渗透到社会的各个领域时，理性化就出现在社会之中。人类的财富是与科学技术的进步和经济增长联系在一起的。随着现代技术与科学、工业研究与工业利用结合成一个整体，现代技术已经成为第一位的生产力和维持社会系统正常运转的重要工具。这使得科学技术似乎是一种决定社会系统健康发展的自主性力量，好像科学技术的逻辑决定着社会系统发展的方向。从这种观点出发，所有的社会体制都必须适应和服务于技术与经济系统，以保证这个系统创造出不断发展的生产力。因此，在现时代，技术以理性的名义导致了人类社会体制的大规模的改变，人类社会变成了一个前所未有的理性系统。这种社会体制的理性化过程的典范就是科层制组织的出现。科层制组织是迄今为止人类设计出来的技术上最可行、经济上最有效的组织形式。科层制重视劳动分工专业化与权威等级制，注重技术效率和计划性，是一种高度理性化的事业。

然而，技术理性毕竟是一种有限理性，它以对自然的支配为前提，是集中于工具选择领域的一种理性。它的进一步发展必将导致两个可怕的后果。一是对外在自然的破坏。现代技术对自然的征服与改造导致了空间的急剧变化。人类现在所面临的生态问题从其最深的哲学根源来说，是与理性的主观化、工具化和技术化分不开的。二是对人的内在自然的限制。技术虽然延伸了人类某些方面的能力，同人的某些方面的生理机能相适应，但人的很多生理机能遭到了可怕的压抑。由于技术理性追求有效性思维、追求工具的效率与行动方案的程序性、规范性，一旦这种思维模式作为价值标准和评价尺度推行于社会生活领域，它就必须忽视自然与人的区别，社会与人在它的视野中也往往是一种对象性（即物）的存在，而不是主体性的存在。人生问题、价值问题、社会的目标与社会改革的问题都被排斥在其领域之外。技术作为一种异己性的力量横亘在人类面前，窒息着人的生存价值与意义，造成人类前途的前所未有的尴尬处境。

社会文明和进步的最终目的是为了人的生存和发展。如果脱离这一宗旨，那么理性、科学、目的和手段在理论上是站不住脚的，在实践上也是有害的。对此，西方马克思主义、法兰克福学派以及种种非理性主义的猛烈抨击和批判，不是没有道理的。法兰克福学派的一些代表人物对科学技术的运用及其后果的批判尽管有偏激之处，但至少提醒人们：科学是一把“双刃剑”，既可以给人类带来福祉，也可以给人类带来灾难，问题的关键在于我们能否把它置于合理的价值框架之中。科学技术及其发展对人类来说是不能取消或毁灭的，但如何运用科学技术才是我们应该思考和解决的问题。西方现代化过程中的种种非理性主义思潮，作为对唯科学主义、理性主义的一种回音，虽然或对科学与理性持敌对态度，或对现实不满，但目的都是为了抵制科学泛化对人的感性世界的吞噬，维护人的主体性，从人的主体属性中寻求创造新世界的动力和源泉。他们中虽然也有命运无常的悲观，但对人天生的创造能力坚决予以肯定，主张不息的探索与行动。无论是叔本华的“生命意志”、尼采的“超人”、萨特的“存在”、柏格森的“生命”，还是弗洛伊德的“本能”，我们都能从中窥见和感受到强烈的生命自觉和对人生意义、精神家园的苦苦渴望与追求。

由上分析可见，当代人类在实践中所面临的技术异化，人的活动异化等严峻问题日益暴露出理性的残缺和局限，冲击着对理性的无上尊崇和绝对膜拜的传统，要求重新反思理性、限制理性、规范理性；重视人的情感、意志和生命意义，关注人生、人性、人的自由与发展。正是在这种理论和实践背景下，合理地建构社会未来的理想世界和价值目标，以规范和引导人类社会沿着"合情合理"，即人性的无限丰富与全面发展的方向迈进，就成为人们面临的亟待解决的课题。

## 二、社会理想的内涵与外延

既然社会理想的合理建构对于社会如何发展这一问题的解决极为重要，那么，什么是社会理想呢？

在此，首先须对社会理想一词中的"社会"与"理想"的关系作必要的分析。一般来说，人们对此主要有三种不同的理解。①具有社会性的理想。在这里，"社会"是作为形容词来修饰"理想"的，它所强调的是理想的社会性。②以社会为主体的理想。这是把"社会"当做名词并看成是"理想"的主语或主体，它所强调的是理想主体的层次性。③以社会(未来)为对象的理想。它所强调的是人对于社会的理想。在这一前提下，理想不仅具有社会性，而且具有层次性。应该说，第三种意义上的社会理想才是哲学关注的对象。

历史地看，由于人们哲学思考的视角和关注的层面不同，对社会理想的理解和应用亦不尽相同。归纳起来主要有以下几种观点。

第一种观点认为，社会理想是一个认识论的范畴，是人作为认识主体借助于一定的理想和方法而达到社会未来(认识客体)的一种认知性把握。这种观点在其研究方法论上沿袭的是自然科学意义上的"主客二分"模式，注重的是社会理想的知识性、真理性层面，较少关注其所蕴涵的人文价值因素。

第二种观点认为，社会理想是人的一种价值建构和价值追求，属于价值论范畴。由于不同主体对价值的理解不同(如"至善至美""现世幸福""来世解救"等)因而追求旨趣亦各异，存在着不同的价值取向或维度。如汤因比提出"复古主义"和"未来主义"之说；曼海姆认为，还有一种介于二者之间的、安于现状的"保守主义"。

第三种观点认为，社会理想是一评价论范畴，人们主要把它当做一种标尺，通过理想社会与现实社会之间的对比度和反差性来揭露、批判社会现实的非完美性、非正义性和不合理性。这种社会理想往往只是"提出完善化的图景，而不管它借以实现的途径就足矣的理想”。早期的乌托邦思想，十七八世纪的空想社会主义等大多具有这种性质和特点。

第四种观点，也是一种更为流行的观点，即从本体论意义上，把社会理想及其建构看做是由某个东西予以保证的（如上帝、理念等），朝着既定的方向就可以自然而然实现的过程。按照这一观点，社会理想的实现往往表现为一种“铁的必然性”，而人则成为“历史规律”或“世界理性”借以实现自己的工具。

以上各种观点应该说都有一定的道理，因为它们都从不同的侧面揭示了社会理想的丰富内涵，但又都不全面。从当代人类面临的生存与发展困境和哲学的使命以及社会理想问题突现的各种原因、背景上看，我认为，社会理想作为一种观念，不仅是认识的结果，也不仅是价值建构或评价尺度，而更重要的是一个实践论的范畴。社会理想作为人类历史过程的重要和内在组成部分，它的观念建构和实际建构不仅不会排斥认知的、价值的、评价的乃至本体论的意蕴，反而会以扬弃的形式将它们有机地吸纳和内涵于其中。因此，在其基本内涵上，社会理想是人们对自身与社会的关系的美好前景的展望和构想。它以对社会现实的不满足和否定性评价为前提，包含着对发展中的社会未来需要与能力的积极预测，从真理性与价值性、客观规定性与主观创造性的结合上，形成以解释社会生活、指导和规范人们实际活动为主要内涵的未来社会的理想模型和实现它的最佳途径。在社会理想这一范畴里有两个要件：一是理想的观念模型，它涉及的主要是未来社会发展的总体构架或面貌；二是理想的实现途径，即发展的道路和模式的选择问题。这一问题我们留到后面讨论。

在外延上，社会理想包括历史上和现实中实际存在的各种各样、形形色色的社会理想。对此，我们可以从不同的角度进行划分或归类。如按其所依据的社会历史观、价值取向的不同，大致可分为以下几种社会理想类型。

(1) 安贫乐道型。这是一种崇尚历史和传统、以衣食饱暖、贫富均匀为社会生活目标的理想范型。中国历代所追求的社会理想大多可归于此列。因为“大同”一直是中国人企求的理想社会，而所谓“人人衣食饱暖而无奢求，个个礼让克己不因利争”就是中国几千年来广大农民所企求的大同社会的主要内涵。可以说，直到党的十一届三中全会以前，这种理想追求旨趣并没有多大改观。

(2) 精神慰藉型。这是因于自然和社会双重压迫而衍生出来的一种逃避现实或憎恶现实、追求与现实世界相对应的虚幻的彼岸世界以求换来现世（或来世）的幸福平安，或获得某种虚假的精神满足和心理平衡为主要特征的理想范型。宗教所设置的千年天国等就属于此类。

(3) 愤世嫉俗型。愤怒谴责、鞭挞和批判社会制度的不合理，具体描绘未来社会的理想蓝图，但无切实可行、根本改造社会的方案、手段和途径，是这种理想范型的主要特点。各种乌托邦、空想社会主义均可划归此类。

(4) 征服进取型。这是一种以否定“神意”和世俗权威，崇尚理性、科学，征服自然、追逐物质财富和利益为主旨的社会理想类型。近代以来资产阶级的“理性王国”等属于此列。

(5) 全面发展型。这是马克思倡导的历史过程理论对未来的构想规定，其价值目标就是实现人的自由全面的发展。“中国特色社会主义”正是这样一个沿着马克思指引的方向，指导当代中国人民历史前行的社会理想。

## 三、社会理想设计的历史误区

应当说，人类在社会发展的每一个阶段，都为社会应如何发展构筑了形形色色的社会理想。然而历史地看，这些社会理想在推进人类社会发展方面并不是在任何时代、任何条件下都是合理的、积极有效的，有时甚至恰恰相反。历史活动是预期的，但历史活动的结果往往是非预期的，历史投入与历史产出之间形成了巨大的反差。这是为什么呢？这是由于人们在建构社会理想过程中陷入了种种误区。其中最重要的、也是最典型的误区就是社会理想的终点论。

所谓社会理想的终点论，意指人们迷信历史有一个终极目标，并把它作为人的命运的归宿，用普遍性和必然性将其确定下来。这种观点不仅在理论上是错误的，而且在实践上造成了极大的危害，产生了消极的影响。

设定历史有那么一个终点，在其认知思路上，可以追溯到西方传统（古典）哲学的理性主义及其相应的本体论思维方式。对于理性主义，人们可以从不同的方面去理解和把握，但其本质特征在于采取“主客二分”的对象性思维方式，寻求对对象认识和把握的确定性和终极性。理性主义由于其内在矛盾，往往具有两种完全不同的走向：一是“见人不见物”的“人类中心主义”，二是“见物不见人”的反主体性倾向。当然，这两种走向并非截然对立，而是两极相通的，在一定的条件下可以相互转化。不过，从历史的角度看，传统哲学在把理性的上述特征夸大到极端的同时，选择了反主体的道路。

从深层次看，传统哲学之所以具有这种理性特征和反主体倾向，这是与人的本性及其生存境况密切相关的。一方面，人作为一种从不满足的动物，总是希望和追求一种更高的境界。这表明人本身（在人的骨子里）就具有超越自身的形而上本性。另一方面，与其他动物相比，人又是自身力量最为软弱的动物。用弗洛姆的话说，“人是所有动物中最无能的”（《为自己的人》）。它必须借助于某种身外之物去实现自己的目的。这在人们只有很少量的现实工具可资利用的发展阶段，就往往要幻想出某种强大的“权威”来充当依靠力量。传统哲学不满足于当下经验事实的认识，总是试图从事实背后去发现它的“本体”，这一点正好表达了人类具有超越现存、追求永恒和无限的理想存在的本性。传统哲学所确立的各种各样的虚幻的本体，从柏拉图“善的理念”、亚里士多德的“不动的推动者”、经院哲学家们的“上帝实体”、斯宾诺莎的“无限的自然实体”、莱布尼茨的“神秘的单子”和黑格尔的“绝对观念”，到中国传统哲学中的老子的“道”、宋明理学的“理”，等等，它们之所以能得到当时人们的信仰，就是因为它们既能满足人的形而上追求，又能满足人们祈求权威保护、寻求安身立命之根据的渴望和追求。所以，传统理性哲学的这种本质的形成，既有其人性的根据，也有它所处的历史现状的根源。

然而，传统哲学的理性主义存在的问题主要还不在于“本体”具有虚构、假象的性质，它的最大问题归根到底在于失落了人和人的主体性这一根本点上。这种哲学的非主体性倾向在于从总体上理解人及其与世界的关系时，不是从主体自身出发寻找其认识和实践活动的合理性和可靠性根据，寻求主体活动的价值本体或源泉，而是从本质上外在于主体及其活动的某种普遍客观的东西中去寻找。这种致思取向一旦推广到人类社会历史领域，就会自然而然地把人类社会的历史发展或社会发展的未来设计的实现看做是由某个先在的“本体”规定好了的(这个“本体”可以是绝对观念、上帝、理性、规律等)，向着未来既定目标自然而然的实现过程，而人及其主体性活动被撇在历史过程之中，或不过是按照“本体”的规定而劳作的工具和手段而已。

这种历史设计的误区，就在于离开现实的人及其活动本身，把人的历史当做神的历史来设计和创造，即在有限的人之外寻找各种超人的实体或力量，把人的命运交给非人的或超人的力量来支撑，企图通过这些实体或力量的劳作来满足人们的永生渴望，以保证既定的理想目标的实现。

我们认为，这种终点论无论在理论上还是在实践上都是站不住脚的。从理论上来说，如果说社会历史发展有一个终点，并且社会理想就是对它的观念反映，那么一旦社会理想得以实现，社会便停止发展。全面实现了人性和自由的人与这种停止发展的社会相互认同、肯定，人也就彻底地丧失了对社会的批判性、创造性。显然这是自相矛盾的。从实践上来看，终点论由于向人们许诺，在历史的某一时刻终极的理想社会就会到来，到那时人人都会获得完全的自由。因此，社会中的一切人都要在这个终极目标的名义下统一思想、统一意志、统一行动，这就为泯灭人的个性自由的各种专制主义打开了方便之门。关于这一点，无论在西方还是在东方，都不乏这方面的例证。

从维科到黑格尔，都把历史描写为一种由低级到高级演进的内在必然性展开的过程。维科的历史观关注的是不同民族之间的普遍性，以此来审视历史，即把一切民族的历史过程都归结为按同一轨道实现的由低级向高级的进化。黑格尔认为，“哲学用以观察历史的唯一的思想，便是理性这个简单的概念：‘理性’是世界的主宰，世界历史因此是一种合理的过程”。[①] 人类历史不过是绝对理念实现自我扬弃的一个具体显现。达尔文的生物进化学说把人类纳入生物进化的链条，从而沟通了自然与文化的关系，确立了把人类文化置于进化论框架中加以解释的致思取向。孔德把实证科学方法应用于社会学研究，认为“绝对有效的社会类型只有一种，人类应当通往唯一的社会类型”。[②] 上述理论和观点在实践中也得到了印证。在西方近代化和现代化过程中，西方人一直致力于按西方发展模式来规范世界的发展，认为后进国家应完全重演发达国家的发展道路，其表现就是致力于使一种社会发展模式从一国向他国、从一民族向他民族、从一地域向他地域乃至全球的推进运动。然而我们清楚地知道，这种社会发展模式的认同和实践，并不是通过各国家和民族的自觉选择被接受的，恰恰相反，在资本主义生产方式占据世界统治地位之前，其途径主要是依靠发动战争、武力征服、强权政治等手段而强加给不发达国家和落后国家的。

就中国而言，传统中国是一个农业大国，小生产观念浸润很深。而“大同”可谓是中国几千年来人们一直追求的理想社会的代名词。马克思列宁主义传入中国之后，其共产主义理想之所以能为国人所认同，在很大程度上在于马克思关于共产主义构想的某些内容迎合了他们的传统心理。新中国成立以后，在很长一段历史时期里，我们一直是把“共产主义”作为人类社会的“终极目标”来追求的。比如说，人们要想判定各种社会形态的进步性，只需要拿它们分别对比一下各自与“共产主义”这个终极目标的距离即可。“每一个接踵而来的社会形态之所以被看作是进步的，只是由于它是通向共产主义道路上的一个必要的环节、阶段。”奴隶社会之所以较之原始公社制度进步，是因为它距离历史的终极目标更近一些。这并不是说，马克思的构想本身有什么错，问题在于，我们从一开始在认识上就曲解了马克思的初衷，在实践上脱离了中国现实，偏离了马克思主义的轨道。一方面，从本本出发，把马克思的理想社会模式照搬过来，在理想与现实的对接过程中缺乏一个中国化、民族化的环节。或者说，缺乏在马克思主义指导下，从中国的社会主义现实出发建构起适合中国实情和民族特点的社会理想。另一方面，受苏联社会主义模式的影响，使得国

① [德]黑格尔. 历史哲学[M]. 王造时，译. 上海：上海书店出版社，1999：9.

② [法]雷蒙·阿隆. 社会学主要思潮[M]. 葛智强，等译. 北京：华夏出版社，2000：47.

人把自己的社会理想(实际上就是共产主义)当做唯一科学的价值标准和评价尺度,对内用以规范现实,用理想去裁剪现实;对外用以衡量和评价不同或相同的社会制度、社会思想和观念。这样一来,在社会主义世界里,社会自我不仅丧失了对社会现实的对象性批判,而且丧失了对社会理想的自我批判。其结果是,整个社会主义世界与西方发达国家的差距进一步扩大,社会主义经济发展几乎走到了全面崩溃的边缘。对此邓小平在总结历史的经验和教训时说了这么一段意味深长的话:新中国成立以来,人们对于什么是社会主义,如何搞社会主义,至今仍然是模糊和不清楚的。

否认社会理想的终点论并不等于不要理想,正如现代哲学反对近代哲学的形而上学,却并没有取消形而上学一样,我们要改变的只是长期以来人们在社会理想问题上的设问方式和思维向度,抛弃它的一些基本预设。具体来说,要走出社会理想设计的误区,必须实现以下两个最重要的转变。

1. 实现由终点论向过程论的转变

社会理想的观念建构和实际建构永远是一个过程。这里的“过程”有两层含义:一是相对人类一定历史发展的阶段性而言,二是相对整个人类历史发展的连续性而言。并且,过程的双重意义既相互区别,又相互关联。在前一种意义上,人类历史发展的某一时代或特定时期,都可以被看做是一个相对完整的、有始有终的发展过程,这一过程又会因其时代主题、历史任务以及人们的需要、能力发展程度等的不同而区分为若干层次不一、依次递进的必经环节或发展阶段。相应的,社会理想的建构就有近期与长期、低级与高级之分,由前者向后者的过渡、转化和实现,也必须是有步骤、分阶段地进行的。也正是在这一意义上,中国共产党正确地提出,共产主义是我们共产党人为之奋斗的长远或最高理想,而把实现有中国特色的社会主义看做是接近这一目标的必要环节或必经阶段,是现时代、现阶段我国各族人民的共同理想。然而,我们又不能仅仅停留于此。因为,在后一种意义上,只要人类和人类社会还存在,人类历史就是一个永恒的、无始无终的绵延和开放过程。某一历史阶段的历史任务的完成、社会理想的实现,既是前一过程的终点又是后一过程的起点。过程的终点和起点总是前后相继,既相互交替又永无尽头的。相应的,人对理想社会的追求也永远没有一个终点,即使到了共产主义社会亦如此。马克思从来不承认也不可能承认(按照他的辩证法)某种具体的历史阶段的理想具有最终的性质。在马克思那里,根本问题是人的解放问题,而共产主义正是在这个根本问题中发生和取得自己的意义的。人类解放从根本上来说,是人自己站立起来获得自由自主的发展过程,自己实现自己的过程;而共产主义只是扬弃现存市民社会的异化行为，当这一任务完成之后（尽管这本身需要很长时期的艰难斗争），它就不再是历史的需要了。所谓它只是人类达到“下一阶段历史发展的必然的环节”，说的就是这个意思。一旦达到了共产主义，人类就开始以自己的双脚牢固地站立起来前进，真正进入人的自由发展、自觉创造的时代。这时就无须再以扬弃私有财产作为人类自我发展的中介了。所以，扬弃异化的共产主义不过是结束了“人类的前史”，是人类真正解放的起点，而绝不是它的终结。那时人类还会提出更高的自我发展的目标，从而也就超越了共产主义。

由此看来，社会理想作为人类对美好未来社会的一种设计、向往、企盼和追求，主要地不是一个本体论意义上的存在概念，而是一个评价论意义上的价值概念，与历史生成且又历史发展着的人的需要本性和本质力量相关联。从这个意义上看，社会理想的终极性实际上并不是自足的、圆满的，而是带有较大的相对性、流变性。在一定时空界域被认为是终极性的，在另一时空界域则可能成为非终极性的，反之亦然，在终极与非终极之间没有一条不可逾越的鸿沟。在社会认识论的视野里，社会认识运动和社会历史运动是内在交织、密不可分的。当一终极理想一旦融入社会历史长河并用以解释社会生活、引导历史前行时，它会因实现与否、实现的可能性之大小而被修正，或遭淘汰，或被新的、更高和更合理的理想类型所取代。但这并不等于说，人类就没有对绝对的追求，哲学没有自己的终极关怀。有的，而且这是人类向善、向美的本性和哲学作为“时代精神的精华”的重要内容。但这种终极不是给定了的终点，而是体现在非终极的无限发展中。终极目标和具体目标的关系，只有沿着马克思的思路，把它们理解为绝对与相对的关系才是合理的。绝对永远存在于相对之中，尽善、尽美的社会理想只能存在并实现于世世代代人们对具体理想的不懈追求之中。

### 2. 实现从绝对意识向极限意识的转变

所谓绝对意识，是指人类精神指向某种终极实在，即指向无限和完善完满历史结局的一种乌托邦冲动或乌托邦渴望。这一绝对意识具有两个要件：一是它设置了一个终极与无限，即把完善圆满的未来世界作为人的现实世界的替代物；二是它设定了一种绝对的、超人的实体或力量，作为达到这一终极目标的根据或保证。前面分析的各种误区，不论其是积极意义上的或是消极意义上的，大多包含着这种绝对意识。例如，理性之于古希腊时代、上帝之于中世纪、科学理性之于近代。在迄今为止的历史中，各种形态的绝对意识或独断精神是人类得以安身立命、得以自信地生存下去的重要支柱之一。但是，人类历史在一次又一次地高扬绝对意识和绝对理念的伟大胜利的同时，也在悄然地动摇着这种“绝对”的根基。文艺复兴以来，科学理性的崛起和人性的高扬导致了上帝地位的骤降，而20世纪两次世界大战的浩劫和“核冬天”的阴云又导致了科学理性主义的幻灭，科学理性开始裸露出自身的极限性。

伴随着绝对意识和绝对理念的衰落，必然会有一种新的意识作为新时代人类精神的本质特征而生成，我们把这种初见端倪的新意识称之为极限意识。所谓极限意识，是指人类精神由于对人之存在的有限处境和命运的醒悟而引发的一种自我意识，是人对自身作为自由的和有限的存在物的积极肯定。具体地说，可以从三个侧面来揭示这一极限意识的主要内涵。其一，人作为自由的和超越性的存在物永远不会达到完善完美的境地，既不会回归到与自然自在合一的境界，也不会跃升到无所不能和无限的上帝的地位。所谓绝对的超越性的世界本体，如黑格尔的绝对精神、柏拉图的理念、老子的道，等等，都是一种绝对的无限性的存在。它们不需要超越自身，也无法再进行超越。它们显然不是人之自我超越的有效形式，而是通过人类精神的虚设而衍生出来的。我们把它们与人类早期的神话、图腾、巫术等一起看做是人的自我超越的虚幻形式。这种虚幻的超越是以其形而上之“道”与形而下之“器”相脱离、相分裂为特征，反映了人类精神的特殊意向性而构成了人类文化的不可或缺的组成部分，但从根本上说，它们只能给人的自我超越需要带来虚假的满足，因而是超越方向的迷失。事实上，自由与超越作为人的本性决定了人不必要也不可能追求到终极目的和完满的实体，否则，他就不是自由和超越的存在物。其二，人与人的世界都是总体性的存在，因而，不存在决定人的终极命运、决定世界的一切方面，使人一劳永逸地进入完善结局的终极实体或超人的力量，无论是理性、自然，还是上帝、非理性，都不具备这种性质。其三，人的有限和缺憾的存在境遇并不表明人的消极无为和无可奈何，相反，这种境遇正是人自由的基础，它为人的不断超越和不断创造提供了无限的可能性。这不是因为别的，只是因为：人一旦达到了幻想中的无限与完美，也就失去了进一步作为人而存在的根基。

显而易见，从绝对意识到意识的转折，在其深层意蕴上，是人类精神（特别是哲学和宗教）所内含的终极关切的根本性转向。一方面，这一终极关切的指向由超人的和终极的实体转向人的活动和人的存在本身，人类精神不再从人的活动之外寻求人赖以安身立命的终极支柱，而是从人的活动、人的生存状态本身来理解人的生存与人的世界；另一方面，这一终极关切的指向由历史的终极目标转向人的历史过程本身，人类精神不再热衷于为人类历史设定某种尽善、尽美的永恒结局，不再以彼岸世界的理想图景与彼岸世界的历史困境相对应，而是关注人对于每一特定历史困境的具体超越，为人类不断设定可以逐步实现又逐步超越的合理的和有限的目标。而每一次超越的宗旨都不是为了某种无限和完美尽善，而是为了使人的超越性活动能在新的层次上继续延续下去。这样一来，传统绝对意识中无限完满的终极目标与超人实体之间的乌托邦关联就被现代极限意识中有限的、合理的目标与不断超越的人之创造性活动之间的动态平衡所取代。在近代哲学中，这种极限意识已经以潜在的或不自觉的方式在某些精神形态中显现出来。康德对纯粹理性的批判在人之活动的一个特殊层面上，即在认识领域中以潜在的方式表达着极限意识。到了现代哲学，这一极限意识才逐步走向自觉和强化。实证主义或科学主义对形而上学的拒斥，以存在主义为代表的现代人本主义对人之存在的负面和缺憾的强调，实际上是从不同侧面悟到了极限意识的内蕴。

然而，若想真正深刻合理地建立起现代精神的极限意识，则必须以马克思对人和实践的理解为基础。马克思把人的本质规定为实践，即自由自觉的活动，他从对象化劳动和异化劳动两个方面揭示了实践所具有的超越性和创造性。因此，他把人理解为不断超越现存，不断重新创造出自身和自己的世界的开放性存在，把共产主义理解为“使现存世界革命化”的开放性历史进程。显而易见，马克思从根本上摒弃了那种求助于超人的和终极的实体，为人的历史设立终极的完美的结局的观点，即从根本上摒弃了传统精神所蕴涵的绝对意识或独断意识。否则，开放的辩证法就会以封闭的结局而告终。马克思对人与实践的这种深刻理解所表达的正是人类精神所应有的、积极的极限意识。

## 四、社会理想合理构建的思路与原则

从上面的分析我们知道，人类社会的历史发展不能没有社会理想的引导，用哲学人类学家兰德曼的话说，人的生命活动不能不“需要一个指引方向的榜样或理想以供参照”。然而，这种榜样和理想并非在任何时代、任何条件下都是天然合理的，它对社会的作用，既可以是积极的推动作用，也可以是消极的阻碍作用。那么，我们应该如何合理地建构社会理想呢？

### 1. 探寻一条合理的研究思路

在讨论如何建构社会理想时，探寻一条合理的研究思路之所以重要，就在于人们不得不反思和解决现实生活中存在的两个深层次的理论问题：第一，我们是否认定社会历史发展的确有那么一个终点？第二，社会理想是否仅仅是人们主观设定的一种信仰，或社会理想是一种主观随意的设立？美国哲学家宾克莱认为："没有什么科学方法来证明一种理想是对的，而其他各种都是错误的。确实，既然各种理想所谈的都是应该是什么的问题，而不是谈实际是什么的问题，那么，科学知识和逻辑二者还不能用来自行产生一个根本的价值委身。"①如此说来，所谓社会理想完全成了依凭主观意念、情感、经验而转移的、不确定的东西。前一个问题与传统绝对主义（西方理性哲学）的研究思路密切相关，后一个问题与相对主义（现代西方哲学的某些流派）的研究思路紧密相连。我认为，这两种研究思路的缺陷是显而易见的。前一种思路不用多说，后一种思路由于把社会理想当做一种主观随意的设定而缺乏现实生活的基础，因此这种社会理想一旦运用到社会生活中，或者会四处碰壁而丧失其对生活的规范意义，或者使人的生活及其变化成为偶然的无所凭依的荒诞过程。其直接后果是，人们不再把社会理想视为自身可能生活的理性指导，从而最终否定社会理想的必要性。因此，在社会理想建构问题上，我们主张采取绝对与相对辩证统一的研究思路。这条研究思路的特点，就在于它既不武断地假定有一种对任何社会都普遍适用的理想社会模式，也不想当然地把某一历史阶段或某一国度和民族的具有历史暂时性理想社会模式予以绝对化、普遍化，同时也反对那种因社会理想蕴涵着人文价值因素而否认其科学确定性的相对主义。沿着这条道路，社会理想既不能从社会历史发展的终极目标又不能从单纯的主观设定两层意义上去理解，而只能从已有的社会现实所预示的人的可能性与人超越现实的不懈追求相结合的意义上来理解。

### 2. 确立社会理想合理性的标准

在社会历史领域，社会理想的存在是多元的，其价值往往是非中立性的，因此，在这些由不同主体建构的多元的社会理想之间，必然存在着一个合理不合理的问题。换言之，什么样的社会理想才是合理的，我们依据什么理由说一种社会理想是合理的，另一种则不是合理的，这就涉及社会理想合理性的标准问题（这里，我们主要在评价的意义上使用合理性，其评价本身的合理性姑且不论）。我们认为，社会理想合理性标准应是"合目的性"与"合规律性"的统一。这一标准具体到特定时代条件下的人们对于社会理想的建构时，就表现为"必要性"与"可行性"的统一。所谓"必要"，关涉到相互关联的两个方面："为什么要追求"与"值不值得追求"。前者的理由众所周知，无须赘言，后者则意味着，当我们认定或认同某一社会理想时，它就具有唯一的选择性。具体地说就是：当我们认定、追求和积极推进一种社会理想的实现时，就是否定、舍弃

---

① ［美］宾克莱．理想的冲突［M］．马元德，译．北京：商务印书馆，1993：417．

和阻碍其他社会理想的实现；当我们认定某一优先价值追求时，又不得不“忍痛割爱”地放弃另一部分合理有益的价值追求。问题的实质在于，我们予以认定并为之作出努力奋斗的社会理想是否带来实际的利益和实现自己的需要。从代价论的角度看，从事这种追求，我们将会付出多大的代价？社会理想的必要性强调的主要是主体的“利”的尺度，但它只是人们从事社会理想实际建构的必要条件而非充分条件，因为并非任何必要的都是值得去做的，即使都有必要，现实的唯一性、选择在一定时空界域的排他性亦使之成为不可能。人们在观念中建构一社会理想，倘若“必要”成立，并不一定可行，因为理想的实现需要一定的条件，而可行性正是对这些约束条件的分析论证，以便为理想的实现提供实践保证。有时，有的社会理想虽有必要却不可行，有的则可行但并不必要，这就使得必要性和可行性之间存在着矛盾。解决这一矛盾的关键在于如何求得二者的具体的历史的统一。

3. 遵循几条重要的方法论原则

(1) 客观性原则。合理建构社会理想必须以正确认识和把握社会为前提。社会理想固然以批判现实、超越现实而与社会现实相区别。但批判现实则意味着首先要了解社会现实有何种弊端和不合理因素，根源何在等。超越现实则意味着要了解社会现实到达理想未来的途径、手段、方式、方法。因此，社会现实尚有何种合理因素，由现实到未来，在现实中有哪些条件可资利用，缺乏何种条件，如何从现实中发掘和创造出这些条件等，这也是首先必须弄清楚的问题。这样，从社会生活的实际出发去探索美好未来，就成为合理建构社会理想的基本要求。

(2) 合目的性原则。批判现实，超越现实，就在于现实根本不能或不能完全满足人的自我实现和自我发展的需要。因此，人总会从自己的本性需要出发，依据对现实社会的了解，在观念中将社会各要素、属性、结构予以分化、解构，以适合人的方式予以重组、重构，形成新的组合方式、存在方式和运行机制，并试图通过人的自觉活动使其朝着合乎人的需要的方向合目的性地发展。马克思曾指出，人与动物的不同就在于，“动物只是按照它所属的那个种的尺度和需要来建造，而人却懂得按照任何一个种的尺度来进行生产，并且懂得处处都把内在的尺度运用于对象；因此，人也按照美的规律来建造”①。这段话表明，人们在进行实际的“建造”时，同时依据了两个方面的尺度：一个是物的尺度，一个是人的内在尺度；而内在尺度就是需要的尺度。社会理想作为一种批

① 马克思恩格斯选集：第1卷[M]. 北京：人民出版社，1995：47.

判现实、超越现实的观念构想,恰恰更多地体现了人对自身内在尺度的运用,体现了人“把内在尺度运用到对象上去”,“按照美的规律来建造”的特点。正是在这一意义上,在建构社会理想问题上,我不赞同在“合规律性”与“合目的性”的关系问题上重前轻后的致思取向,而主张人的活动的最初动因和出发点是价值需求而非规律本身,后者只是在前者业已确定才被提到议事日程予以考虑。所以,人对社会理想的观念建构和实际建构,是人作为主体的能动性和创造性的表现,也是人对自己需要的一种自觉意识和主观认定。具体而言,人的需要和目的指向性并不是抽象的,而是具体的、历史的。同一时代或不同时代,人们会碰到大量的社会问题,生发出许多基本的社会需求。由于人类生命的有限性,人的需要的多样性和层次性,以及为满足这种需要的能力的历史局限性,他们只能选择最为根本的社会问题加以解决,选择最为迫切的社会需求加以满足。正如马克思所言:在一定时代和一定时期,“人类始终只提出自己能够解决的任务,因为只要仔细考察就可以发现,任务本身,只有在解决它的物质条件已经存在或者至少是在生成过程中的时候,才会产生”。[①] 这就告诫我们,社会理想作为一种对于一定社会的未来图景的观念预想和设计,它的提出和建立虽然有其内在根据,但须同时具备与之相应的实现这种理想的可能条件和实际能力。

(3) 适度性原则。社会理想是人们对于社会未来的一种超前建构,但这种超前不是随意的,而是有一个超前的量的问题。所谓超前量,指的是超前的幅度、阶梯,即超前多少的问题。超前量实际上是一个时间差的问题。一般来说,理想设计对现实的超前既不能太近也不能太远。太近,人们觉得它与现实没有多大差别,难以产生创造理想世界的冲动和热情;太远,人们感到它离自己的现实太遥远,进而把它当做一种可望而不可即的东西,甚至视为不必要的东西而把它消解掉,从而丧失追求未来美好社会的信心和力量。这如同人们站在地上伸手摘树上的桃子,太高使人望而却步,太低使人感到得来太容易。邓小平构想的中国特色社会主义就很好地体现了这种适度原则。从总体目标的设计到具体行动方案的实施,不仅考虑到它的可行性、可接受性和民众基础,而且考虑到它有足够的吸引力化为社会成员的个体目标,并通过有效的手段或社会化的机制使这种目标普遍地影响到人们的行为。

(4) 历史性原则。批判现实、超越现实的活动不可能终止于社会历史过程的某一时刻。既然如此,人们对社会理想的探索与建构也必须随着人类社会历史活动的持续、发展而不断进行和深化。因此,无论多么合理的社会理想

---

① 马克思恩格斯选集:第2卷[M]. 北京:人民出版社,1995:33.

总是具有历史性的。有中国特色的社会主义这一总体目标的设置，本身就表明了它的历史性、暂时性。它对中国未来美好前景的描绘只能是总体性的而不可能是详尽的，它必将随着岁月流逝、条件变更、人员变换等多种因素的作用和干扰而不断得以修正和完善；它的实现，也不是为了某种终极完美，而是为了能在新的层次上将人的历史活动继续延伸下去。正是因为这样，它不仅能为国人所普遍接受，而且正在一步一步地由可能变成现实。

# 第三章　发展道路

对于一个国家和民族来说，社会发展目标一旦确立，努力寻找一条适合本国、本民族实情和特点的发展道路至关重要。历史地看，近代西方一些国家通过革命以及国家统一的方式，找到了适合自身的发展道路，率先跨入现代化和发达国家的行列。相比之下，亚洲、非洲以及拉美许多国家，由于历史和现实原因，在从不发达状态迈向发达状态即现代化的进程中则举步维艰、困难重重。马克思、恩格斯在自己的革命生涯中深入研究了资本主义的发展道路及其存在的问题后，明确指出了其历史进步性和局限性，并认为，发展中国家只有借鉴和利用资本主义发展道路上的经验和教训，结合本国国情，才能走出一条适合本国国情的发展道路，赶超发达国家，实现现代化。

## 一、马克思和恩格斯的发展道路思想

发展道路问题是马克思、恩格斯社会发展理论的重要组成部分。一方面，马克思和恩格斯从微观层面具体分析了西欧资本主义的发展道路，指出资本主义生产关系和上层建筑的变革大大促进了生产力的发展和人类社会的文明进步。但是，他们并没有把资本主义发展道路看成是世界各国发展的唯一道路，而是强调不同国家和民族的发展应采取不同的发展形式和发展道路，认为东方国家有可能走一条不同于资本主义的发展道路，并且提出了俄国有可能跨越资本主义制度的“卡夫丁峡谷”直接过渡到社会主义的设想。另一方面，马克思和恩格斯从宏观层面分析了资本主义的固有矛盾和弊端，揭示了社会主义代替资本主义的历史必然性，预测了人类社会发展道路的曲折性和总趋势。马克思和恩格斯关于资本主义和非资本主义发展道路的思想是我们研究发展道路问题的科学世界观和方法论，尤其是马克思晚年关于非资本主义道路的思想，以及恩格斯对该思想的进一步深化和拓展，对于发展中国家发展道路的探索以及社会主义国家各具特色的社会主义道路的探索具有重要的理论和现实意义。

马克思和恩格斯先后对西欧和美国的农业资本主义道路进行过历史的分析和比较。在马克思看来，一部农业现代发展史，可以看成是资本主义生产方式改造旧的土地所有权和落后的经营方法的历史，其间不只是生产关系的变革，还有经营方法的进步、科学技术的应用和生产力的发展。所有这些都是以资本家对土地所有权的垄断为基础，以直接生产者的赤贫化即农民变为无产者为代价的。马克思和恩格斯还具体分析了三种不同的农业资本主义道路，后来列宁将其概括为“英国式”道路、“普鲁士式”道路和“美国式”道路。马克思认为，英国农业资本主义道路是经过圈地运动强行剥夺小农的土地，然后通过大工业深入农业并改造农业建立起来的。这种以经营工业的方式办农场，农场主是资本家，劳动者是雇佣工人，为市场销售而生产的方式，马克思在《资本论》中有专门篇幅对此加以论述，指出这是一条典型的不同于普鲁士式和美国式的农业资本主义道路。圈地运动使农业中的资本主义生产关系开始确立，加速了农业资本化的过程，导致了农业的变革。农业革命不仅促进了农业的发展，使英国摆脱了周期性饥荒对经济发展的困扰，为人口的持续增长提供了充足的粮食供应，而且还促进了英国产业结构的大调整，为工业和城市的发展奠定了物质基础。

英国是世界上农民消失最早的国家。马克思说：“在这一方面，英国是世界上最革命的国家，凡是同农业的资本主义生产条件相矛盾或不适应的，都被毫不怜惜地一扫而光。”①英国农民的消失无疑是圈地运动的结果，圈地运动虽然是“羊吃人”的运动，但从英国社会的发展来看，它冲击了英国封建社会秩序，摧毁了封建土地所有制，确立了资本主义土地所有制。马克思指出：“对农村居民断断续续的，一再重复的剥夺和驱逐，不断地为城市工业提供大批完全处于行会关系之外的无产者。”②马克思强调圈地运动带来的农业革命对工业所起的重要作用，它促进了工业资本的国内市场的形成。他说：“一部分农村居民的被剥夺和被驱逐，不仅为工业资本游离出工人及其生活资料和劳动资料，同时也建立了国内市场。”马克思进一步指出：“只有消灭农村家庭手工业，才能使一个国家的国内市场获得资本主义生产方式所需要的范围和稳固性。”③但是马克思认为，真正的工场手工业时期并没有引起根本的变革，因为工场手工业一直以城市手工业和农村家庭副业为背景，只涉及国民生产的一小部分。只有机器大工业“为资本主义农业提供了牢固的基础，彻底地剥夺了绝大多数农村居民，使农业和农村家庭手工业完全分离，铲除了农村家庭手工业的根基——纺织和织布，这样，它才为工业资本征服了整个国内市场”④。如

①②③④ 马克思恩格斯全集：第23卷[M].北京：人民出版社，1961：263，813，815-816，817.

果说机器大工业是圈地消灭农民的根本前提，那么，英国的海外殖民则是消灭农民阶级，为资本主义提供劳动力的重要条件。“美洲金银产地的发现，土著居民的被剿灭、被奴役和被埋葬于矿井，对东印度开始进行的征服和掠夺，非洲变成商业性地猎获黑人的场所：这一切标志着资本主义生产时代的曙光。”[①]海外扩张和海外贸易为英国资本主义的发展筹措了大量资金，巨额的资金为英国工业革命提供了所需的物质条件。英国的工业资本主义道路是从工具机的发明开始的，马克思明确指出：“工具机，是十八世纪工业革命的起点。”[②]工业革命使英国彻底摆脱了传统的生产方式，实现了由农业社会向工业社会的转变，成为称霸世界的强国。正如马克思、恩格斯在《共产党宣言》中所说：“资产阶级在它不到一百年的阶级统治中所创造的生产力，比过去一切时代所创造的全部生产力还要多，还要大。”[③]

马克思和恩格斯分析了德国的状况，指出“自宗教改革以来，德国的发展就具有完全的小资产阶级的性质。旧的封建贵族绝大部分在农民战争中被消灭了，剩下的或者是直属帝国的小诸侯，或者是些小地主，或者是些乡居的容克地主（容克是德语“Junker”一词的音译，原指无骑士称号的贵族子弟，后泛指普鲁士贵族和大地主——作者注）；这些小诸侯逐渐取得相当的独立地位并在极小的偏僻的地区内效仿君主专制；这些小地主在小庄园内耗尽了自己的微产……农业的经营方式既不是小块经营，也不是大生产，它虽然保存着农奴的依附和徭役，但决不能唤醒农民去寻求解放，因为这种经营方式本身不能使积极革命的阶级形成起来，也因为没有与这样的农民阶级相适应的革命阶级”[④]。恩格斯进一步将工业革命刚刚开始时期的德国社会状况与英国进行了比较，认为“在德国还保存有早期的封建关系和后期的封建关系中的许多社会因素，这些因素可以说搅混了社会环境，使德国社会制度失去了英国发展时期所具有的那种单纯的、明显的、典型的性质”[⑤]。德国存在着封建老爷、领主裁判所、容克地主等“非常令人吃惊的活生生的太古生物”，他们联合起来反对资产阶级，这种社会环境不利于资本主义的迅速发展。所以，德国走的是一条不同于英国的“普鲁士式”的道路。

德国的农业资本主义是依靠容克地主的支持发展起来的。容克地主是普鲁士的贵族庄园主，主要是征服易北河以东地区并在那里进行殖民的德意志骑士领主的后裔。从 16 世纪开始，容克为了扩大谷物生产，大量强占易北河

---

①② 马克思恩格斯全集：第 23 卷[M]. 北京：人民出版社，1961：813，819.

③ 马克思恩格斯选集：第 1 卷[M]. 北京：人民出版社，1972：256.

④ 马克思恩格斯全集：第 3 卷[M]. 北京：人民出版社，1961：212.

⑤ 马克思恩格斯全集：第 16 卷[M]. 北京：人民出版社，1961：75.

以东农民的土地，以农奴的劳役经营大庄园经济。他们集领主权与乡村政权于一身，直接控制着农村的政治、经济、行政和司法。威廉一世（1713—1740）统治时期，承认了容克地主对于农民的封建奴役和剥削，容克地主的种种地方特权得到法律承认，国王的征兵、征税政策则得到容克地主的支持。于是，国王与容克地主势力紧紧地结合在一起，成为普鲁士军国主义的基础。1848 年德国资产阶级革命，尤其是 1871 年德意志统一后，容克地主在国家占有突出地位。容克地主的庄园经济逐渐转变为资本主义性质的农场，大部分容克开始成为保留许多封建残余的、资产阶级化的地主。在容克庄园中，雇农仍然处于半农奴的地位，这种在保留封建土地所有制的条件下，用资本主义剥削逐渐代替农奴制剥削的方式被称为普鲁士道路。这是一条既适应资本主义发展，又要最大限度保存封建残余的改良道路。

容克地主的经营方式虽然保留了一些旧的封建领主的特点，但他们采用先进的农业技术经营农庄，加快了对“四区轮作制”的推行，并逐渐取代“三圃制”，既提高了农作物的产量，又使土壤得到改良，提高了土地的利用率。他们改良农具，广泛使用农业机械和化肥，用资本主义的经营方式改造农庄，推动了农业资本主义的发展，同时为资本主义的工业奠定了基础。19 世纪 20 年代，随着德国工业的发展，除传统的谷物外，作为工业原料的马铃薯、甜菜、烟草等农副业产品的需求不断扩大。一方面扩大了庄园的种植产品，另一方面容克地主们开始建立起加工农副产品的工厂，尤其是酿酒业已成为容克地主们的又一条发财之路。由于马铃薯能够代替粮食制作廉价的酒精，因此，不仅用于内销，还用于出口，这大大刺激了马铃薯的生产和加工。正如恩格斯所说：“无论到哪里，我们都可以看到普鲁士酒精。普鲁士酒精比德意志帝国政府的手伸得还无比远。……马铃薯酒精之于普鲁士，一如铁和棉织品之于英国，这种酒精在世界市场上是代表着普鲁士的商品。”①酿酒业的发展增强了容克地主的经济实力，进一步巩固了在国家中的政治地位。“普鲁士能够逐渐消化 1815 年所吞并的易北河西岸的领土，在 1848 年镇压柏林革命，在 1849 年尽管爆发了莱茵-维斯特伐里亚起义而仍然领导着德国反动派，在 1866 年对奥地利作战，在 1871 年使整个小德意志听从最落后、最保守、最愚昧，而且还处于半封建状态的那一部分德国的领导，普鲁士所以能够做到这一切，应该归功于什么呢？归功于酿酒业。”②在资产阶级势力弱小的德国，不可能通过革命废除封建土地所有制，只能在保留君主制度、贵族特权的条件下依靠容克地主进行改革，使封建地主经济逐渐变为资本主义经济。这是一条渐进式的、以农

①② 马克思恩格斯全集：第 19 卷[M]. 北京：人民出版社，1961：1，53.

业资本主义发展为主线的“普鲁士式”的道路，这条道路符合德国社会的实际情况和生产力发展的要求。

马克思和恩格斯进一步分析了美国资本主义道路，认为与英国和德国不同的是，美国是在铲除封建土地制、地主阶级已不存在的条件下，农业中占主导地位的小农经济逐渐转化为资本主义农场经济(列宁将其称之为“美国式”道路)。这条道路是由美国特殊的历史条件决定的，“美国是一个独特的国家，它是沿着纯粹资产阶级的道路发展起来的，没有任何封建的旧东西，但在发展过程中从英国不加选择地接受了大量封建时代遗留下来的意识形态残余，诸如英国的习惯法、宗教、宗派主义……”[①]正如恩格斯所说，美国的封建残余势力比较弱小，历史上没有出现过封建社会，因而没有形成像西欧国家那样的封建土地制。美国殖民时期的封建残余主要是从英国王室、业主和大地主移植来的，他们企图在北美殖民地建立封建秩序，但是在独立革命中，这些封建残余被彻底粉碎了。1893 年，恩格斯在《致尼·弗·丹尼尔逊》的信中写道：“美国从一诞生起就是现代的，资产阶级的；美国是由那些为了建立纯粹的资产阶级社会而从欧洲的封建制度下逃出来的小资产者和农民建立起来的。”[②]此外，“美国有取之不尽的资源，有巨量的煤铁蕴藏，有无比丰富的水力和通航的河流”[③]，这些都成为美国资本主义发展的有利条件。独立战争之后，美国不断向西部扩张领土，广阔的土地吸引了大量移民，随着移民的大面积开垦，为美国普遍建立起自耕农农场创造了条件。马克思和恩格斯明确指出：“正是欧洲移民，使北美能够进行大规模的农业生产，这种农业生产的竞争震撼着欧洲大小土地所有制的根基。此外，这种移民还使美国能够以巨大的力量和规模开发其丰富的工业资源，以至于很快就会摧毁西欧特别是英国迄今为止的工业垄断地位。这两种情况，对美国本身也起着革命作用，作为整个政治制度基础的农场主的中小型地产，正逐渐被大农场的竞争征服下去；同时，在工业区，人数众多的无产阶级和神话般的资本积聚开始发展起来。”[④]在农民经济向资本主义农场经济的演进中，建立在小私有制基础上的农民经济是不稳定的，随着农业中资本主义关系的成长和先进生产技术的应用，小农经济的迅速分化，逐渐被资本主义大农场所取代。

马克思对 19 世纪上半叶美国种植场奴隶制复杂的社会现象进行了分析，说明在北部各州已经确立的资本主义雇佣劳动制度和南部占统治地位并阻碍

① 马克思恩格斯全集：第 36 卷[M]. 北京：人民出版社，1961：522.

② 马克思恩格斯全集：第 39 卷[M]. 北京：人民出版社，1961：147.

③ 马克思恩格斯全集：第 2 卷[M]. 北京：人民出版社，1961：584.

④ 马克思恩格斯全集：第 19 卷[M]. 北京：人民出版社，1961：325.

资本主义发展的奴隶制度之间产生了尖锐的矛盾，由此揭示了奴隶制问题是美国内战的根源。马克思说："由奴隶种植的、作为南部输出品的棉花、烟草、糖等作物，只有在仅需简单劳动的天然肥沃的广大土地上大规模使用大批奴隶来经营才是有利的。主要不靠土地的肥沃性而靠投资、工作者的知识和积极性而种植的集约化作物，是与奴隶制度的本性相矛盾的。"[①]因此，"当前南部与北部之间的斗争不是别的，而是两种制度即奴隶制度与自由劳动制度之间的斗争。这个斗争之所以爆发，是因为这两种制度再也不能在北美大陆上一起和平相处，它只能以其中一个制度的胜利而结束"[②]。马克思指出了战争的进步性和革命性，由此揭开了资产阶级统治的新纪元，推动了美国资本主义的大发展。

马克思通过对西方资本主义的研究，认为不同国家有着不同的发展模式。但是，马克思明确指出："不同的文明国度中的不同的国家，不管它们的形式如何纷繁，却有一个共同点：它们都建筑在资本主义多少已经发展了的现代资产阶级社会的基础上。所以，它们具有某些极重要的共同特征。"[③]资本主义取得了巨大的历史成就，是人类文明史上的一个崭新的阶段。然而，自从资本主义制度诞生的那一天起，就产生了两大阶级的对抗。资本家为了追求利润最大化，无限制地剥削工人，无产阶级注定成为资产阶级的掘墓人。马克思、恩格斯在分析资本主义生产方式和资本主义社会固有矛盾的基础上，揭示了资本主义社会的种种弊端，提出资本主义必然灭亡、社会主义必然胜利的著名论断，由此揭示了人类社会发展的一般规律。

马克思一生的主要精力用于研究近代欧洲社会，但他并未把研究仅仅局限于欧洲社会，中年和晚年的马克思对非欧社会，尤其是东方社会表现出极大的兴趣，正是这方面的研究使他看到了东方社会与西方社会的巨大差异，没有简单地把东方社会的发展归结为五大社会形态。在《1857—1858 年经济学手稿》中，马克思把东方社会的生产方式称为"亚细亚生产方式"，并揭示了这种生产方式的基本特征："这些自给自足的公社不断地按照同一形式把自己再生产出来，当它们偶然遭到破坏时，会在同一地点以同一名称再建立起来，这种公社的简单的生产体，为揭示下面这个秘密提供了一把钥匙，亚洲各国不断瓦解、不断重建和经常改朝换代，与此截然相反，亚洲的社会却没有变化。这种社会的基本经济要素的结构，不为政治领域中的风暴所触动。"[④]在分析资本主义雇佣劳动的产生时，马克思说："在现实的历史上，雇佣劳动是从奴隶制和农

---

①② 马克思恩格斯全集：第 15 卷[M]. 北京：人民出版社，1961：353，353.

③ 马克思恩格斯全集：第 19 卷[M]. 北京：人民出版社，1961：30-31.

④ 资本论：第 1 卷[M]. 北京：人民出版社，1975：379.

奴制的解体中产生的，或者像东方和斯拉夫各民族中那样是从公有制的崩溃中产生的。”[①]这就是说某些东方民族，包括斯拉夫民族在内，由于资本主义的入侵可能跨越奴隶制和农奴制而直接进入以雇佣劳动为特征的资本主义生产关系。马克思晚年分析和研究了俄国的公社制度，提出了非资本主义发展道路的问题。为了对俄国的经济发展作出准确的判断，马克思学习了俄文，研究了大量有关的俄文资料，由此得出了这样的结论：“如果俄国继续走它在1861年所开始走的道路，那她将会失去当时历史所能提供给一个民族的最好的机会，而遭受资本主义制度所带来的一切极端不幸的灾难。”[②]但是，如果土地公有制是农村公社的集体占有制的基础，加上资本主义生产和它同时存在的这样一个历史环境，给它提供了大规模地进行共同劳动的物质条件，那么“它可以不通过资本主义制度的‘卡夫丁峡谷’，而吸收资本主义制度所取得的一切肯定成果。它可以借使用机器而逐步以联合耕种代替小土地耕作，而俄国土地的天然地势又非常适合于机器的使用。如果它在现在的形势下事先被引导到正常状态，那它就能直接变成现代社会所趋向的那种经济体系的出发点，不必自杀就能获得新的生命”[③]。马克思强调俄国的历史条件不同于欧洲，但它们又处于同一时代，如果吸收资本主义所取得的全部成果来发展商品经济的话，就可以避免资本主义制度的一切苦难而实现跨越。因为“在俄国，由于各种情况的特殊凑合，至今还在全国范围内存在着的农村公社能够逐渐摆脱其原始特征，并直接作为集体生产的因素在全国范围内发展起来。正因为它和资本主义生产是同时代的东西，所以它能够不通过资本主义生产的一切可怕的波折而吸收它的一切肯定成果”[④]。在马克思看来，如果俄国革命能把一切力量集中起来以保证农村公社的自由发展，农村公社就会优越于资本主义制度而成为俄国社会的支柱。1881年3月8日，马克思在给俄国女革命家维·伊·查苏利奇的回信中说：“从我根据自己找到的原始材料所进行的专门研究中，我深信：这种农村公社是俄国社会新生的支点，可是要使它能发挥这种作用，首先必须肃清从各方面向它袭来的破坏性影响，然后保证它具备自由发展所必需的正常条件。”[⑤]1882年，马克思和恩格斯在《共产党宣言》俄文第二版序言中明确指出：“假如俄国革命将成为西方无产阶级革命的信号而双方互相补充的话，那么现今的俄国土地公有制便能成为共产主义发展的起点。”[⑥]

非资本主义发展道路问题，是马克思晚年研究的一个重大课题之一，为此他倾注了大量精力。马克思逝世后，恩格斯进一步深化和拓展了马克思关于

① 马克思恩格斯全集：第46卷[M]．北京：人民出版社，1961：14．

②③④⑤ 马克思恩格斯全集：第19卷[M]．北京：人民出版社，1961：129，451，431，269．

⑥ 马克思恩格斯全集：第19卷[M]．北京：人民出版社，1961：326．

非资本主义发展道路的思想。通过对俄国的研究，恩格斯认为，俄国的发展有两个起点，一个是公社制度，另一个是建立大工业，并且强调建立大工业不一定要走资本主义道路。他说："毫无疑问，公社，在某种程度上还有劳动组合，都包含了某些萌芽，它们在一定条件下可以发展起来，拯救俄国不必经受资本主义制度的苦难。"[①]1894年，恩格斯在《"论俄国的社会问题"跋》一文中指出："发生在商品生产和私人交换出现以前的一切形式的氏族公社同未来的社会主义社会只有一个共同点，就是一定的东西即生产资料由一定的集团公共所有和共同使用。但是单单这一个共同特性并不会使较低的社会形态能够从自己本身产生出未来的社会主义社会，后者是资本主义社会本身的最后产物。"只有当"公社如何能够把资本主义社会的巨大生产力作为社会财产和社会工具掌握起来"的时候，只有进行商品生产，发展商品经济，利用资本主义建立大工业，吸收资本主义的优秀成果大力发展生产力的时候，才能缩短并实现从氏族公社向社会主义社会的转变。恩格斯强调："这不仅适用于俄国，而且适用于处在资本主义以前的发展阶段的一切国家。"[②]

20世纪世界社会主义运动由西方转向了东方，在马克思、恩格斯理论的指导下，由列宁领导的十月革命使俄国率先跨越了资本主义"卡夫丁峡谷"，成为世界上的第一个社会主义国家。第二次世界大战后，一大批东方国家纷纷走上社会主义道路，证明了马克思、恩格斯关于非资本主义道路思想的正确性。遗憾的是，由于种种原因，这些社会主义国家没有像马克思、恩格斯所强调的那样，吸收资本主义的一切优秀成果，大力发展商品经济，促进生产力发展；也未能探索出一条与东方社会特殊历史条件和本国国情相适应的发展道路，以致在社会主义实践中遭受严重的挫折和失败。但是，马克思、恩格斯关于资本主义道路和非资本主义道路的思想，对于发展中国家，尤其是社会主义国家实现现代化建设，仍然具有极其重要的理论和现实意义。

## 二、发达国家的发展道路

早在15世纪，欧洲一些国家走上资本主义发展道路，人类社会进入了一个新的历史阶段。18世纪英国工业革命的诞生，标志着人类社会开始了由农业社会向工业社会转变的现代化进程。之后，现代化以历史上从未有过的速度向世界各地扩散，引起了经济、政治、社会和思想文化等领域的深刻变革，人类社会进入了新的文明阶段。在从传统农业社会向现代工业社会转变的现代

---

① 马克思恩格斯全集：第39卷(上)[M].北京：人民出版社，1961：38.

② 马克思恩格斯全集：第22卷[M].北京：人民出版社，1961：502.

化进程中，18 世纪中期到 19 世纪末期相继完成转变的英国、法国、西班牙、荷兰、德国和美国等称为“先发国家”，先发国家一般都是发达国家。尽管这些国家的发展道路各不相同，除德国外它们都属于“内源型发展”，即发展动力来自社会内部，主要由民间基层的内在需要推动经济增长和社会发展，国家很少干预社会，没有明确的发展战略设计，这是一个自下而上、自发的、相对平稳的渐进变革过程。在 20 世纪完成社会转型的或正在进行社会转型和变迁的国家称之为“后发国家”，在后发国家中，除日本和以色列之外，绝大多数是发展中国家。后发国家属于“外源型发展”，即发展动力受到外来因素的冲击和挑战，由国家制定战略目标干预社会，这是一个自上而下的、自觉的、相对震荡的变革过程。为了赶上发达国家，后发国家往往忽视本国国情，刻意效仿先发国家的发展道路，导致社会转型中的诸多弊端和失误。因此，在马克思、恩格斯关于资本主义和非资本主义发展道路思想的指导下，认真分析和研究先发国家的几种典型发展道路，总结其中的经验和教训，避免先发国家在发展过程中带来的负面效应对发展中国家来说尤为必要。

### 1. 英国的发展道路

英国是“内源型发展”的典范，其经济发展是通过市场这只“看不见的手”推动的，国家很少干预社会经济生活，这是一个从个人利益出发，在契约和交换基础上实现传统社会向现代社会的转变过程，因而具有“自发”的特点。英国的发展道路是渐进的、漫长的，同时也是曲折艰难的；其中有成功的经验，也不乏失败的教训；它既是英国历史文化传统冲突与融合的结果，也是特定历史条件的产物。1688 到 1689 年间发生的“光荣革命”是英国历史的重要转折点，由于这场尖锐的政治斗争是以和平而非暴力的方式取消了君主专制统治，确立了君主立宪制的政体，因而获此美誉。“光荣革命”不仅为英国工业革命的诞生创造了良好的政治、经济和社会条件，而且使英国走上了一条渐进式发展道路，从此英国社会始终得以在和平的环境中稳步前进。可以说，没有“光荣革命”，就没有后来强盛的大英帝国。“光荣革命”使统治者与被统治者、激进派与保守派之间通过冲突而达到融合，在融合的过程中超越传统，从而完成变革，产生新的政治制度。于是，“光荣革命”本身也成为一种传统，它是传统与变革的统一体。在这种传统下，形成了英国历史上保守派与激进派两种政治倾向，而这两种政治倾向之间的冲突与融合，导致了英国式发展道路的形成。①

英国人十分注重传统，保守主义是一种稳重守成的力量，它并不是一味地

---

① 钱乘旦，陈晓律. 英国文化模式溯源[M]. 上海：上海社会科学出版社，2003：125.

反对社会的发展和进步，而是对社会变革的方式持稳重态度。当现存制度不能适应现实的需要时，允许某种程度的变化，并在这个新变化的基础上，把维新的阵地变为反对新的变革和阻止历史倒退的守成力量。激进主义认为，英国制度千疮百孔，弊端丛生，必须彻底变革才能符合人民的要求；但要求变革的激进主义从来不曾宣称是反传统的，而是从传统中去寻找变革的根据。“光荣革命”之后，这两种势力继续在斗争中相互融合，取长补短。激进主义推动社会的发展，保守主义则抑制其速度。与此同时，统治者在迫不得已的情况下作出适当的妥协和让步，避免了矛盾的激化和社会动荡，从而使英国找到了一种合理的变革方式。变革是社会有机体自身不断发展和完善的一个过程，英国人正是通过几百年循序渐进的变革，完成了从传统社会向现代社会的过渡，成为第一个步入现代化的国家。

如果说“光荣革命”的传统成为英国走上一条渐进发展道路的政治保障，那么原始积累则是英国实现工业化的物质基础。原始积累有两个途径：一是圈地运动对国内农民的剥夺，二是海外殖民对外国人民的掠夺。圈地运动最早从英国工商业较发达的东南部农村开始，15 世纪末 16 世纪初，美洲大陆的发现、欧洲通往印度新航线的开通以及环球航行的成功，英国的对外贸易迅速增长，进一步刺激了英国羊毛出口业和毛织业的发展，使羊毛价格不断上涨。为了获得丰厚的利润，地主贵族最初圈占公有土地，继而大规模地圈占农民土地，到 18 世纪末，全国大部分土地都相继变成了牧场。在圈地运动的发展过程中，虽然英国国王颁布了一些法令，企图对圈地进行一定程度的限制，但由于资产阶级的大力支持，这些法令并没有发挥多大作用，政府反而通过议会立法使圈地合法化，地主贵族依靠国家机器，强迫农民服从圈地法案。正如马克思所说：“法律本身现在成了掠夺人民土地的工具……这种掠夺的议会形式就是‘公有地圈围法’，换句话说，是地主借以把农民的土地当作私有财产赠送给自己的法令，是剥夺人民的法令。”[①]在圈地运动中，农民无力负担圈地费用，或因失去公有地使用权而无法维持生产和生活，被迫出卖土地，从而使大批农民背井离乡，流离失所。莫尔用“羊吃人”来形容圈地运动给广大农民带来的灾难和疾苦。他说，你们的羊“一向是那么驯服，那么容易喂饱，据说现在变得很贪婪，很凶蛮，以至于吃人，并把你们的田地、家园和城市蹂躏成废墟”[②]。圈地运动的实质是使农民与土地分离、实现资本主义市场关系的过程。农民因失去土地一无所有，不得不出卖自己的劳动力成为无产者，而他们原有的劳动资料（土地）转化为资本家手中的资本，从而在农业中建立了以雇佣劳动为基础

① 马克思恩格斯全集：第 23 卷[M]. 北京：人民出版社，1961：792-793.

② [英]托马斯·莫尔. 乌托邦[M]. 戴镏龄，译. 北京：商务印书馆，1996：21.

的资本主义生产关系。马克思明确指出："创造资本关系的过程，只能是劳动者和他的劳动条件的所有权分离的过程，这个过程一方面使社会的生活资料和生产资料转化为资本，另一方面使直接生产者转化为雇佣工人。因此，所谓原始积累只不过是生产者和生产资料分离的历史过程。这个过程所以表现为'原始的'，因为它形成资本及与之相适应的生产方式的前史。"[①]圈地运动一方面把土地转化为资本，另一方面又把农民转化为雇佣工人，为资本主义的发展提供了大量廉价的劳动力，形成了一支庞大的产业后备军，同时也为工业发展提供了广阔的国内市场。

用暴力手段剥夺农民的土地是资本原始积累过程的基础，而利用国家政权的力量进行残酷的殖民掠夺是资本原始积累的又一个重要途径。从15世纪末开始，英国的新兴资产阶级通过武力征服海外殖民地，抢劫金银财宝，大批贩卖黑人，进行商业战争。到18世纪中期，英国先后打败了西班牙、荷兰和法国等主要竞争对手，取得了海上霸主地位，控制了主要航道，拥有世界上最庞大的舰队，在北美大西洋沿岸陆续建立起13个殖民地，在南亚也拥有广阔的殖民地，从殖民地掠夺了巨额财富，仅55年中，英国通过东印度公司就掠取了高达10亿英镑的财富。英国还是18世纪最大的奴隶贸易国，1680年至1780年运到美洲的黑奴达230万人，利润高达100%～300%。仅利物浦一地就贩运33万多黑奴，在1783年至1793年的10年间，奴隶贩子赚取的纯利润就高达1 500万英镑。海外殖民活动不仅为英国提供了发展资本主义经济所需的雄厚资金、丰富原料，还开辟了广阔的产品市场，为工业革命提供了物质条件。

英国工业革命是用机器生产代替手工劳动，以工厂制替代家庭作坊和手工工场的过程。它于18世纪60年代开始，前后经历了大约80年的时间，到19世纪40年代，工业革命基本完成。英国工业革命以棉纺织机的发明和运用为开端，以蒸汽机的广泛使用为主要标志，以机器生产机器的时期基本结束。18世纪末、19世纪初，几乎各个产业部门都发生了深刻的技术变革。在钢铁方面，发明了用焦炭代替木炭炼铁的方法，炼钢技术取得了重大技术进步；钢铁冶炼业迅速发展，蒸汽机普遍使用，采矿业也迅速实现了技术革命，相继发明了许多机器，使煤炭产量迅速增长。在交通运输方面，英国掀起了疏浚河道和开凿运河的热潮，到1830年，英国开凿运河4 000余千米，同时，英国还发明了用石块和碎石修筑硬路面的新筑路技术，从根本上改进了公路的质量。18世纪末，英国已开始运用简单的机床来制造机器的金属部件。19世纪初，随着

---

① 马克思恩格斯全集：第23卷[M]. 北京：人民出版社，1961：782-783.

机器大工业的初步建立，机器制造业得到了进一步的发展。到19世纪30年代，英国陆续发明了锻压机、钻床机、切割机、机床等机器。到19世纪中期，机器制造业基本建立起来，进入了机器制造机器的时代。至此，英国工业革命的历史进程基本完成。工业革命对英国有着极其重要的意义，恩格斯在《英国工人阶级的状况》一文中指出："近六十年来英国工业的历史，在人类的编年史中无与伦比的历史，简短地说来就是如此。60～80年前，英国和其他任何国家一样，城市很小、工业少而不发达、人口稀疏而且多半是农业人口。现在它却是和其他任何国家都不一样的国家了：有居民达250万的首都，有许多巨大的工业城市，有供给全世界产品而且几乎一切东西都是用极复杂的机器生产的工业……产业革命对英国的意义，就像政治革命对于法国，哲学革命对于德国一样。"[①]工业革命不仅仅是单纯的技术革命，由于机器的普遍使用、社会生产力的极大提高和经济的飞速发展，人类进入了工业文明的新时代。

工业革命不仅在英国产生了巨大的社会经济后果，而且对整个世界产生了巨大的影响。第一，工业革命使各产业部门发生了根本性的变化，推动了生产力和科学技术的飞跃发展，使各主要工业部门的劳动生产率和生产量都成十倍、成百倍地增长。这些先进的科学技术迅速传到欧洲大陆、北美和其他国家，极大地推动了这些国家的工业革命。第二，工业革命使英国的经济、地理和人口分布发生了深刻的变化，导致了都市化，实现了从乡村社会向城市社会的转变。第三，工业革命加强了资本主义制度的物质基础，改变了社会阶级结构，无产阶级和资产阶级的矛盾和斗争成为社会阶级斗争的主要形式。第四，工业革命不仅促进了英国社会的变革，而且还促进了奥地利、俄国等国家的社会革命，加速了封建主义在欧洲的彻底崩溃。第五，工业革命大大增强了国家实力，使殖民进一步扩张。到19世纪末，欧洲率先实现工业革命的国家基本上把世界瓜分完毕，给殖民地人民带来了巨大的苦难。

从英国资本主义农业演变的历史进程来看，英国的发展道路有其自身的特点：其一，英国农业中资本主义生产关系取代封建生产关系，不是通过资产阶级革命而是通过暴力剥夺小农土地的"圈地运动"实现的。这是英国土地占有关系变革的独特方式，通过这种方式越过了自由农民土地占有制，直接实现了资本主义大农场制；其二，农业雇佣工人不是原农奴制庄园改良和演变的产物，而是暴力剥夺小农土地的结果；其三，英国式道路是资产阶级化的新贵族在商品经济的冲击下，为维护自身经济利益自下而上，通过暴力方式在消灭封建关系的基础上发展起来的，而不是由贵族地主阶级通过自上而下的改良实

① 马克思恩格斯全集：第2卷[M]. 北京：人民出版社，1961：295-296.

现的；其四，资本主义农业是对封建土地制作了彻底的变革后建立起来的，因而农业中没有封建关系的残余，这就为农业革命扫清了障碍，极大地推动了农业发展。

英国的发展道路有成功的经验，也有失误的教训。成功之处在于英国形成了有利于资本主义生长的政治环境，较为独特的以土地贵族、中等阶级和雇佣劳动者为主体的三层式社会结构，以及独有的工业民族精神。国家并不压制人们对财富的追求，而是把这种追求引导到合理谋利的轨道上，激发了人们的创造力，形成了一种"合理谋利"的民族精神，极大地推动了生产力的发展和财富的急剧增加。失误之处在于它加剧了社会的两极分化，造成了社会的不平等。工业革命所带来的巨大财富并没有合理地进行社会分配，大部分财富装进了有产者的腰包，多数人没有享受到工业革命的好处，相反却深受其害。例如，在英国工业城市曼彻斯特，工人的生活一贫如洗，等待他们的是失业、饥饿和死亡。恩格斯在《英国工人阶级状况》中详细描述了当时工人阶级的生活状况，"每一个大城市都有一个或几个挤满工人阶级的贫民窟。……这里的街道通常是没有铺砌过的，肮脏的，坑坑洼洼的，到处是垃圾，没有排水沟，也没有污水沟，有的只是臭气熏天的死水洼"①。恩格斯在英国生活的那个时期，常常见到因找不到工作而饿死的人。他说："在我住在英国的那一个时期，在极端令人愤怒的情景下真正饿死的至少有二三十人……可是还有更多的人不是直接由于饥饿而是由于它的后果死掉的：经常挨饿引起不可救药的疾病，因而增加了牺牲者的数目；饥饿使身体虚弱，结果在另一种条件下完全可以平平安安地过去的事情，现在不可避免地要引起严重的疾病和死亡。英国工人把这叫做社会的谋杀，并且控诉整个社会在不断地犯这种罪。"②在长达几个世纪里，财富与贫困的冲突一直困扰着英国。到 20 世纪中期，对财富和对平等的追求终于在冲突中协调，催生出"福利国家"。福利制度虽然在一定程度上缓解了贫困现象，但并没有使社会的两极分化问题得到有效的解决，由于福利国家把过多的经济资源、资本、劳动力集中在政府手中，征收高额累进所得税，实行收入均等化等政策，并对价格进行干预，损害了市场机制的作用，挫伤了个人的积极性，破坏了经济成长的动力和竞争力，从而出现了一些新的弊端。英国为其失误付出了巨大的代价，也为其他国家的发展道路提供了前车之鉴。德国的工业落后于英国，但它以不同于英国的发展道路走上了现代化，这种发展道路在某种程度上克服了英国开创的自由市场经济的弊端。

---

①② 马克思恩格斯全集：第 2 卷[M]. 北京：人民出版社，1961：306-307，305.

### 2. 德国的发展道路

德国是一个充满神秘和传奇色彩的民族，在它诞生后的一千多年里，大部分时间都处于诸侯林立、战争不断、国家四分五裂的局面。直到1871年，德国才第一次实现历史上真正的统一，成为一个中央集权的国家。从某种意义上说，德国是欧洲最年轻的资本主义国家，经济的发展远远落后于英国和法国，但同时它也是一个后来居上，而且发展最成功的资本主义国家。在统一后的四十多年里，德国的科学技术迅速发展，经济出现了跨越性增长，煤炭和钢铁产量跃居欧洲第一，化工产品总产量排世界首位。到20世纪初，德国的工业总量超过了欧洲所有国家。德国能在较短时间内迅速崛起，得益于找到了一条不同于英国和法国，同时也有别于美国的具有本国特色的发展道路。

列宁根据资本主义农业在欧美各国演变的历史，提出了两种典型的农业资本主义发展道路，即普鲁士式道路和美国式道路。他说："发展形式可能有两种。消灭农奴制残余可以走改造地主产业的道路，也可以走消灭地主大地产的道路。换句话说，可以走改良的道路，也可以走革命的道路，按资产阶级方向发展，占主导地位的可能是逐渐资产阶级化，逐渐用资产阶级剥削手段代替农奴制剥削手段的大地主经济，也可能是用革命手段割除农奴制大地产这一长在社会肌体上的'赘瘤'之后按资本主义农场经济的道路自由发展的小农经济。"[①]前一种方式是普鲁士式道路，后一种方式是美国式道路。也就是说，普鲁士式道路是通过自上而下的改良废除封建土地所有制，由封建庄园经济逐渐缓慢地转变为资产阶级容克式经济，同时分化出少数大农，使资本和土地相对集中的发展过程。这是一条以农业改革为主线，也包括地方行政、法律制度和军事改革在内，以及实施开业自由、保障私人财产、鼓励发明创造等措施的改良道路，这条独特的发展道路与德国近代历史条件和国情有着密切的联系。

德国在14—15世纪作为欧洲大陆的中心，无论是在手工业还是在商业方面都较为发达，兴盛的工商业有力地推动了农业的发展，使德国成为欧洲的经济和贸易中心。进入16世纪后，西欧各国开始从封建社会过渡到资本主义社会，经济逐渐发展。此时的德国，由于农民战争的失败普遍恢复了农奴制，并且在政治上长期处于分裂的局面。新大陆的发现使德国远离世界贸易新航线，加上封建政权对工商业的控制、行会制度的长期存在和连年不断的战争，严重阻碍了资本主义因素的成长，工场手工业的发展极其缓慢，经济逐渐衰

① 列宁全集：第16卷[M].北京：人民出版社，1988：306-307.

落。直到18世纪末19世纪初，英国和法国先后开始了工业革命，德国仍处于政治上分裂割据、经济上农奴制统治的落后状态。在法国资产阶级革命和拿破仑战争的影响下，德国的社会经济产生了一些新的变化。法国革命极大地鼓舞了德国农民反对封建制度的斗志，动摇了德国农奴制和行会制度的基础；拿破仑的军事胜利进一步打击了德国的封建制度，在莱茵河左岸地区，法国占领军推行了废除贵族的封建特权、农民的奴役地位，宣布了工业自由等一系列资产阶级改革措施。到19世纪30年代关税同盟的建立，资本主义经济在德国有了缓慢的发展。1848年资产阶级革命之后，德国农业的发展真正走上了普鲁士式道路。虽然德国资产阶级革命是一次不彻底的革命，它没有摧毁封建专制体制，也没有解决国家的统一问题。但是，这次革命对封建专制和容克贵族的冲击很大，为了缓和矛盾，1850年普鲁士政府颁布法令，废除了农奴制，确定了地主和农民的关系，农民通过赎买方式摆脱了对地主的人身依附关系，成为自由人，其中少数人成为从事资本主义经营的富农，大部分则沦为农业生产中的雇佣工人。容克地主不仅从农民手中得到大量肥沃的土地，而且还获得大量赎金，成为直接经营资本主义农业的农场主，或坐收资本主义地租的地产资本家。总之，普鲁士政府实施的农业改革摧毁了传统的封建农业经营方式，使农业生产在最大限度地保障封建容克地主利益的前提下，全面走上普鲁士式的资本主义发展道路。

由封建庄园改造为资本主义农场的普鲁士式道路经历了一个漫长的过程，在这一过程中，容克地主逐渐积累大量资本，开始从事生产技术和工具的改进，并从国外引进各种先进的农业生产机器，进行土地的资本主义经营。与此同时，随着城市工业的发展和人口的增加，粮食的需求量不断加大，世界市场的粮食价格高涨，进一步刺激了容克地主扩大农业资本主义的生产规模。到1871年德国统一后，农业资本主义的发展获得了决定性胜利。普鲁士式道路的胜利，推动了德国农业生产力的发展和农业技术的提高。随着耕地面积的扩大、农业机器和化肥的普遍使用、“三圃制”的废除和“四轮制”的合理实施，粮食和经济作物的产量不断提高。19世纪中期，德国马铃薯的产量居世界首位。如前所述，恩格斯曾对马铃薯在德国经济中的重要地位进行了分析，认为马铃薯酒对于德国如同铁和棉织品对于英国一样具有非常重要的意义，成为世界市场上普鲁士商品的代表。农场主还把农业与加工业结合起来，建立了酿酒厂、制糖厂、面粉厂等农产品加工业，这不仅增加了他们发财致富的途径，还进一步巩固了在德国政治经济中的地位。

德国不是通过资产阶级革命而是通过改良的方式改变封建的土地占有关系，这一点与英国式道路有相似之处，但普鲁士式道路与英国式道路相比，有着自身显著的特点:第一,资产阶级革命失败后,地主贵族阶级的势力强大,资产阶级的势力比较弱小,只能在保留君主制度、贵族特权的条件下依靠容克地主进行自上而下的改革;第二,在封建农奴庄园演变为资本主义农场的进程中,容克地主在贵族地主统治者的庇护下成为资本主义农场主,形成容克地主资产阶级,广大的农奴和农民则成为备受剥削的贫农和雇工;第三,在没有触及容克地主土地所有制基础上发展起来的资本主义,不可避免地保留了大量封建残余。因此,普鲁士式道路是一条既要适应资本主义发展,又要最大限度地保留封建残余的改良道路。19 世纪的德国农业沿着这条改良道路,完成了生产技术和生产关系的变革,推动了整个德国经济的快速增长。

德国的工业革命开始较晚,19 世纪 30—40 年代,当英国已完成工业革命时,德国刚刚步入工业革命的大门。同其他资本主义国家一样,德国的工业革命也是从纺织业开始的。由于纺织业的发展一直无法赶上实力强大的英国,再加上原材料的供应问题又限制了棉纺织业的发展,德国很快从以纺织业为中心的轻工业转向铁路建设上,从而为工业革命的开展提供了有利条件。1850—1870 年间,大规模的铁路建设不仅改善了交通运输状况,缩短了运输时间,降低了运输成本,带动了国内外贸易额的大幅增长,而且推动了钢铁工业、煤炭工业、机器制造业等重工业的全面发展,使重工业远远超过轻工业的发展速度。1879 年,英国的托马斯发明了托马斯炼钢法,解决了含磷铁矿石的脱磷问题。德国迅速将这一新技术引进钢铁行业,使钢铁产量直线上升。在钢铁工业快速发展的同时,由于新矿井工艺和开采机械等新技术的运用,煤炭工业也出现了迅猛增长。1880 年,德国的石煤开采量不到英国的 1/3,到 1913 年则已接近英国产量的 2/3。1880—1913 年,德国石煤产量增加 3 倍以上,同期英国石煤产量增加还不到一倍。德国钢铁和煤炭工业的发展经验表明,利用新的技术改造传统产业、提高劳动生产率是德国工业革命的一个显著特点,也是后进国家赶超先进国家的一条捷径。

1870 年对法战争的胜利和 1871 年德国的统一,是德国工业发展史上的关键时期。战争的胜利使德国获得了 50 亿法郎的赔款和丰富的铁矿资源,为工业的发展注入了充裕的资金和资源。国家的统一为资本主义发展扫除了障碍,形成了一个安定的发展环境和统一的国内市场。统一后的德国不仅完成了工业革命,而且利用电能、内燃机和合成化学等新技术优势,一方面对传统工业领域进行技术改造,提高生产效率;另一方面建立电气、石油、汽车、军事等新的工业部门。电气工业是第二次工业革命的核心内容,德国率先开始发电机和电动机制造、电气工厂的建设、电力照明系统的安装以及电车的制造等,促进了电气工业的大规模发展,从而引领了以电动机的使用为标志、以新型工业为核心的第二次工业革命。电气工业的发展改善了德国工业领域动力分布不均的状况，使德国中、南部地区由于缺乏煤矿资源，蒸汽动力不足，转变为利用丰富的水资源，通过水力发电解决动力问题，从而进一步推动了国家工业化进程。此外，除大型企业外，中小型企业也普遍使用发电机和电动机，大大提高了生产效率。化学工业是德国第二次工业革命中的又一重要产业，德国各化学实验室中不断研究出新的合成染料，并迅速应用于生产领域，推动了以生产合成燃料为代表的化工企业的发展，化工产品的大量出口给企业带来了高额的回报。化学工业的发展不仅促进了医药工业和火药工业的发展，还给德国经济带来了巨大活力。到 19 世纪末 20 世纪初，德国迅速崛起，经济出现了跳跃式发展，国民生产总值每年的平均增长速度大大超过了英国和法国，跻身于世界发达国家的行列。德国第二次工业革命促进了生产力的巨大发展，改变了社会经济结构，工业在国民经济中占了主导地位，工业成为各大行业最大的就业群体，德国基本上完成了工业化进程。

德国的现代化进程落后于英国，但它以独特的方式走上了现代化道路，德国的成功之处主要在于以下三点。

第一，重视科学和教育。在德国的现代化进程中，科学和教育发挥了极其重要的作用。国家重视国民的素质教育和培养，并以此作为振兴国家的基础。早在拿破仑入侵时，普鲁士国王威廉三世就认识到普及全民教育的重要性，强调要大办教育，以精神的力量来弥补躯体的损失才是德意志的出路。因此，免费教育从 19 世纪中期就已经开始，到 19 世纪 60 年代，适龄儿童入学率达到了 97.5%。与此同时，德国建立起现代意义上的大学，国家给科学研究提供物质支持，并给予学术活动充分的自由，这种科学氛围极大地发挥了科学家的想象力和创造力。事实证明，全民教育为德国培养了高素质的国民，大学给德国培养了一批又一批的科学家，德国成为第二次工业革命的领军者。

第二，国家的统一为资本主义的发展扫清了障碍。19 世纪 30—40 年代，虽然德国已经步入工业革命，到了 19 世纪 70 年代，一些地区已完成工业革命，但各地区的发展极不平衡——大工业体系还没建立，经济的发展受阻于政治上的分裂。统一后的德国为资本主义的发展扫清了障碍，国家建立了统一的经济法规，制定了统一的货币制度、商业制度和度量衡制度，统一经营和管理交通运输事业。国家成为推动经济发展的强大力量，由国家根据经济发展的需要制定政策，引领经济运行的方向。为了保护德国工农业生产不受到外来的冲击，1879 年德国议会通过了保护关税法，实行关税保护政策。国家采取的一系列措施，促进了国内统一市场的形成，提高了德国产品的竞争力，为资本主义的发展创造了条件。在经济飞速发展的同时，日益壮大的工人阶级与资产阶级以及国家政权之间的矛盾不断激化。为了缓和矛盾，德国依靠国家的力量建立起世界上最早的社会保障和社会福利制度，通过一系列社会立法和社会政策来改善工人阶级的生活状况，这些举措在某种程度上克服了英国开创的自由市场经济所带来的弊端。

第三，利用科技革命的新成果，及时调整产业结构。德国工业革命落后于英国，虽然纺织业是德国建立最早的工业，但其发展相对缓慢，没有竞争优势。因此，政府将以纺织业为中心的轻工业迅速转到铁路建设上，建立起四通发达的铁路运输线，大规模的铁路建设推动了钢铁、采矿、制造等重工业的发展。这一时期重工业的发展大大超过了轻工业的发展，成为德国工业中最重要的部门。同时，德国抓住了第二次科技革命的机遇，利用新技术对传统工业进行改造，并及时地建立起化学工业、电气工业、汽车工业等新型工业部门，改变了德国的产业结构。这些新型工业之后很快成为德国的支柱产业，大大促进了国民经济的发展。此外，重工业的发展与军事工业的发展紧密相连，特别是统一后的德国，政府积极推行“要大炮不要黄油”的政策，全国迅速建立起许多大型的军事工业基地，军事工业的发展进一步推动了重工业的发展。第二次工业革命时期，德国工业高速增长，到第一次世界大战前夕，工业生产总值已超过英国，成为仅次于美国的第二大工业强国。

工业发展道路的成功，使德国后来者居上，很快跻身于发达国家的行列，也为后发国家在发展道路上提供了一种新的选择。但是，在德国经济高速发展的过程中，先进的工业和科学技术紧密结合，容克地主和垄断资产阶级相互渗透和融合，大大阻碍了民主发展的进程，使德国很快发展成为一个最富有侵略性的帝国。19 世纪 70 年代以后，为了工业巨头和容克地主阶级的利益，德国采取了侵略性保护关税政策，这种高额的关税促进了德国垄断资本的发展，垄断组织不断扩大和占领国外市场、投资场所和原材料产地。由于德国在世界殖民地的瓜分中落后于英、法等国，与它迅速发展起来的经济实力极不平衡，因而提出了重新瓜分世界领土的要求，最终导致第一次世界大战。战争给世界人民带来了深重的灾难，也给德国以惨痛的教训。德意志成长的经历和独特的发展道路，给世界其他国家尤其是发展中国家提供了历史经验和启迪。

### 3. 美国的发展道路

美国是当今世界的头号经济强国。然而，在英国开始工业革命时，美国还不是一个独立的国家，而是英国在北美大西洋沿岸的 13 个殖民地。农业是殖民地最重要的产业，也是其他一切产业的基础，几乎 90%的居民从事农业生产。北美独立战争推翻了英国在北美的殖民统治，建立了独立的资产阶级民主共和国，走上了独立自由的发展道路，经济结构和社会面貌都发生了很大改变。在独立战争之后的短短几十年里，美国通过大规模的领土扩张，吸引了大批的拓荒者，为农业资本主义发展的美国式道路开创了广阔的空间。

所谓美国式道路，是指在资产阶级革命彻底废除封建制关系的条件下，农业中占主导地位的小农经济自由分化、自由发展逐渐转化为资本主义大农场经济。沿着这条发展道路，美国农业中资本主义生产关系和生产力都得到了迅速发展。美国之所以成为这条发展道路的典型国家，是因为它具有得天独厚的自然和社会历史条件。

美国是一个典型的农业社会，不仅土地辽阔而肥沃，矿产和水力资源丰富，而且有适合各种农作物生长的气候环境。当美国还处于前工业社会时，开发土地、发展农业是人们赖以生存的重要手段。加上美国历史上没有出现过封建社会，在殖民地时期欧洲殖民者只是把封建关系的某些因素移植了过来，这些封建关系的残余在资产阶级革命中被彻底铲除了。独立战争后，美国大规模扩张领土，到南北战争前领土已扩张到太平洋沿岸，为迅速发展农业提供了客观条件。在整个向西部领土扩张的过程中，联邦政府一律将新获得的西部土地据为国有，出售给移民去开垦。1785 年，政府发布了第一个土地法令，规定西部土地最低按 640 英亩的地段出售，每英亩售价 1 美元。1796 年，每英亩土地价格提高到两美元。当时美国人均收入较低，有能力购买土地的是那些富人、土地投机商和种植园主。这一时期政府的土地政策倾向于大块土地所有制的建立，而不利于小块土地所有者，由此引起无力购买大块土地的广大普通农民和移民的不满，他们不断要求政府降低出售价格和条件，并不顾政府的法令，强行占地进行垦种。广大农民在辽阔的土地上进行的占地斗争，迫使政府不断改变土地法令，降低出售土地的最低限额。1800 年，政府将出售的地段改为 320 英亩，1804 年降为 160 英亩，1820 年再降为 80 英亩，同时每英亩土地价格由两美元降到 1.25 美元。1832 年，出售的最小地段为 40 英亩。1841 年政府颁布垦地权条例，规定自行占地开垦的农民有购买其占有土地的优先权。新修正的这些法令使一般移民有可能获得土地，使小农在有利的条件下获得土地，因而产生了大量的自由小土地所有者，形成广泛的自由小农经济。南北战争和奴隶制的废除，打击了奴隶主大地产，使南部奴隶种植庄园制度发生了显著变化，以佃农特别是黑人佃农经营制度取代了奴隶劳动经营制度，原来的种植园土地被划分为小块田地出租给分成制佃农，每小块田地都被看成是“农场”。与此同时，还开垦了大片新土地。因此，1860 年后，农场数目大量增加，而农场的平均面积则只有原来的一半。在南北战争期间，联邦政府为了动员民众参加反对南部奴隶主的战斗，于 1862 年发布了《宅地法》。《宅地法》的颁布，遏制了奴隶制种植园向西扩展，在一定程度上满足了西部垦殖农民的土地要求，不仅极大地调动了广大农民投身战争的热情，而且以有利于农民的方式解决了土地问题，确立了小农土地所有制，普遍建立起了自耕农农场，为美国式发展道路开辟了更加广阔的空间。到了19世纪末，规模大小不等、雇佣劳动力不多、面向市场并采用集约化生产方式的农场遍布全美各地，成为美国典型的资本主义农业生产单位。列宁指出："资本主义农业发展的主要路线就是按土地面积计算仍然是小规模的小经济，变成按生产的规模、畜牧业的发展、使用肥料的数量、采用机器的程度等计算的大经济。"[①]19世纪美国农业正是沿着这条道路发展的，粗放的农业逐渐被集约化所取代，促进了农业资本主义的快速发展。

随着领土扩张和西部大开发，移民如滚滚洪流涌向西部，满足了美国对劳动力的大量需求。移民的涌入使美国的人口激增，从1860—1900年，美国人口由3 100万增至9 200万，半个世纪增加了两倍。移民中的大部分来自欧洲各国的熟练工人和破产农民，他们带来了欧洲先进的生产技术和经验。在没有封建关系束缚的条件下，这些先进的生产技术和经验很快得到应用和推广。城市人口的增加，工业和交通运输业的发展，对农产品的需求日益增长，农业生产很快被卷入了资本主义市场，日益发达的市场经济推动着小农经济向资本主义农场经济转变。随着农业和农村经济的商品化，小农经济出现了两极分化，一部分小农和经营不当的农场陆续破产，一部分富裕农民和经营良好的农场成长为资本主义农场主，其规模也逐渐扩大。在此基础上，以大量使用雇佣工人、所有权与经营权相分离为特点的资本主义大农场发展起来了。到了1910年，资本主义大农场的生产总值占全国农产品总值的一半以上，成为美国农业经济的主导力量。

美国式道路取得了全面的胜利，使美国迎来了大农业时代，农业生产率迅速增长。在1860—1900年间，美国小麦的产量增长近3倍，玉米产量增长近2.5倍，棉花产量增长近4倍，其增长速度超过世界上所有国家和地区。农产品产量的大幅增长，使美国成为当时世界上最大的谷物生产国和输出国。美国农业发展道路的成功之处主要在于以下四点。

第一，有效地开发和利用土地资源。土地是美国政府掌握的最大财富，从19世纪初开始，美国政府把新攫取来的土地一律收归国有，国有土地面积几乎占全国土地总面积的75%，成为当时世界上拥有国有化土地最多的国家。为了有效地开发和利用这些土地资源，美国政府制定了一系列的土地政策，以相

---

① 列宁全集：第22卷[M].北京：人民出版社，1958：58-59.

对合理的方式把国有土地逐渐转移到农业生产者手中，促进了小农经济的迅速发展。

第二，提出“农业立国”的战略。美国地大物博，土地肥沃，气候宜人，自然资源丰富，发展农业具有得天独厚的条件。建国初期的美国90%是农业人口，是一个以小农经济为基础的农业社会。在此基础上，美国资产阶级革命家和政治家托马斯·杰斐逊进一步提出“农业立国”的战略思想，认为农业最富有成果，是生产财富的唯一源泉。他主张分配小块土地给拥有较少土地和没有土地的人，以便让他们维持独立的生活，避免对他人的经济依附。为此，他鼓励大力开发西部，通过大力发展农业，改善农民生活，把美国建成一个农业共和国。

第三，种植业和畜牧业的发展并举。19世纪随着西部大开发，在西部土地上不仅出现了大量农场，而且还建立了许多牧场，使种植业的发展和畜牧业的发展齐头并进。畜牧业的发展拓宽了人类利用自然资源的范围，把人类不能利用的草、农产品加工业的副产品等转化为人类可利用的食品和各种工业原料，并有效地改善了土壤，从而提高了整个农业生产的效率。在1800—1900年的一个世纪里，美国畜牧业的产值超过了种植业产值的一半以上。[①] 由于畜牧业的发达，也促进了屠宰、肉类加工等工业的发展。

第四，农业实现了机械化和半机械化。独立战争以前，美国农民使用的是笨重的木犁，1825年以后，铁犁逐渐取代了木犁。19世纪30年代，美国掀起了研制新式农具的高潮，出现了收割机、打谷机、脱粒机和播种机等。到南北战争后，从翻耕、播种、施肥、收割到打谷、装袋等一系列劳动过程，都陆续发明和使用了农业机械。19世纪70年代开始使用蒸汽拖拉机。到20世纪20年代，现代化的拖拉机和运输机才得到推广，大约在1940年，农业基本实现全盘机械化。19世纪末期，美国农业机械化和半机械化的实现促进了专业化的分工，使农业从物资供应、生产过程，到农产品的收购、加工、包装、销售等联系起来，为形成农、工、商一体化创造了有利条件。

独立战争后，美国虽然取得了政治上的独立，但在大约半个世纪里，美国在经济上仍然是英国的附庸，大部分制成品需要从英国进口，而英国也把美国视为重要的原料产地。南北战争后，美国资产阶级掌握了全国政权，随着人口的迅速增加，农业资本主义道路的全面普及，推动了美国工业的迅速发展，美国才逐渐摆脱了对英国的依赖。为了经济上的独立，早在建国初期，政治家汉密尔顿以英国为榜样，极力倡导“工业立国”战略，为了赶超英国，汉密尔顿提

① 韩毅，张兵. 美国赶超经济史[M]. 北京：经济科学出版社，2006：208.

出了大力发展制造业、建立国家银行、促进贸易平等、保护美国贸易利益等一系列建议，同时还提出了实施保护性关税、增加财政补贴和奖金，大力鼓励发明创造等推动制造业发展的具体计划。尽管他的立国方略和经济思想遭到以杰斐逊为首的农业派的抵制，但这对美国未来工业和经济的长远发展有着深远的影响。事实证明，19 世纪 60 年代实行的一系列税收政策，保护了美国工业资本家，并在较短的时期内实现了工业的多样化；南北战争后，西部的加速开拓和统一的国内市场体系的形成，为工业的发展提供了丰富的矿产资源和广大的产品销售市场；外国移民和资金的涌入，为美国的工业提供了新的动力。关于欧洲移民对美国工业革命作出的贡献，马克思和恩格斯在《共产党宣言》1882 年俄文版序言中作了高度评价："正是欧洲移民，使北美能够进行大规模的农业生产，这种农业生产的竞争震撼着欧洲大小土地所有制的根基。此外，这种移民还使美国能够以巨大的力量和规模开发其丰富的工业资源，以至于很快就会摧毁西欧特别是英国迄今为止的工业垄断地位。"①此外，迅速发展的交通运输业也是美国实现工业化的重要保障。建国初期，美国开始大规模地修筑公路、架设桥梁、开凿运河，以改善交通运输条件。19 世纪中期，美国开始大力修建铁路，到 20 世纪初，美国建成了一个连接全国各地的铁路网，极大地推动了钢铁工业和机器制造业等部门的发展。与此同时，美国抓住了 19 世纪末 20 世纪初世界科学技术革命的机遇，在引进欧洲先进技术的基础上，完成一系列重大发明和创造，迅速建立起以电力、汽车、石油采炼为主体的新型工业部门。随着美国工业的迅速发展，工业生产在国民经济中所占的比例，由 1859 年的 37.2%上升到 1889 年的 77.5%，工业生产在国民经济中已占据了主导地位。从 1812 年美国进入工业革命，到 20 世纪初完成工业革命，期间经历了不到一百年的时间就赶上并且远远超过欧洲英、法等老牌资本主义国家。到 1913 年，美国工业生产总值占全世界工业生产总值的 38%，超过英、法、德、日四国工业生产量的总和。在近一个世纪里，美国一跃成为世界上头号工业强国，其发展道路为世界其他国家和地区提供了典范。②

## 三、发展中国家的发展道路

发展中国家（developing countries）是与发达国家相对应的经济上比较落后的国家，包括亚洲、拉丁美洲和非洲一百多个国家和地区。在西方国家陆续开始工业革命完成现代化时，发展中国家还是一个经济落后的农业国，并且先

① 共产党宣言[M]. 北京：人民出版社，1997：5.

② 穆良平. 主要工业国家近现代经济史[M]. 成都：西南财经大学出版社，2005：85.

后沦为帝国主义的殖民地、半殖民地。第二次世界大战后，发展中国家纷纷取得了民族解放的胜利，政治上成为独立自主的国家，为了在经济上赶超发达国家，它们选择了不同的发展道路。发展中国家60年的实践表明，无论是照搬西方资本主义模式，还是照搬苏联社会主义模式都是行不通的。韩国、新加坡等国和中国的香港、台湾地区通常被看成是发展中国家和地区发展道路上成功的典范，它们在几十年的时间里实现了经济的腾飞，这是因为它们从本国或本地区实际情况出发，走上了一条与本国或本地区特点相结合的自主性的发展道路。中国是最大的发展中国家，改革开放30年来，中国经济飞速发展，取得了现代化建设的辉煌成就，同样是因为走上了一条适合本国国情的社会主义道路。中国改革开放的成功经验已被越南、古巴等社会主义国家所借鉴，它们正在探索本国特色社会主义道路并取得了各自的成就。相反，作为发展中国家现代化道路的先行者，拉美国家的资本主义道路并不成功，由于在经济和贸易上严重依附西方发达国家，因此在其现代化的进程中一次又一次陷入难以摆脱的困境。由此可见，资本主义并不是发展中国家的灵丹妙药，资本主义制度本身的弊端，导致许多发展中国家的经济发展出现了严重失衡，最终陷入重重危机，而走上社会主义道路的中国正越来越显示其广阔的前景。

### 1. 拉美国家的发展道路

拉丁美洲是指美国以南的美洲地区，包括北美洲的墨西哥、中美洲、西印度群岛和南美洲四个部分，共有34个国家，人口5.2亿。拉美地区原属印第安人居住地，他们从16世纪开始的近300年的时间里受到西班牙和葡萄牙的统治和掠夺。拉美国家与美国同处西半球，都经历了被欧洲人统治的殖民时期，但“在欧洲人统治的拉丁美洲地区则是另一种情况。那里得风气之先，受到欧洲革新的冲击，但是独立革命只是对欧洲变革模式的外表的模仿，各国长期找不到维持起码的政治稳定的办法，也未能改变原有的殖民地经济。工业化起步非常艰难。本土化的现代化中心尚未形成，就又重新陷入半边缘化的过程。现代化的启动大致推迟大半个世纪之久。”[①]正是由于拉美国家的独立革命不是一场真正意义上的社会革命，没有彻底废除殖民时期西班牙王室和殖民者带来的封建土地制和陈旧的生产方式。因此，它走的是一条不同于美国的发展道路。在美国，伴随着民族国家的出现和巩固，资本主义迅速发展，经过不到一百年的历史进程，美国一跃成为世界上首要的资本主义工业化强国；而拉美国家政治上长期找不到民族国家的有效构成方法，经济上没有独

① 罗荣渠．现代化新论[M]．北京：北京大学出版社，1993：135．

立，仍维持以出口为主的、单一的庄园和种植园粗放型农业，无助于本国的经济多样化和工业化进程。拉美国家和美国农业发展道路的差异性，是造成19世纪末二者之间社会经济差距日益扩大的重要原因。

气候的多样性和丰富的土地资源是拉美国家发展农业的有利条件。拉美国家的传统农业是在殖民时期形成的，是以大庄园为基础的农业。独立后的拉美国家由于资产阶级弱小和保守，没有像美国那样有效地开发和利用土地，发展以中小型农场为主要生产单位的集约型农业，而是仍然继承殖民地时代的社会经济结构，巩固大地产制，继续扩展以大庄园为基本社会经济核心的粗放型农业。一些国家如秘鲁、墨西哥曾采取措施，通过剥夺和购买庄园的田地或荒地，实行广泛移民来建立小土地所有制，以发展资本主义农业。由于特殊的历史条件，这些尝试最终都遭失败。因此，“从1870—1930年之间，并没有出现向雇佣劳动的直接过渡，也没有取得一个完全的资本主义生产方式的胜利”[①]。这一时期，拉美国家的农业仍处于前资本主义状态。

拉美国家的大庄园一般都占有广阔的土地。在墨西哥，一些庄园的面积超过了100万英亩。在巴西，有的庄园面积甚至超过欧洲的一些国家。[②] 大庄园主垄断了大量土地，却没能有效的开发和利用，生产率低下，他们仅仅通过采用扩大庄园土地面积来达到赢利的目的，或击败竞争对手，这种生产和经营模式造成了土地资源的巨大浪费。19世纪，拉美国家的庄园主仍然采取的是封建或半封建性质的农奴制组织农业生产活动。为了追求收益，庄园主不择手段地控制必需的劳动力，把他们束缚在庄园内，并通过各种手段剥削劳动力。这种剥夺农民自由的农奴制残余在19世纪的拉美国家仍非常盛行，它不仅阻碍了资本主义经济中实行的自由工资制以及自由劳动力市场的形成，而且劳动力的稳定和价格低廉使庄园主不愿意改良土地，不愿意采用先进的生产技术和生产工具来提高生产率。由于很多庄园采用粗放型生产方法，以很低的成本进行生产，其生产单位依靠广大的土地面积、少量的固定资本和丰富又廉价的劳动力来生产出口农产品，加上单一的耕作，因而造成土地的地力耗竭，农业收益下降。拉美国家农产品市场十分狭小，发展也不健全，所以占领市场是大庄园主的一个重要目标。一些大庄园主凭借生产潜力和拥有离城市较近的土地，借助同官吏、矿业主、教会的联系获得贷款，从而垄断了对城市的粮食供应，独占了重要的农产品市场，阻碍了自由竞争的资本主义经济的成

---

① [英]莱斯利·贝瑟尔. 剑桥拉丁美洲史：第4卷[M]. 中国社会科学院拉丁美洲研究所组，译. 北京：社会科学文献出版社，1991：169.

② [美]布拉德福德·伯恩斯. 简明拉丁美洲史[M]. 王宁坤，译. 长沙：湖南教育出版社，1989：60.

长。

大庄园制不仅是农业生产单位，而且是农村的社会核心。在大庄园内部形成的等级制结构中，依附性农民处于最底层，而位于顶层的是大地主。这种封闭型农村社会结构是从西班牙和葡萄牙移植而来的中世纪模式，尤其是西班牙，它是一个封建专制政体的国家，这给它在拉美殖民地的统治打上深刻的烙印。19 世纪的庄园制保留的正是这种封建制的残余。在这一社会结构中，庄园主具有至高无上的权利，农民则处于从属的、被奴役的地位，他们被庄园主用各种手段禁锢在庄园的土地上，基本上没有人身自由。因此，"庄园制不只是一种开发和利用自然资源的形式，而且也包含有人力资源的隶属和开发的一切制度，以及决定地产的意义和经济剩余部分的社会价值大小。这样，地产就获得了完整的意义：在向地主提供维持大部分农民群众的从属地位的能力之时，也确保了特权阶级社会的现状，并且给地主保留了政治决定领域中的专座。"[①]由此可见，大庄园制是阻碍拉丁美洲资本主义发展的封建因素，也是造成拉美国家长期处于欠发达状态的重要历史根源。

19 世纪初，大多数拉美国家纷纷独立，但独立后的半个世纪，这些国家没有摆脱殖民主义的阴影，政府和社会的基本问题没有得到解决。由于政治动荡，它们错过了第一次工业革命所提供的机遇，直到 19 世纪后半期建立考迪罗专制独裁统治之后，社会才相对稳定，这为早期工业化和现代化的启动创造了条件。尽管一些国家的军人政权取得了经济上的成功，但这种经济的增长是通过独裁统治，以牺牲政治民主为代价换取的，它必然阻碍拉美国家的现代化进程。因此，在过去的 130 年里，拉美国家经历了三种不同的发展道路：初级产品出口发展道路、进口替代工业化发展道路和出口导向发展道路。

1870—1930 年，拉美国家普遍走上了初级产品出口的发展道路。19 世纪 70 年代，随着政局的稳定和世界经济的扩张，拉美国家开始启动现代化。伴随着第二次工业革命的开始，资本主义发展到了帝国主义阶段，世界市场对拉美传统消费产品，如小麦、糖、咖啡以及铜、橡胶等原料的巨大需求，使拉美国家形成了三种类型的初级产品出口国，即温带农产品出口国、热带农产品出口国和矿产品出口国。原料和消费品的大量出口，带来了对外贸易的急剧扩张，使拉美国家出现了一个经济飞速增长的时期。从 1870 年到 1890 年的 20 年间，拉美国家的贸易增长了大约 50%。这其中，国民经济增长率最高的是阿根廷，其出口总值年均增长率达到了 5%。1877 年到 1900 年，墨西哥的出口翻了 4 番，智利、哥斯达黎加和玻利维亚的出口翻了一番。对外贸易的迅速扩展，一

① 转引自刘文龙，朱鸿．西半球的裂变：近代拉美国家与美国发展模式比较研究[M]．上海：上海辞书出版社，2005：77．

方面带动了拉美食品加工、纺织、烟草和制鞋等早期工业的发展;另一方面,吸引了英、法、德、美等国的商人和企业家在拉美国家的投资。在这些投资中,一半以上的投资来自于英国——到 1913 年,仅英国一个国家的投资就相当于 1870 年投资额的 10 倍。[①] 外国投资使欧美第二次工业革命的划时代成果——电力工业得以引进,采矿业、冶金业、纺织业、铁路运输业以及公共设施等逐渐建立,拉美各国不同程度地开始了工业革命的现代化进程。由于拉美早期经济是一种依附性经济,外资企业限制了拉美政府在社会政策、经济政策和外交政策上的选择,实行自由放任主义经济政策,因此造就了一个为数不多的、依附于国外资本的农业和矿业寡头集团。在他们的统治下,拉美经济收益高度集中和非民族化,使广大农民与大庄园主之间的阶级矛盾,以及国家与资本主义列强之间的民族矛盾日益激化,终于在 20 世纪初爆发了资产阶级民主革命,导致工业革命进程的中断。由于拉美国家的经济依附性和其实行经济自由主义政策,使初级产品出口的发展道路具有内在缺陷,尽管它一度出现过经济高涨,但到 20 世纪初开始走向衰落,并普遍出现通货膨胀。随着世界经济危机的爆发,该道路也陷入了危机。

1930—1982 年,拉美国家开始走进口替代工业化的道路。所谓进口替代工业化就是引进外国技术,生产国内必需的消费品以代替进口。1929—1933 年的世界经济危机,使拉美国家的大量初级产品无法外销,堆积如山,而急需的工业产品无法买进,传统的进出口渠道被堵塞,经济陷入一片混乱。它们像西方国家一样,调整自由放任的经济政策,推行了一系列社会改革,探索新的发展道路。政府通过高额关税直接或间接地阻止了国外工业品的进口,以保护国内工业品市场,走进口替代工业化的道路。1930 年以前已有一定工业基础的国家,如墨西哥、巴西、阿根廷、智利等国普遍采取减低税率、提供优惠贷款和关税保护等政策,大力扶持民族工业,推动了本国民族工业的发展。在 1932 年到 1939 年间,这些国家的制造业年均增长都在 5%以上,有的达到 12%,制造业已成为国民经济增长的主导部门。“到 20 世纪 40 年代,由于第二次世界大战的爆发,参战国的商品供应急剧减少,拉美的‘内向型’进口替代工业进程得到进一步的推动。另外,由于战争的消耗,中心国家对初级产品、特别是战略原料的需求增加,拉美各国的初级产品出口和国际购买力都有不同程度的恢复,能为国家的工业化提供财政的支持。这些因素的结合比以往任何时候都更快地推动了 40 年代拉美洲的工业化。”[②]在 1950—1980 年的 30

① [美]迈克·亚达斯,彼得·斯蒂恩. 喧嚣时代:20 世纪全球史[M]. 大可,王舜舟,译. 北京:三联书店,2005:117-118.

② 苏振兴. 拉美国家现代化进程[M]. 北京:社会科学文献出版社,2006:33.

年里，拉美国家两次掀起国有化浪潮，在国有化过程中，政府将大批外资企业收为国有，国家加强对经济的干预，普遍推行国家干预式进口替代型工业化道路。这条发展道路在早期取得了显著成效，经济持续增长。以巴西为例，1930—1940 年间，工业部门的年均增长率为 5.2%；1941—1947 年间，巴西国民生产总值平均增长达到 5.1%，居世界领先地位。但是，由于拉美国家普遍实行政府主导型经济体制，因而又大大削弱了市场机制的作用；又由于拉美国家市场已经饱和，缺少资金，工业技术水平低，因而产品也难以打入国际市场。到了 20 世纪 70 年代中期，企业面临许多矛盾和困难，经济效益低下，失业加剧，财政赤字不断增加。一些国家如智利、阿根廷和乌拉圭等国开始进行大刀阔斧的金融自由化改革，但这些改革措施难以解决企业面临的所有困难。进入 20 世纪 80 年代，拉美国家脆弱的经济受到经济全球化的冲击，陷入了最严重的危机。为了挽救濒临崩溃的本国经济，拉美国家普遍实行扩张性的财政政策，向国外大量借贷，结果又爆发了严重的债务危机。为了解决债务危机，拉美国家出现了一场轰轰烈烈的经济改革浪潮，这也标志着进口替代工业化发展道路的终结。

为了应对 1982 年出现的债务危机，走出经济衰退的困境，融入经济全球化，在美国的压力和影响下，拉美国家大力推行经济私有化、贸易自由化、开放国内市场、减少国家对经济的直接干预、发挥市场调节作用等一系列新自由主义的经济改革措施。随着经济调整和结构改革，拉美各国由进口替代转向了出口导向的发展道路。为了提高产品的竞争力，面向国际市场，在 20 世纪 80—90 年代，拉美国家对经济结构进行了大幅调整，将国家主导型的内向产业转向以自然资源加工业、出口装配加工业为主的外向产业，充分发挥资源丰富的优势，大力发展资源密集型产业。拉美国家摒弃了自然资源的国有化政策，引进外资，促进能源和矿业等部门的发展。近 20 年来，通过经济结构的调整，能源和矿业等产值所占比重逐渐上升，工业产值则下降。1999 年，拉美地区工业产值占国内生产总值的比重同 1990 年相比，下降了 6 个百分点。由于市场开放，企业引进了先进的生产技术和管理，实行专业化生产，采用零部件生产分包制，减少了劳动力，降低了成本，提高了效益，增加了产品的竞争力，使拉美地区的经济再度出现繁荣。在经济调整和改革过程中，农业出现了新的变化。农业产值在国内生产总值中所占的比例有所上升，传统农产品如小麦、蔗糖、咖啡、香蕉等出口有所增长。农业现代化程度进一步提高，机械化农具和化肥的使用，转基因农作物的生产，水土保持和灌溉面积的扩大，大大提高了单位面积的产量。然而，拉美国家推行的新自由主义政策以丧失对资源和经济的控制权为代价，放弃了国家调控所承担的社会公平目标，从而引发了严重的经济危机和社会问题，导致大量民族企业倒闭、社会分配不公、失业率居高不下，尤其是通货膨胀和巨额外债成为经济发展的主要障碍。拉美国家面临的诸多问题表明，未来的现代化道路仍然艰难、曲折。

20世纪70年代下半叶，拉美国家的现代化进程推动了政治上的民主化。80年代，民主化进程加快，军人独裁统治纷纷退出历史舞台还政于民。到1991年年底，除海地外，由军人统治的国家已完成向民选政府的过渡，绝大多数拉美国家建立了代议制民主政体。由于新自由主义带来的弊端，政治民主化同样面临新的挑战。进入21世纪后，社会主义在拉美地区得到越来越广泛的支持。今天，拉丁美洲大约3亿人口在"左"翼政党的领导之下，除古巴之外，查韦斯领导的委内瑞拉在维护民族独立的斗争中逐渐选择了社会主义，认为资本主义需要社会主义道路来实现超越。

### 2. 东亚国家的发展道路

与拉美国家不同，东亚国家和地区没有盲目地照搬西方模式，而是积极探索符合自身实际的发展道路，实现了经济持续快速的增长，只用了30多年的时间就完成了英国300多年的经济发展历程。1974—1993年，东亚国家和地区经济年增长率高达17.5%，大大高于同期发达国家的2.9%和发展中国家的3.0%，[①]为后发国家的现代化道路提供了可资借鉴的经验。

正当西方国家陆续开启现代化进程、出现第一批工业化和现代化国家的时候，东亚国家和地区与其他广大的亚、非、拉国家一样，处于比较落后的状态，一些国家和地区先后沦为西方发达国家的殖民地，与发达国家的差距愈来愈大，以致东亚国家和地区成为"不发达"或"落后"的代名词。然而第二次世界大战后，东亚国家和地区迅速崛起，实现了经济腾飞，并引领了世界现代化第三次浪潮，创造了令世人瞩目的"东亚奇迹"。

关于"东亚"的概念，目前中外学术界的分歧较大，所包含的国家和地区不一。根据世界银行1993年9月发表的政策研究报告《东亚奇迹：经济增长与公共政策》，将日本、韩国、新加坡、马来西亚、泰国和印度尼西亚等国家和中国香港、中国台湾地区看成是东亚模式的代表，本章的"东亚"概念同样包括上述国家和地区。由于日本已经进入发达国家的行列，这里主要论及的是以韩国、新加坡以及中国香港和中国台湾地区为代表的"四小龙"，以马来西亚、泰国、印度尼西亚和菲律宾为代表的"四小虎"的发展道路。

号称东亚"四小龙"的韩国、新加坡、中国台湾和中国香港属于地域狭小，

---

① 童星.发展社会学与中国现代化[M].北京：社会科学文献出版社，2005:318.

资源贫乏，资金短缺的国家和地区，发展经济先天不足。历史上“四小龙”都曾是帝国主义的殖民地，其经济活动对殖民国家有较强的依附性。例如，韩国和中国台湾曾长期受日本的殖民统治，成为日本的农产品和矿产品的原料基地，工业基础较为薄弱。新加坡和中国香港的经济长期依附于英国，经济主要以转口贸易为主。由于自然环境和历史条件的局限，启动现代化，实现经济快速发展，只能依据自身的条件，实行开放的经济政策。为此，它们从实际出发，依靠政府组织，从发达国家引进技术、资金，发挥劳动力充足的特点，有效地利用世界市场，由生产进口替代品经济逐步转向出口导向经济，成功地走出了一条独特的发展道路。中国台湾和韩国实现了出口导向工业化，中国香港和新加坡由单纯的转口贸易经济转向以制造业为中心的多元化经济。20 世纪 60 年代至 80 年代，新加坡国民生产总值年均增长率为 9%，韩国为 8.4%，中国台湾为 9.1%，中国香港为 8.2%。随着经济的飞速发展，国际经济竞争力迅速提高。从 1985 年世界经济论坛发表的《全球竞争力报告》的排名来看，新加坡跃居世界第 2 位，仅次于美国，中国香港名列第 3 位，中国台湾排在第 11 位，韩国位于第 24 位。到了 1996 年，新加坡跃居世界第 1 位，中国香港名列第 2 位，中国台湾和韩国分别排在第 9 位和第 20 位。① 从对外贸易来看，“四小龙”的贸易都已进入世界贸易的前 20 位，贸易总量在 20 世纪 90 年代初就已超过 1 000 亿美元。

继“四小龙”之后，泰国、马来西亚、菲律宾和印度尼西亚奋起直追、后来居上，在短短的 20 多年时间里，从贫穷落后的国家发展成为充满经济活力和颇具竞争力的新型工业化国家，因而引起了世界的普遍关注，成为东亚模式的又一个典范，被形容为亚洲的“四小虎”。与“四小龙”一样，“四小虎”也有过殖民地的惨痛经历，曾受帝国主义的剥削和压迫，造成了经济的畸形发展和很强的依附性。但不同的是，“四小虎”地处东南亚，具有良好的自然条件和较为丰富的自然资源，其橡胶产量占世界总产量的 80%以上，棕油、椰子制品、锌等产量占世界总产量的 50%，有较为丰富的石油储量，②具备良好的经济发展条件。20 世纪 60 年代，它们在取得政治上的独立之后，为了取得经济上的独立，改变殖民地时期以农业产品为主的单一经济结构，在国家主导下，实行进口替代工业化战略，大力发展本国工业，建立了纺织、造纸、水泥、橡胶等工业，推动了工业的迅速发展，经济出现了多样化。但是，它们遇到了“四小龙”同样的问题，工业规模小，成本高，效率低，产品缺乏竞争力。为了解决经济发展面临的问题，它们调整发展战略，将经济发展建立在世界市场基础之上，利用本国劳动

① 杜方利. 东亚经济的崛起[M]. 上海：上海远东出版社，1998：11-12.

② 姜桂石. 全球化与亚洲现代化[M]. 北京：社会科学文献出版社，2005：109.

力充足和廉价的优势，采取投资优先、税收优惠、引进新技术和鼓励出口等措施，大力发展出口导向工业，推动了经济的快速增长。20 世纪 70 年代，“四小虎”经济平均增长达到 7.3%。20 世纪 80 年代中后期，它们又利用日本和“四小龙”产业转移之机，再次调整经济结构，重点发展劳动密集型出口加工业，特别是发展家用电器、电子设备和汽车零部件等技术含量较高的企业，取得了明显的成效，经济发展再次达到高峰。1960 年，泰国的人均国内生产总值为 97 美元，印度尼西亚 73 美元，菲律宾 254 美元，马来西亚 278 美元。1994 年，泰国增加到 2 410 美元，印度尼西亚 880 美元，菲律宾 950 美元，马来西亚 3 480 美元。1994 年与 1960 年相比，泰国增加了 23.9 倍，印度尼西亚增加了 11.1 倍，菲律宾增加了 2.7 倍，马来西亚增加了 11.5 倍。如此高的增长速度远远超过了西方发达国家，堪称“亚洲经济奇迹”。

诚然，东亚各国和地区的情况不尽相同，所采取的经济发展战略也不完全一样，但总体来看，它们的发展道路有许多相似之处，具有如下基本特征。

第一，发挥政府的主导作用，建立“政府主导型”经济体制。东亚国家作为后发国家的典型，其现代化的动力主要来自于政府的组织和推动，政府对经济进行宏观调控和积极干预，主导现代化的进程。东亚国家和地区实行集权政治，政府直接参与土地改革、经济政策的制定、经济结构的调整以及大型企业的管理。例如，中国台湾和韩国的土地改革就是一个典型的事例，国民党败退到台湾时，台湾还是一个以农业为主的封建地主土地所有制社会，为了解放生产力，推动农业发展，国民党政府推行了土地改革，政府通过扶植自耕农，使小农经济得到了迅速发展。韩国在实行土地改革后，虽然没有推进大农场模式，主要是以小规模家庭经营为主。政府通过提高农产品的价格、引进先进的农业技术等措施，促进了农业的发展。东亚国家依靠国家的力量，通过制订详细的计划来引领经济发展方向。例如，韩国 1962—1991 年，先后制订并完成了六个五年计划；1993—1997 年，完成了新五年计划；进入 21 世纪后，为了实现世界科技强国的战略目标，2002—2006 年开始执行科技发展的五年计划。新加坡于 1961—1965 年，制订并完成了第一个五年计划；之后，又分别制订和执行了两个十年计划，综合国力迅速增强，在世界经济中的地位不断提高。从 20 世纪 50 年代初开始的近半个世纪的发展历程中，中国台湾先后制订和实行了四年经济建设计划、六年经济建设计划、经济建设十年计划等。[①] 泰国、马来西亚、菲律宾和印度尼西亚也都制订了经济发展计划。中国香港虽然强调经济

---

① 王怀超.发展理论研究[M].北京：中共中央党校出版社，2002：153.

活动中的自由主义，没有制订具体的发展计划，但行政干预在经济活动中同样发挥了重要作用。当然，东亚国家的经济计划只是在宏观上提出达到的目标，为经济的发展指出方向，对企业的经济活动并没有直接的约束力。由于政府在计划经济发展的同时，还辅之以财政政策、税收政策、金融政策、价格政策、经济立法以及兴办国营企业等手段来干预经济活动，企业和公司一般都是在国家指定的方向上开展经济活动的。

第二，调整产业结构，实施出口导向工业化战略。在经济起飞阶段，东亚国家主要采取进口替代战略发展本国和本地区的工业，但这一发展战略很快就暴露出了问题。一是本国和本地区的市场偏小，限制了生产规模的扩大；二是生产技术水平不高，产品难以进入国际市场。因此，20 世纪 60—70 年代，它们利用劳动力资源优势，抓住机遇，及时进行产业结构的调整和升级，由进口替代工业化转向出口导向型工业化。实行对外开放，吸引外资，引进先进的科学技术，提高产品的竞争力，扩大出口，推进贸易，融入经济全球化，并根据国际市场的变化，及时调整出口导向型发展战略的重点和方向，做到在国际分工中扬长避短。例如，20 世纪 60 年代至 70 年代，在大力发展劳动密集型产业的前提下，建立加工出口商品的工业基地和贸易自由区，强调贸易立国，通过扩大产品出口量实现经济的增长。20 世纪 80 年代以后，努力消除传统产业结构上的弊端，实现由劳动密集型产业向资本密集型产业的转变，出口商品的结构发生了明显变化。如韩国的电子、电气、汽车和钢铁等产品逐渐取代了劳动密集型产品；中国台湾以电子通信产品为主的资本技术密集型产品，已成为出口商品的主力。20 世纪 90 年代以后，在科技立国战略的指导下，资本密集型产业开始向知识密集型产业转变，产业结构不断升级，从而赋予东亚国家出口导向经济更大的活力与潜力。

第三，大力普及科技和教育，提高全民的科学文化素养。综观西方发达国家的现代化历程，都是由科学技术革命推动的。以蒸汽机为标志的第一次科学技术革命，使一些发达国家陆续从农业社会进入工业社会；以电力应用为特征的第二次科学技术革命，使发达国家进入了现代文明；以信息技术为核心的第三次科学技术革命，再一次开启了新一轮现代化进程，一些发达国家陆续进入知识经济时代。发达国家的现代化是大力普及教育，重视培养人才，努力提高全民科学文化素养的结果。东亚国家实现经济腾飞正是吸取了西方发达国家的先进经验，充分认识到要实现现代化，必须大力发展科学和教育事业，走科教兴国之路。为此，东亚国家和地区采取各种措施，加大对教育的投入。韩国在 20 世纪 50 年代开始了扫盲教育和初等教育计划，到了 60 年代，其教育投资占政府开支的 15%以上，80 年代就达到了 18%以上，在世界银行统计的

91 个国家中居 11 位。1979—1991 年间，韩国教育经费平均每年增加 22.6%。[①] 中国台湾也在不断加大对教育的投入，1964 年至 1994 年间，教育经费增长了 139 倍。通过普及职业和技术教育，培养科技人才，提高全民的整体素质，实现人力资源的开发，直接推动了经济的发展。世界银行对 58 个发展中国家和地区在 1960 年至 1985 年间影响 GDP 增长的因素进行的一项研究表明，劳动力受教育的平均时间每增加一年，GDP 就可能会提高 3%，东亚国家则达到 3.4%。[②] 东亚国家深受中国儒家文化的影响，儒家文化中尚贤、重教和学而优则仕的价值观是东亚国家重视教育的关键因素；儒家文化中吸其精华、去其糟粕的优良传统是善于借鉴发达国家现代化经验的重要保证；儒家文化中团结合作、爱国兴邦、勤俭节约的精神美德是东亚国家发展道路成功的力量源泉。由此可见，儒家文化在其教育乃至经济发展中起到了非常重要的作用。

东亚国家和地区根据自身的实际，发挥自身的优势，在经济全球化的背景下抓住机遇，走出了一条不同于西方发达国家的现代化道路，实现了经济腾飞。它们在追求经济效益的同时，注重分配的相对公平，避免了发达国家在现代化进程中出现的两极分化，因而能够在国内高储蓄、高消费以及和平安定的社会环境中实现经济的快速增长。但是，东亚国家的发展道路也存在着缺陷和不足，随着世界经济形式的变化，这些缺陷和不足的负面效应也逐渐显示出来，因而为亚洲金融危机的爆发埋下了祸根。因此，东亚国家应总结经验和教训，随着市场经济结构的变化，及时进行金融改革，逐步减少政府对金融活动的干预，加强金融系统监督管理。只有这样，才能使东亚国家的经济重新焕发活力与生机，在 21 世纪全球经济发展中发挥更重要的作用。

### 3. 印度的发展道路

印度曾沦为殖民地，经历了长达 190 年之久的英国殖民统治。殖民主义的残酷掠夺和剥削，使印度的财富大量外流，经济畸形发展，人民陷入贫困之中。同时，殖民统治深刻地改变了印度原来的社会结构，对社会经济的发展产生了深远影响。正如马克思所说："英国在印度要完成双重的使命：一个是破坏性的使命，即消灭旧的亚洲式的社会；另一个是建设性的使命，即在亚洲为西方式的社会奠定物质基础。"[③]1947 年 8 月 15 日，印度从英国殖民统治下获得独立，独立后的印度仍处于以农业为主的前工业社会，且贫困化程度在进一

① 严书翰主编. 亚洲"四小龙"发展启示录[M]. 郑州：中原农民出版社，1994：449.

② 杜方利. 东亚经济的崛起[M]. 上海：上海远东出版社，1998：46.

③ 马克思恩格斯全集：第 9 卷[M]. 北京：人民出版社，1961：247.

步加深。因此，印度应该走什么样的发展道路，是印度民族资产阶级和国大党思考和探索的重大问题。他们一致认为，独立后的印度不仅要面对的是如何实现工业化的问题，还要面对如何实现经济、政治和社会各个领域的现代化问题。独立后的第一位总理，国大党的领导人尼赫鲁从人口众多、经济落后和极端贫困的国情出发，力图把印度建设成为经济上快速发展、分配公平的社会主义经济，政治上具有西方式自由民主的国家。在他的社会主义思想的指导下，印度通过关键工业部门的国有化和建立新型国有企业，实现了国家对宏观经济的计划和调节；同时，大力发展私有经济，建立计划经济和市场经济并存的混合经济体制，坚持独立自主，优先发展重工业和基础工业，以谋求经济的快速增长，实现工业化和现代化。尼赫鲁的经济发展战略对印度的经济和社会发展有着极为深远的影响。

印度的工业化是在英国殖民统治时期起步的。作为英国的原料产地、商品输出市场和资本投资场所，印度经济发展带有明显的殖民地烙印。19 世纪中期，随着英国公司在印度建立棉纺织业、修建铁路，印度开启了工业化进程。由于殖民当局的限制，仅轻纺、黄麻、煤炭和铁路运输工业较为发达，其他工业基础非常薄弱，尤其是重工业，它是在进入 20 世纪之后才开始发展的。到第二次世界大战时，印度工业化进程进入一个新的阶段，钢铁、电力、纺织业等主要工业的平均产量以及基础设施的建设在亚洲殖民地、半殖民地国家中居于首位。但是，这种工业体系是直接为殖民统治服务的，重工业所占比例很少，尤其是机械制造业薄弱。独立后的印度为了迅速改变殖民统治造成的贫穷落后的局面，实现经济独立，在尼赫鲁领导下，印度开始了从传统的农业社会向工业社会的转变，在强调自力更生的前提下，以优先发展重工业和基础工业为中心，逐渐建立起较为完备的自主型工业体系。1956—1966 年，是印度实行第二个五年计划和第三个五年计划的十年，也是印度工业体系的形成时期。这期间，根据尼赫鲁的经济发展战略，优先发展重工业和基础工业，国家集中力量发展电力、冶金、采矿、水泥、机器制造、石油化工、化肥等。同时，充分利用现有企业的生产能力，扩大轻工业和消费品工业的生产，形成了一套比较完整的工业体系。除国家加大对工业尤其是重工业的投资外，印度政府还大力引进外资、外援，利用苏联、英国、西德等国的援助，分别建立起三个年产 100 万吨钢锭的国营钢厂和三个国营重型机械公司。为了保障国家对重工业的资金投入，加强在金融贸易业中的地位，1956 年，印度政府对国内最大的商业银行、人寿保险实行国有化，组成了强大的国家银行、国营人寿保险公司和国家贸易公司。经过 10 年的努力，工业生产总值较之殖民地时期增长了近一倍。到 20 世纪 60 年代末，印度初步建立起了以重工业为主的自主型工业体系。

印度的工业化是在借鉴苏联模式的基础上，结合自身的具体国情展开的。这种以优先发展重工业来推进现代化的内向型发展道路，迅速引起了社会经济结构的变化，工业在国民经济中所占比例不断提高，经济实力明显增强，人民生活水平得到改善，并且在较短的时期内，使印度从一个落后的农业国迈向了工业国，满足了本国市场的需求，减少了对国外经济的依赖，有利于国防安全和社会的稳定。但它同时也具有苏联模式的弊端。由于重工业的发展是依靠国家优先投资、大量外债、财政赤字、资源的高投入和高消耗来推动的，因而其工业生产规模小，技术改造过程缓慢，产品缺乏竞争力；又由于把重工业的发展建立在轻视农业基础之上，因此导致经济发展的不平衡，出现了经济危机。从 20 世纪 60 年代后期开始，新上任的英迪拉·甘地政府，不得不对经济政策进行调整，将经济发展的重点从重工业转向农业，推行所谓绿色革命，即广泛采用先进的农业技术来提高粮食产量。其具体做法是：政府增加对种子、化肥、灌溉、农机等的投入，选择农业相对发达、耕作条件好的地区，推广农业技术和高产品种，以实现农业增产和进步。绿色革命取得了很大成效，粮食大幅增产，初步解决了印度粮食的自给自足问题。到 1980 年，印度粮食总产量从 7 235 万吨增至 15 237 万吨，由粮食进口国变为出口国。与此同时，针对公私混合经济模式运行中出现的问题进行调整，大力发展能源生产，提高石油产量，鼓励外商投资，制定进口替代和促进出口相结合的战略，进一步发展和整顿国营企业，将石油、煤炭、保险以及一部分纺织企业收为国有，成立国营企业管理局等。但是，这一系列的政策调整和改革并不成功，尤其国营企业在一套制度的约束下，逐渐失去了竞争能力和创新的热情，从而导致企业亏损，负债累累，出口贸易持续萎缩，经济增长缓慢。1985 年，尼赫鲁家族第三代继承人拉吉夫·甘地上任后，提倡科教兴国，尤其重视微电子技术，放宽对计算机的进口限制，掀起了一场计算机网络革命，印度从此走上了 IT 产业的发展道路。但在其他领域的改革并没有多大起色，尤其没能改变国有企业亏损的局面，经济发展举步维艰。1991 年，拉奥执政后，对印度经济进行大刀阔斧的改革，重点将国有企业私有化，推动印度经济市场化、自由化和全球化。这一改革对 20 世纪 90 年代以及 21 世纪初印度工业化和现代化的进程，产生了深远的影响。1996 年，印度人民党大选获胜，瓦杰帕出任总理。他一上任继续加快改革步伐，减少国家对经济的干预，逐步废除价格管理体制，深化财政金融体制改革，进一步扩大对外开放，取得了显著的成绩。1994—2001 年，印度国内生产总值年均增长率为 6%。

印度的发展道路是由印度的国情和历史条件决定的，为了尽快摆脱殖民地统治造成的贫穷落后，实现经济上的独立，印度在经济社会上执行尼赫鲁建立"社会主义类型社会"的指导方针，借鉴苏联社会主义模式，发挥国家在经济建设中的主导作用，实行计划经济和优先发展重工业来实现工业化。在农村建立各种类型的合作社，倡导社会公平和公正，力图消灭贫困。尼赫鲁认为，只有社会主义才能合理分配社会财富，才能给全国人民带来公正和幸福的生活。与苏联模式不同的是，印度大力发展私有经济，建立了以国有企业为主导的公私企业并存的混合经济体制。在政治体制上推行西方式民主，基本上继承了英国殖民主义时期确立的议会制度，但同时又具有东方专制体制的一些特征。在文化上既发扬印度教文化传统，又倡导世俗主义，注重吸收西方先进的科学技术，重视教育，实行科教兴国战略。由此可见，印度的发展道路有别于欧美资本主义模式，也不同于苏联社会主义模式，而是一条既强调自力更生又不放弃吸引外资，既有计划经济又有市场经济，采取以工业化为核心，多个领域共同推进的发展道路。这条具有民族特色的发展道路，在印度工业化和现代化进程中取得了巨大成就，建成了门类比较齐全的工业体系，经济结构发生了明显变化，人民的物质文化生活水平得到明显提高。然而，由于种种原因，印度在现代化进程中存在诸多问题，也出现了一些失误和不足——经济发展失衡，农业发展滞后，基础设施建设严重不足，国营企业长期亏损，经济低速增长，社会贫富分化加剧，等等。20 世纪 80 年代，印度的现代化速度明显低于亚洲其他一些发展中国家，在世界上的地位不断下降，尼赫鲁试图把印度建设成为既优越于社会主义，又优越于资本主义的美好愿望未能实现。政治体制上由于封建专制残余的影响，印度议会民主制具有西方民主与东方强权的双重特征，它远远逊色于西方发达国家的议会民主制，实际上实行的是半普选制。20 世纪 90 年代以前，印度政权基本上掌控在尼赫鲁家族手中，这种家族式"强人政治"造成国内政局的长期动荡，也进一步延缓了经济发展的步伐。

面对全球化的挑战和现代化进程中出现的失误和困难，从 20 世纪 90 年代开始，印度在经济、政治、外交等领域进行了全方位的改革。基本取消工业许可制度，为企业提供平等的竞争条件；改革计划管理体制，取消或放松各种经济管理条例，加强市场调节功能；改革国有企业，引进竞争机制；调整外资政策，减少对大型私营企业的投资限制；改革外贸体制，促进经济的国际化。进入 21 世纪后，印度进一步加大了改革开放步伐，深化国有企业的改革，推动了国有企业私有化的转制进程，扩大对外开放，放宽对商品出口的限制和外资投资的限制，引进科学技术，提高产品的竞争力，推动经济自由化和市场化。

十几年来的改革开放，印度经济发展取得了重大成效，在过去的五年里，印度国内生产总值年均增长率达到 8.7%。据世界银行按购买力平价计算，印度经济实力现列世界第五位，到2020年，可望成为世界第四经济大国。[①] 在经济改革取得巨大成就的同时，印度的政党制度也产生了重大变化，出现了两党并存的局面，这种变化标志着家族式“强人政治”逐渐弱化，政党制度将进一步接近西方政党制度，其竞争机制比过去更加完善。为了营造有利于自身崛起的国际环境，在地区和国际事务中发挥重要作用，印度积极展开务实的外交策略，改善印巴关系，营造稳定的周边环境；不断加强与东盟各国的关系，促进贸易、投资领域的合作；实施均衡战略，与各大国建立战略伙伴关系；重视多边外交，发挥发展中大国作用，为印度经济走向全球化铺平了道路。虽然印度的现代化不可能一蹴而就，仍存在许多困难和制约因素，如人口众多，资金不足，发展道路困难重重，但印度幅员辽阔，自然资源丰富，近年来经济增长速度明显加快，战略地位不断提升，在大国关系中处于比较有利的地位，从而最大限度地有利于自身的发展和在21世纪的崛起。

## 四、中国的发展道路

中国是一个社会主义国家，也是最大的发展中国家。中华民族历史悠久，在几千年的文明史上曾创造了灿烂辉煌的古代文明，为世界文明的进步作出过巨大贡献。但是，在近代西方国家纷纷开始并完成工业革命走向现代化时，中国还是一个封建专制下落后封闭的农业国。1840年的鸦片战争，是中国近代历史上的一个转折点，由于西方工业化国家的对外扩张，中华民族从鸦片战争的枪炮声中惊醒，被迫卷入现代化的发展浪潮中，开始了艰难曲折的现代化道路探索历程。从19世纪中期到改革开放以前，中国出现过三次大规模的现代化浪潮，即洋务运动的现代化、南京政府的现代化和新中国成立初期的现代化。洋务运动开启了中国早期的现代化，由于当时的现代化不是建立在废除封建制度的基础上，仅限于器物层面和军事领域，注定以失败告终。20世纪30年代，当时的国民党南京政府实施了一系列政策，推动了中国的现代化进程。由于国民党政府不愿意从根本上反对封建统治、解放广大的劳苦大众，而是把现代化仅局限于上层社会和经济领域，缺乏广大人民群众的支持，加上日本帝国主义的侵略，因此现代化也不会成功。新中国成立后，在毛泽东领导下，中国人民开始走上了现代化道路，并取得了一定成就。但由于认识上的偏差和战略上的失误，一直没能找到一条切实可行的发展道路，使中国的现代化遭受一连串的挫折和失误。20世纪70年代末，中国进入改革开放的新时期，

① 姜桂石等. 全球化与亚洲现代化[M]. 北京：社会科学文献出版社，2005：181.

邓小平在亲身经历中国现代化道路的曲折和失误以及总结苏联和东欧剧变的经验教训基础上，把握当代世界的主题和新变化，通过艰苦而清醒的理论反思，在实践中探索出了一条既符合中国国情又符合当今时代发展的有中国特色社会主义道路。①

1. 有中国特色社会主义道路

民族特色是马克思主义内在的本质要求。在马克思和恩格斯看来，共产主义不是教条而是运动，它不是从原则出发而是从事实出发。恩格斯指出："在共产主义作为理论的时候，那么它就是无产阶级立场在这个斗争中的理论表现，是无产阶级解放条件的理论概括。"②也就是说，共产主义如果脱离了自己国家的历史事实和发展条件，它也就没有了任何实际意义和价值。各国工人政党只有从本国的历史条件出发，把马克思主义一般原理同本国具体历史事实结合起来，实践马克思主义民族特色的历史过程，才能取得无产阶级革命的胜利。邓小平指出："列宁之所以是一个真正的马克思主义者，就在于他不是从书本里，而是从实际、逻辑、哲学思想、共产主义理想上找到一条革命的道路，在一个落后的国家干成了十月社会主义革命。"③民族特色也是马克思主义理论发展规律的要求。马克思主义是实践的理论，只有把马克思主义与各国实际和时代特征结合起来，实践与时俱进的创新过程，才能取得社会主义建设事业的胜利，才能进一步丰富和发展马克思主义理论。毛泽东在中国革命实践中，把马克思主义普遍原理同中国革命的具体实际相结合，在总结正反两方面经验的基础上，找到了一条中国特色的革命道路，取得了新民主主义革命的胜利；邓小平正是在改革开放实践中，把马克思主义普遍原理同中国建设的具体实际相结合，在总结新中国成立以来社会主义建设正反两个方面经验的基础上，找到了一条有中国特色社会主义道路，取得了经济建设的巨大成就。

有中国特色社会主义道路，就是从中国的实际出发，走一条中国式的现代化发展道路。邓小平指出："我们的现代化建设，必须从中国的实际出发。无论是革命还是建设，都要注意学习和借鉴外国经验。但是，照抄照搬别国经验、别国模式，从来不能得到成功。这方面我们有过不少教训，把马克思主义的普遍真理同我国的具体实际结合起来，走自己的道路，建设有中国特色的社会主义，这就是我们总结长期历史经验得出的基本结论。"④发达国家和一些后发国家现代化道路的成功经验表明，没有千篇一律的发展道路，它们的成功就

① 叶泽雄．邓小平社会理想思想研究[M]．武汉：华中科技大学出版社，2005：74.

② 马克思恩格斯全集：第 4 卷[M]．北京：人民出版社，1961：312.

③④ 邓小平文选：第 3 卷[M]．北京：人民出版社，1993：292，2-3.

在于依据本国的具体情况，选择了一条适合本国国情的发展道路。中国的现代化必须从中国的实际出发。中国有两个实际，第一个实际是，中国从1956年社会主义改造基本完成后，已进入了社会主义社会，这是中国人民在中国共产党的领导下历经艰难困苦、流血牺牲换来的最珍贵的实践成果。这一实际规定了中国已经建立了社会主义制度，不能因为贫穷倒退回资本主义，而是要建设成为富强的社会主义。第二个实际是，中国人口多、底子薄、耕地面积少，这一实际规定了中国的发展特点。两个实际相互制约，决定了中国必须走一条不同于西方的发展道路。要建设社会主义，走中国特色社会主义道路，首先必须弄清楚什么是社会主义、如何建设社会主义等问题。邓小平说："我们马克思主义者过去闹革命，就是为社会主义、共产主义崇高理想而奋斗。现在我们搞经济改革，仍然要坚持社会主义道路，坚持共产主义的远大理想，年轻一代尤其要懂得这一点。但问题是什么是社会主义，如何建设社会主义。我们的经验教训有许多条，最重要的一条，就是要搞清楚这个问题。"[①]关于什么是社会主义，邓小平指出："社会主义的本质，是解放生产力，发展生产力，消灭剥削，消除两极分化，最终达到共同富裕。"[②]这个社会主义本质的论述包括两个相互联系的部分，一方面从生产力的角度揭示了社会主义的本质内涵，强调社会主义就是要大力发展生产力；另一方面从生产关系的角度揭示了社会主义在制度上的优越性，强调共同致富是社会主义本质内涵所规定的未来走向和价值目标。对于如何建设社会主义，邓小平认为，我国仍处于社会主义初级阶段，建设社会主义就是要大力发展生产力，这是社会主义的根本任务，是社会主义的本质要求，也是社会主义制度优越性的具体体现。邓小平的社会主义本质以及社会主义初级阶段理论，纠正了我国长期以来对社会主义及其发展规律问题上的错误认识。在此基础上，邓小平进一步指出，计划经济不等于社会主义，市场经济不等于资本主义，从而为改变我国传统的计划经济体制，建立社会主义的市场经济提供了理论依据，也为中国特色社会主义道路的形成奠定了理论基础。

中国是社会主义国家，中国特色社会主义道路，就是把社会主义制度与现代化统一起来，在坚持社会主义基本原则的基础上走现代化道路。邓小平指出："中国走资本主义道路不行，中国除了走社会主义道路没有别的道路可走。一旦中国抛弃社会主义，就要回到半殖民地半封建社会，不要说实现'小康'，就连温饱也没有保证。"[③]中国必须坚持社会主义方向，走社会主义道路，只有社会主义才能救中国，也只有中国特色社会主义才能发展中国，这是中国共产

①②③ 邓小平文选：第3卷[M]. 北京：人民出版社，1993：116，373，206.

党 80 多年来探求救国救民和富强之路的历史总结，也是新中国成立近 60 年来，特别是改革开放 30 年来发展的实践证明。社会主义必须与中国实际相结合、与国际发展相联系，必须以四项基本原则为前提，以经济建设为中心，以改革开放为动力，才能形成独立自主、富有民族特色的发展道路，才能把中国真正建设成为民主、繁荣、富强的现代化国家。改革开放伊始，针对当时社会上存在怀疑党的领导和社会主义道路的错误思潮，邓小平强调，必须解放思想，必须在思想政治上坚持四项基本原则。他说："我们要在中国实现四个现代化，必须在思想上坚持四项基本原则。这是实现四个现代化的根本前提。这四项是：第一，必须坚持社会主义道路；第二，必须坚持无产阶级专政；第三，必须坚持共产党的领导；第四，必须坚持马列主义、毛泽东思想。"①四项基本原则提出后，先后被载入党章和宪法，成为全党全国人民必须遵循的基本准则。实践证明，四项基本原则是全党和全国人民团结、稳定、发展和进步的最重要政治前提，保证了改革开放和现代化建设的正确方向，发挥了立国之本的作用。社会主义必须以经济建设为中心，大力发展生产力。邓小平多次强调贫穷不是社会主义，要充分体现社会主义的优越性，必须发展经济，提高人民的物质生活水平。这一见解与马克思唯物史观是一致的。在马克思看来，社会主义必须建立在高度发达的生产力基础之上，发展生产力是为了增加社会财富，发展和完善人的天性本身。邓小平从马克思唯物史观出发，认为在社会的历史演进中，一定社会的经济或政治制度可以超越，但落后的生产力则无法超越，这是不以人的意志为转移的客观规律。为此，邓小平把经济建设作为中国特色社会主义的中心任务，把发展生产力提高到社会主义生死存亡的高度上来认识。他说："社会生产力不发达，国家的实力得不到加强，人民的物质文化生活得不到改善，那么，我们的社会主义政治制度和经济制度就不能充分巩固。"②社会主义必然是物质生产力高度发达的社会。目前我国处于社会主义的初级阶段，首要任务是发展生产力。"为了发展生产力，必须对我国的经济体制进行改革，实行对外开放的政策。"③1992 年初，邓小平在视察南方时的重要谈话中，对改革开放和各项工作是非得失的判断标准作了概括。他说："判断的标准，应该主要看是否有利于发展社会主义社会的生产力，是否有利于增强社会主义国家的综合国力，是否有利于提高人民的生活水平。"④"三个有利于"判断标准的确立，是对历史唯物主义生产力标准的发展，是邓小平理论的哲学基础，也是邓小平探索中国特色社会主义道路的出发点。

改革是生产力发展的动力，只有改革不适应生产力发展的政治和经济体

①② 邓小平文选：第 2 卷[M]. 北京：人民出版社，1983：164-165，86.

③④ 邓小平文选：第 3 卷[M]. 北京：人民出版社，1993：138，372.

制，改革各种不合理的社会制度，推进经济体制、政治体制、文化体制、社会体制的创新，进一步扩大对外开放，提高改革决策的科学性、改革措施的协调性，建立、健全充满活力、富有效率、更加开放的体制，才能促进社会主义经济的快速发展，使社会主义充满生机和活力。在体制改革中，经济体制的改革是难点也是核心。邓小平多次强调，计划经济和市场经济不是社会主义和资本主义的本质区别，计划经济不等于社会主义，资本主义也有计划；市场经济不等于资本主义，社会主义也可以搞市场经济，只要有利于发展生产力，计划和市场两种手段都可以用。这就从根本上解除了把计划和市场看成是社会基本制度观点的束缚，是对社会主义认识的又一次重大突破。在邓小平理论的指导下，中国逐步改变了高度集中的计划经济体制，经过多年的实践探索，在总结社会主义计划经济成败和发达国家市场经济得失的经验教训的基础上，初步确立了中国模式的市场经济体制。中国模式的市场经济在所有制结构上以公有制为主体，多种所有制经济共同发展，它是社会主义公有制与市场经济相结合的产物，是以公有制为基础和前提的，其宗旨是为社会主义服务的。在分配制度上，坚持按劳分配为主体，多种分配方式并存的原则，把按劳分配与按生产要素分配结合起来，引导社会从效率优先、兼顾公平逐步转向更加注重社会公平、实现共同富裕的目标上。在宏观调控上，利用国家雄厚的物质基础，运用经济手段、法律手段和行政手段对经济进行宏观调控，把当前利益与长远利益、局部利益与整体利益结合起来，把市场调节与宏观调控结合起来，实现经济持续、稳定、协调发展。在劳动者身份的属性上，劳动者是国家和社会的主人，生产的目的是为了满足广大人民群众日益增长的物质文化需要，广大人民群众的局部利益和整体利益是一致的。在市场经济条件下，劳动者的劳动力又是商品，劳动者具有双重属性。这里需要指出的是，劳动者的劳动力作为商品，并不否认劳动者的主人翁的地位，劳动者作为主人，是从生产关系的角度来讲的。因此，在社会主义条件下，劳动者的主人翁地位与劳动力的商品属性之间是辩证统一的，这种统一可看成是社会主义市场经济的一个重要特点。

党的十七大报告指出："中国特色社会主义道路，就是在中国共产党领导下，立足基本国情，以经济建设为中心，坚持四项基本原则，坚持改革开放，解放和发展社会生产力，巩固和完善社会主义制度，建设社会主义市场经济、社会主义民主政治、社会主义先进文化、社会主义和谐社会，建设富强民主文明和谐的社会主义现代化国家。"[①]中国特色社会主义道路，是十几亿中国人民摆脱贫困、走向温饱和小康、使全体人民达到共同富裕的必由之路；中国特色社

① 十七大报告[M]. 北京：人民出版社，2007.

会主义道路，是同全球化相联系的独立自主地建设现代化，进一步实现国家富强、民族振兴、社会和谐、最终实现人的自由而全面发展的必由之路。党的十七大报告在总体论述中国特色社会主义之后，进一步阐明了中国特色社会主义道路是中国特色自主创新道路、中国特色新型工业化道路、中国特色农业现代化道路、中国特色城镇化道路以及中国特色社会民主政治发展道路。中国作为一个后发的现代化国家，只有进一步改革开放，放眼世界，把握时代特征，学习和借鉴国际先进经验，才能在社会主义初级阶段完成工业化和现代化的双重使命。

### 2. 中国新型工业化道路

工业化是现代化的前提和基础，高度发达的工业社会是现代化的重要标志。所谓工业化，是指由传统农业社会向现代工业社会转变的过程。完成由农业国向工业国的转变，实现中国的工业化，使中华民族走向繁荣富强，是几代中国人梦寐以求的理想，也是中国共产党为之奋斗的目标。新中国一成立，中国的工业化、现代化就成为中国共产党建设新中国的首要任务。1949 年，毛泽东提出了迅速恢复和发展生产，实现由农业国向工业国转变的现代化任务。1953 年，工业化被写入过渡时期的总路线，成为我国现代化发展的战略目标。1954 年，第一届全国人民代表大会召开，周恩来在政府工作报告中指出："如果我们不建设起强大的现代化的工业，现代化的农业，现代化的交通运输业和现代化的国防，我们就不能摆脱落后和贫困，我们的革命就不能达到目的。"①1964 年，在第三次全国人民代表大会上，周恩来所作的政府工作报告进一步提出了我国今后的战略目标，要在不太长的历史时期内把中国建设成为一个具有现代农业、现代工业、现代国防和现代科学技术的社会主义强国。由此可见，中国共产党在新中国成立初期对工业化和现代化就有了充分的认识，强调只有实现工业化和现代化，才能摆脱贫穷落后的状况。

由于历史原因，我国基本上走的是苏联模式的计划经济工业化道路，这条工业化道路是以高度集中的计划经济体制为基础，实行工农产品价格剪刀差的高积累、高投资，采用赶超方式，通过优先发展重工业和基础工业来实现的。这一发展模式虽然依靠国家的力量，通过指令性计划来发动和推进工业化，在较短时期内建立起比较完整的工业体系和国民经济体系，但它也存在严重不足和缺陷。其一，高度集中的计划经济体制管得太死，统得太多，使整个国民经济缺乏活力，并造成经济发展的大起大落，工业化难以平稳和高效地推进。

---

① 周恩来选集：下[M]. 北京：人民出版社，1984：132.

其二，优先发展重工业，忽视轻工业和农业，造成经济结构的比例严重失调，农产品供应短缺，消费品供不应求，整体上延缓了工业化的进程，降低了工业化的效率。其三，依靠增加生产要素的投入来提高产量的粗放型增长方式，造成了自然资源的高消耗和严重的环境污染。其四，普遍推行赶超战略，过分追求高速度，只讲数量，不计成本，不讲效率，造成经济发展的不稳定。总之，计划经济模式的工业化道路导致了产业结构畸形，经济效益低下，资源浪费和环境污染，给经济发展带来严重后果。根据这条工业化道路所造成的恶果，党的十一届三中全会提出了“调整、改革、整顿、提高”的方针，从此，我国的工业化道路开始了根本性的转变，经济发展随之进入了一个新的历史阶段。

从新中国第一个五年计划提出工业化的任务以来，我国为实现工业化奋斗了近半个世纪，取得了显著成就，形成了较为完备的工业化体系。但总体上看，我国还没有完成工业化，仍处于工业化中期阶段，产业结构层次较低，竞争力还不强，工业特别是制造业的技术水平还不高，服务业的比重和水平与已经实现工业化的发达国家相比存在相当大的差距，农业现代化和农村城镇化水平较低，农村人口和农业劳动力所占比例较大。工业化的任务不完成，现代化就难以实现。因此，从人口多、劳动力资源丰富、科学文化教育水平总体落后、人均资源不足等国情出发，改变以资源过量消耗和环境生态破坏为代价的传统工业化道路，走可持续发展的新型工业化道路是我国实现工业化和现代化的必然选择。党的十六大报告指出：“走新型工业化道路，大力实施科教兴国战略和可持续发展战略。实现工业化仍然是我国现代化进程中艰巨的历史性任务。信息化是我国加快实现工业化和现代化的必然选择。坚持以信息化带动工业化，以工业化促进信息化，走出一条科技含量高、经济效益好、资源消耗低、环境污染少、人力资源优势得到充分发挥的新型工业化路子。”[①]新型工业化道路是党中央在经济全球化的背景下，根据我国基本国情作出的21世纪新的发展战略。党的十七大报告进一步强调坚持走中国特色新型工业化道路，加快转变经济发展方式，推动产业结构优化升级，这是对我国几十年来特别是改革开放以来工业化进程的经验总结，也是今后转变经济发展方式的必然选择。

新型工业化道路是在新的历史条件下体现时代特点，具有中国特色的工业化道路。它具有极其丰富的内涵。其一，科技含量高。在工业化进程中，要加大科技创新力度，把经济的发展建立在科技创新和进步的基础之上，促进科技成果向生产力的转化。要大力发展以信息技术为先导的高新技术产业，运

---

① 江泽民文选：第3卷[M]．北京：人民出版社，2006：545．

用实用技术和高新技术对传统产业进行改造，以提升国民经济中的科技含量，缩短工业化进程。其二，经济效益好。通过技术创新和进步，推进经济增长方式由粗放型向集约型转变，促进企业由高投入、追求数量，转向以追求质量和效益为中心的轨道上来。调整经济结构，优化资源配置，降低生产经营成本，提高产品的技术含量和附加值，以大幅度提高企业经济效益。其三，资源消耗低。实践证明，在一个人均资源相对不足的国家，以资源的过量消耗和环境生态为代价推进工业化，不仅资源难以支撑，而且危害人民的生活质量。新型工业化道路就是充分考虑了我国人均资源相对短缺的实际，积极推进资源利用方式从粗放型向集约型转变，减少资源的占有和消耗，提高资源的利用率，使资源尤其是不可再生资源的开发利用既要满足目前经济发展的需要，又要着眼于未来的长远发展。其四，环境污染少。传统工业化道路在推进工业化的同时造成了严重的环境污染，因而也付出了沉痛的代价。新型工业化道路首先要改变“先污染后治理”的传统发展模式和观念，树立生态文明的发展观，大力发展绿色产业和环保产业，提倡清洁生产和文明生产。坚持边生产、边治理，做到同步规划、同步实施、同步发展，把对环境的污染减少到最低限度。其五，人力资源优势得到充分发挥。传统工业化道路顺利推进的一个重要条件，就是充分利用了农村剩余劳动力。新型工业化道路还要继续发挥我国劳动力充裕廉价的优势，在积极发展资金技术密集型产业的同时，继续发展劳动密集型产业。处理好资金技术密集型产业与劳动密集型产业的关系，把国外引进的先进技术、资本和品牌与我国低成本的劳动力优势结合起来，以扩大就业，形成新的竞争优势。总之，新型工业化是以高新技术为先导的工业化，是提高经济效益和市场竞争力的工业化，是充分发挥我国人力资源优势的工业化，是低投入、高产出、低消耗、无污染的工业化，是走可持续发展道路的工业化。

改革开放以来，我国的工业化取得了巨大成就，但同时面临许多矛盾和问题，制约着工业化的进程。例如，资源、环境与国民经济高速增长的矛盾，人口与就业的矛盾，城乡二元经济的结构性矛盾，以及工业制造业水平不高、经济社会信息化程度较低和产业结构不合理等。要解决工业化面临的诸多问题，走新型工业化道路，必须紧跟世界经济和科技发展大潮，结合我国国情，实施三大战略创新。

第一，实施信息化带动工业化战略创新，建立工业化与信息化的良性互动。按照新型工业化的要求，工业化的过程应当是工业化与信息化相互促进、以信息化带动工业化的过程。发达国家是在实现工业化的基础上进入信息化的，而我国是在工业化任务还没有完成的条件下赶上信息化浪潮的，这就为我们提供了新的发展机遇——可以跨越传统的工业化的发展阶段，同时推进工业化与信息化,实现生产力的跨越式发展。信息化带动工业化主要是通过对制造业和其他传统产业的信息化改造,提高生产效率和管理水平,促进国民经济产业结构的调整和优化升级,创造巨大的市场需求和市场发展空间。在社会经济和其他领域广泛应用计算机、通信、网络等信息技术,达到全面提高经济运行效率、劳动生产率、企业核心竞争力和人民生活质量的目的。形成以高新技术产业为先导、基础产业和制造业为支撑、服务业全面发展的产业格局,加快工业化进程。可见,信息化带动工业化是新型工业化道路的实质内容和实现方式。

第二,实施可持续发展战略创新,建设资源节约型和环境友好型社会。早期工业化国家走的是一条先发展、后治理的传统道路。我国人均资源短缺,生态系统整体功能下降,环境承载力较弱,因此绝不能再走传统道路。我们必须实施可持续发展战略创新,把资源节约和环境保护作为一项基本国策,力争以较少的资源和环境代价实现国民经济又好、又快的发展。党的十六大确立了可持续发展战略,提出了要走生产发展、生活富裕、生态良好的文明发展道路。十六大以来,按照科学发展观的根本要求,提出了统筹人与自然和谐发展的方针,把建设资源节约型、环境友好型社会确立为国民经济与社会发展的战略任务。党的十七大报告进一步强调,要把建设资源节约型、环境友好型社会放在工业化、现代化发展战略的突出位置。在实现新型工业化发展的道路上,从发展规划的制定、发展规划的实施、发展目标的实现的整个过程中,都要贯穿可持续发展的理念。为了使可持续发展的理念和战略得到贯彻执行,使新型工业化道路顺利实施,必须制定和完善有利于节约资源和保护环境的法律和法规,加快形成可持续发展体制机制,充分发挥市场的杠杆作用,建立经济社会发展与生态环境改善相互促进的良性循环机制,完善规划、加强监管,建立并落实节约资源、环境保护的目标责任制和行政问责制,加强立法,严格执法,推动节约资源和环境保护走上法制轨道。依靠科技进步和创新,研究、开发和推广节约、替代、循环利用的新技术,全面提高能源资源的利用率。大力发展清洁能源和可再生能源,改善能源结构,不断提高可再生能源的利用水平。建设资源节约型和环境友好型社会是可持续发展道路的具体化,是实现新型工业化道路的基础。

第三,实施科教兴国和人才战略创新,充分利用劳动力资源优势。科学技术是先进生产力的集中体现和主要标志。实现新型工业化的过程,实质上就是用科学技术不断促进工业化的过程。在这一过程中,科学技术将在很大程度上决定着生产力的发展要求和规模,决定着工业化的发展水平和速度,决定着经济增长的质量和效益。因此,必须根据世界科技发展趋势,制定和完善中长期科技发展战略，实施科教兴国和人才战略创新。可以说，中国新型工业化道路，就是坚持以科技创新为动力的道路，是一条实现跨越式发展的道路。新型工业化对科技创新提出的具体要求是：大力加强基础科学研究和高新技术研究；发展高新技术产业，用高新技术改造传统产业；加强技术创新与技术集成；推进科技体制改革，建设国家创新体系；加速科学技术向现实生产力的转化。新型工业化道路既是产业结构调整优化的过程，也是创造更多就业岗位的过程。因此，必须实施科教兴国和人才战略创新，大力发展教育，培养大批优秀的科学技术人才、优秀的管理人才和优秀的技术人才，使人才结构趋于合理，劳动力资源得到充分利用，进而真正发挥我国人力资源的优势，实现兴国战略和劳动力资源优势的良性互动。我国人口多，人力资源丰富，劳动力成本低，这是国际竞争中的优势。所以，要兼顾经济发展和扩大就业，处理好资金技术密集型产业和劳动密集型产业的关系，重视发展劳动密集型产业，逐步提高其科技含量和劳动生产率，这既有利于带动投资和消费，又有利于扩大就业，从而保障经济的稳定发展。

新型工业化道路是在总结发达国家和我国传统工业化道路经验教训基础上作出的重大决策，是新世纪中国现代化建设的关键，是全面建设小康社会、实现中华民族伟大复兴的必由之路。

3. 中国现代化道路

工业化是现代化的核心和基础，但工业化并不等于现代化。现代化作为一个社会由传统向现代的整体变革过程，包括工业、农业、政治、文化、国防、科技以及人的发展等各个领域。新中国成立后，毛泽东在中国现代化道路探索中，根据中国的国情，同时借鉴当时苏联推进工业化和经济建设的经验教训，明确提出了中国现代化的战略目标、战略步骤和战略方针。在战略目标上，毛泽东首先提出工业化目标是在全国建立一个相对独立完整的工业体系。之后，又逐步提出了农业现代化、工业现代化、国防现代化和科学技术现代化的奋斗目标，实现了由工业化到四个现代化战略目标的转变。在战略步骤上，提出用一百年时间，分两步走。第一步建立完整的工业体系和国民经济体系；第二步全面实现农业、工业、国防和科学技术的现代化。在战略方针上，毛泽东强调中国的现代化必须从中国的基本国情出发，正确对待外国的经验，走中国自己的现代化道路。在毛泽东现代化思想和理论指导下，我国现代化尤其是工业化建设经过二十多年的发展取得了很大成就。工业作为国民经济的主体，基本建成了门类较为齐全的现代工业化体系，实现了初级工业化，人民的物质文化生活得到了相应改善，为现代化道路打下了基础。由于毛泽东的现代化战略思想具有明显的探索性，他在社会主义现代化建设上没有可供借鉴的经验，没能把社会主义和现代化有机地结合起来，片面强调社会主义，因而在现代化道路的实践过程中出现了较大失误。如果说“大跃进”是中国现代化道路的一次重大失误，那么，“十年文化大革命”则使国民经济几乎到了崩溃的边缘，严重阻碍了中国现代化的进程。

党的十一届三中全会确立了解放思想、实事求是的思想路线，纠正了“文革”期间的“左”倾错误，决定把工作重点转移到社会主义现代化建设上来。邓小平重新思考中国现代化建设的战略目标和步骤，明确指出：“我们当前及今后相当长一个历史时期的主要任务是什么？一句话，就是搞现代化建设。能否实现四个现代化，决定着我们国家的命运。……社会主义现代化建设是我们当前最大的政治，因为它代表着人民的最大的利益、最根本的利益。”[①]邓小平强调，我们要实现的是中国式现代化，就是到20世纪末达到第三世界中比较富裕一点的国家水平，也就是相当西方发达国家的一个小康状态。建设小康社会是邓小平构建现代化战略的新起点和发展目标，并在此基础上进一步提出了“三步走”战略：第一步是在20世纪80年代，国民生产总值人均翻一番，达到500美元，解决人民的温饱问题；第二步是在20世纪末再翻一番，人均达到1000美元，进入小康社会；第三步是到21世纪中叶再翻一番，人均达到4000美元，达到中等发达国家水平。在邓小平现代化战略思想指导下，经过全党和全国人民的共同努力，用20年的时间实现了现代化建设“三步走”战略的第一步和第二步目标，人民生活总体上达到小康水平。但是，我国的小康水平还不高，发展也很不平衡，巩固和提高已达到的小康水平，还需要进行长时期的艰苦奋斗。为此，党的十五大在邓小平的“三步走”发展战略的基础上，又提出了“新三步走”发展战略，即在2010年，要实现国民生产总值比2000年翻一番，达到2万亿美元，使人民的小康生活更加富裕，形成比较完善的社会主义市场经济体制；再经过10年的努力，到2020年国民生产总值再翻一番达到4万亿美元，建成水平更高的小康社会，使我国经济更加发展，民主更加健全，科教更加进步，文化更加繁荣，人民生活更加富裕，社会更加和谐；到本世纪中叶，也就是新中国成立一百年时，基本实现现代化，达到中等发达国家的水平，把我国建设成为富强、民主、文明的社会主义国家。党的十六大确立了全面建设小康社会的现实发展目标，不仅为中国特色社会主义事业的发展规定了近期目标，而且在全球化背景下清晰地表明中国追求现代化的道路选择。党的十七大对我国全面建设小康社会的目标和发展提出了更高的要求，强调

---

① 邓小平文选：第2卷[M]. 北京：人民出版社，1983：162-163.

增强发展协调性，努力实现经济又快、又好发展；扩大社会主义民主，更好地保障人民权益和社会公平正义；加强文化建设，明显提高全民族文明素质；加快发展社会主义事业，全面改善人民生活；建设生态文明，基本形成节约能源和保护生态环境的产业结构、增长方式、消费方式。"到2020年全面建设小康社会目标实现之时，我国这个历史悠久的文明古国和发展中社会主义大国，将成为工业化基本实现、综合国力显著增强、国内市场总体规模位居世界前列的国家，成为人民富裕程度普遍提高、生活质量明显改善、生态环境良好的国家，成为人民享有更加充分民主权利、具有更高文明素质和精神追求的国家，成为各方面制度更加完善、社会更加充满活力而又安定团结的国家，成为对外更加开放、更加具有亲和力、为人类文明作出更大贡献的国家。"①

全面建设小康社会是中国追求现代化的阶段性目标，充分体现了中国现代化道路的特点和优势。小康社会立足于中国国情和中国社会主义社会制度。中国人口多，耕地少，底子薄，起点低，经济文化极端落后，人民物质生活极端贫穷。这些特点决定了中国的现代化必须从中国实际出发，走一条不同于西方国家的现代化道路。中国的现代化建设就是要始终把大力发展生产力、发展经济放在首位，以增强综合国力，提高广大人民群众的物质生活水平。在现代化建设中，要始终把是否有利于发展生产力、是否有利于增强国力、是否有利于提高人民生活水平作为衡量各项工作是非得失的根本标准。中国的现代化不是全盘西化，也不是简单的西方化。经历了百年外侮的中国人始终相信：只有社会主义才能救中国，只有社会主义才能发展中国。邓小平在最初确立我国小康社会发展目标时就明确指出，不坚持社会主义，中国的小康社会形成不了。因此，中国的现代化必须坚持社会主义本质，为了促进经济的发展，必须实行公有制为主体、多种所有制经济共同发展的基本经济制度，充分发挥社会主义制度的优越性，实现社会主义社会的共同富裕和全面协调发展，这是中国现代化道路的基本特征，也是中国现代化道路与西方国家现代化道路的本质区别。中国现代化道路拥有后发优势，只要吸收西方国家现代化的一切有益的成果和经验，同时避免西方国家现代化进程中付出的惨痛代价，就能实现我国现代化的跨越式发展。

改革开放30年来，我国经济体制改革取得了重大成就，实现了经济结构的战略调整，经济运行的质量和效益不断提高，保持了经济稳定高速增长，国家经济实力明显增强，人民生活总体达到小康，科技教育和各项社会事业得到发展。但从总体来看，我国现代化还处于起步阶段，目前刚刚迈入小康社会的

① 十七大报告[M]. 北京：人民出版社，2007.

门槛，所达到的小康水平还比较低，发展也不平衡，农村还有近3 000万贫困人口的温饱问题没有完全解决，城镇有2 000万以上的人口收入在最低生活保障线以下，在经济发达地区和落后地区之间、工农之间、城乡之间以及在不同的社会阶层之间，收入水平和生活水平还存在着比较大的差距。这说明，小康社会从温饱到实现现代化还需要走很长一段路程，现代化道路漫长而艰巨。当前，我国正处于从农业社会向工业社会转变的关键时期，在今后的现代化进程中还将面临很多挑战。因此，我们必须处理好现代化与人口、就业的关系，处理好现代化与资源、环境的关系，处理好现代化与工业化、城市化的关系，处理好现代化与深化改革、扩大开放的关系。必须走经济结构合理化和高级化的现代化道路，必须走可持续发展的现代化道路。具体来说，走中国特色现代化道路应采取以下战略措施。

第一，加快转变经济发展方式，推动产业结构优化升级。20世纪90年代以来，我国现代化发展战略强调经济增长与效率的统一，使经济增长方式发生了转变，推动了产业结构的变化和升级。近十年来，我国第一产业在国民生产总值中的比重不断下降，第二产业不断呈上升趋势，第三产业比重也在上升。一个国家产业结构的优化升级能力，是经济发展的重要动力，也是现代化程度的重要标志。党的十七大报告提出，加快转变经济发展方式，推进产业结构优化升级，形成以高新技术产业为先导、基础产业和制造业为支撑、服务业全面发展的产业格局。发展现代产业体系，大力推进信息化与工业化的融合，促进工业由大变强，振兴装备制造业，淘汰落后生产能力。提升高新技术产业，发展信息、生物、新材料、航空航天、海洋等产业。发展现代服务业，提高服务业比重和水平。这一论述指明了我国的产业发展方向，为促进国民经济又好又快的发展奠定了理论基础。我国当前正处于全面建设小康社会的关键时期，要立足科学发展、着力自主创新、完善体制机制、促进社会和谐发展。要从统筹城乡发展的高度，继续巩固和加强农业基础地位，进一步增强农业综合生产能力，加快传统农业向现代农业转变。要以自主创新为支撑，加快发展先进制造业，特别是大力振兴装备制造业，积极发展信息、生物、新材料等高新技术产业，广泛运用高新技术和先进适用的技术改造提升传统工业。要大力发展高新技术产业，运用高新技术改造现有产业，实行技术创新和产品创新，以拉动我国产业结构优化升级，实现未来经济发展目标。

第二，建立和完善国家创新体系，提高自主创新能力。所谓国家创新体系，是指一个国家与知识创新和技术创新相关的机构和组织之间形成的网络系统。它是实现国家对提高全社会知识创新和技术创新能力的有效调控、推动、扶持与激励的体系，是知识创新系统、技术创新系统、知识传播系统和知识应用系统之间相互作用的整体。建设创新型国家，提高自主创新能力，是中国现代化道路的战略核心。国家创新体系建设是一项涉及经济、社会、科技等多方面的系统工程，它包括知识创新系统、技术创新系统、知识传播系统和知识应用系统。面对知识经济的挑战，要认真总结我国科技发展的成功经验，借鉴国外国家创新体系的实践经验，继续推进科技体制改革，构建一个符合社会主义市场经济发展要求和科技创新规律的中国特色国家创新体系。在国家创新体系建设过程中，要充分发挥政府的主导作用，制定国家发展战略和社会发展目标，并实施保障、提供辅助、组织实施。与此同时，政府的职能应从直接组织创新项目、干预企业技术创新为主转向以宏观调控、政策引导、创造环境和提供服务为主。要充分发挥企业的主体作用，企业是创新的实践者和最终完成者，是国家创新系统的主体。国家科研机构的研究开发活动应该为企业研究开发和创新活动提供更多的技术选择和新的思路，引领企业创新方向，推进技术创新工程的实施，使企业真正成为技术开发、技术创新、科技投入和科技成果转化的主体。在科研布局和创新资源配置上，要加强产、学、研之间的合作，合理利用创新资源，在创新中育人才，在创新中求发展，全面提升我国自主创新能力。

第三，树立科学发展观，促进社会全面、协调和可持续发展。中国的现代化道路，必须坚持以邓小平理论和“三个代表”重要思想为指导，树立科学发展观，促进中国社会全面、协调和可持续发展。科学发展观的核心是以人为本，把“人”置于发展的首要地位。以人为本既是马克思主义的一贯主张，又是我党面对新世纪的挑战，并结合中国实际在发展理论上的一次伟大创新。人是发展的主体和最终目标，只有以人为本，才能在理论上正确解决发展的导向与价值问题；只有以人为本，才能在实践中最大限度地开发资源和利用资源，才能有效地控制由发展造成的对自然环境的破坏。以人为本中的“人”，不是抽象的人，而是作为社会主体的人。以人为本的发展观就是要尊重人民的主体地位，要做到发展为了人民、发展成果由人民共享。科学发展观第一要义是发展，就是要推进经济、政治、文化和社会的全面发展，就是要促进现代化建设各个环节、各个方面相互协调，促进科学技术、经济社会和资源环境的相互协调，以达到社会的和谐与人的全面发展。中国是一个经济基础和科技能力薄弱的国家，也是一个人口众多、资源短缺的国家，在发展道路上始终面临着发展经济与保护环境的双重压力。因此，树立科学发展观，走可持续发展道路，对中国的发展具有更为重要的意义。20 世纪 90 年代以来，我国把可持续发展放到了特别突出的位置和战略高度。党的十六大把可持续发展能力不断增强，生态环境得到改善，资源利用效率显著提高，促进人与自然的和谐，推动整个社会走上生产发展、生活富裕、生态良好的文明发展道路确定为全面建设小康社会的四大目标之一。党的十七大进一步把建设资源节约型、环境友好型社会放在工业化、现代化发展战略的突出位置，强调增强可持续发展能力是一项基本国策，它关系人民群众切身利益和中华民族的生存发展。可持续发展是联合国制定的全球性发展战略，我国根据国际发展战略思想，结合本国实际，制定了一系列可持续发展战略规划和具体措施，包括经济、资源、环境、人口和社会可持续发展战略，以切实提高可持续发展能力。

中国现代化道路经历了从追赶型向自主发展型的转变，从理想目标向务实目标的转变，从追求经济增长向人的全面发展的转变。中国现代化道路的历史演变，表明了中国共产党对现代化道路探索的不断丰富和发展。在现代化的进程中，中国将逐步实现经济体制的根本性转变、经济增长方式的根本性转变、从二元经济结构到现代社会经济结构的根本性转变，加强精神文明建设和政治文明建设，逐步实现工业、农业、国防和科学技术现代化，把我国建设成为富强、民主、文明的社会主义强国，实现中华民族的伟大复兴。

# 第四章 发展规律

人类社会的发展既是一个合乎人的需要、理想、意图的合目的性的过程，又是一个按照自身固有节律与秩序演进的合规律性的过程。因此，探寻和认识客观世界的规律，并以此规范和支配人的行为，不仅是人类实现改造世界的重要保障，而且也是发展问题研究不可或缺的重要方面和重要内容。就社会发展而言，规律在社会发展中占据着主要地位。发展在何种程度上由必然规律所约束，是理解历史机遇和历史主体在发展中具有何种功能的基本前提。而对社会发展规律的不可避免性和重复性的理解，对历史稳定期、变革期、巨变动荡期等不同时期规律发挥不同作用的解释，也会影响到对发展模式、发展目标和发展道路等的理解。就这些方面来说，社会发展观的首要前提就是发展规律观。然而，在人类认识史上，关于自然规律的存在及其作用是没有异议的；但长期以来，关于社会规律的存在及其作用，在国内外学术界一直存在着社会历史无规律论和社会历史有规律论的两派之争，并一直延续至今。

## 一、社会历史发展有无规律之争

自从意大利思想家维科创立历史哲学以来，社会历史有无规律的问题就一直是西方历史哲学中一个众说纷纭的重大问题。可以说，在整个 19 世纪，承认并努力寻觅社会历史规律是当时西方历史哲学的主流。维科、傅立叶、黑格尔、孔德、马克思等人，尽管他们对社会历史规律的具体理解和把握有着重大的差异，但有一点是共同的，即都承认，社会的发展遵循着某种客观规律性。例如，傅立叶认为，社会的各个时期是服从于一般成长的规律的。这种规律“在各个方面都符合由牛顿和莱布尼茨所阐明的物质引力规律”[①]。到了 19 世纪末 20 世纪初，西方历史哲学在这一问题上出现了新的转向，虽有少数思想家如汤因比等仍然在某种意义上承认社会历史的规律性，但从总体上看，否定

① 傅立叶选集：第 1 卷[M]. 赵俊欣，等译. 北京：商务印书馆，1979：12.

社会历史规律的倾向逐渐占了上风，成了现代西方历史哲学在这一问题上的主导思潮。狄尔泰、文德尔班、李凯尔特、克罗齐、胡克、波普尔等现代西方思想家都从各自的立场出发，否定社会历史中存在着规律。

从总体上看，现代西方的一些思想家之所以否定社会历史中存在着规律，主要有以下三个方面的理由。

第一，只有反复出现的、具有重复性的东西才有所谓的规律性。他们认为，在自然界中，事物或现象能够反复出现，具有可重复性，因而存在着规律；而在社会历史中，一切都是个别的、不可重复的，因而没有什么规律可言。文德尔班认为，历史上从来就没有过两个完全相同的事件，社会历史完全是由个别的、偶然的具体事件构成的，它们没有任何可重复性，因而社会历史领域无规律可言。李凯尔特继承了文德尔班的观点，并进一步指出，文化领域里只有个别的东西，自然领域中才有一般的东西。他说："历史概念，亦即就其特殊性和单一性而言的一次发生事件这个概念，而这个概念与普遍规律概念处于形式的对立之中。"[①]波普尔也认为，历史命题"只是关于某个个别事件或一些这样事件的单称命题"。[②]

第二，只有完全客观的东西才具有内在的规律性。他们指出，在自然界中，一切过程都是在人之外、不依赖于人而自发地发生和进行着的，因而存在着客观的规律；而社会历史领域中的情况则不同，社会是人的社会，社会历史过程是人的有意识、有目的的活动过程，是人的自觉选择过程，根本就不存在什么独立于人之外的客观规律。克罗齐认为，一切真正的历史都是当代史，人们不可避免地会把自己的主观意识和实践需求融入对历史或历史事件的理解和解释之中，因此，"历史经常是一种艺术作品，如同诗歌和道德意识一样，无任何规律可循"。[③] 胡克也明确指出，全部人类历史就是人们不断选择的结果，这种选择并不是什么客观规律的表现，而是人的自由表现，"是他自己本质的一个独特的和不可还原的表现。"[④]

第三，根据规律，人们可以作出准确的预言，也就是说，规律能够使人们准确地预测未来事件。他们强调说，在自然界中，人们无疑可以依据自然规律对物体的运动和变化作出准确的预言；而在社会历史领域，预言是不可能的，这也反过来说明，社会历史领域中不存在什么规律。波普尔指出，人们对自然界的事物所作出的预言并不会直接影响自然过程本身，并不会引起自然过程的

---

① [德]李凯尔特．文化科学与自然科学[M]．徐纪亮，译．北京：商务印书馆，1986：17.

② [英]波普尔．历史决定论的贫困[M]．杜汝楫，邱仁宗，译．北京：华夏出版社，1987：85，10.

③ 转引自夏基松．现代西方哲学教程[M]．上海：上海人民出版社，1985：199.

④ [美]胡克．对卡尔·马克思的理解[M]．徐崇温，译．重庆：重庆出版社，1989：153.

改变；而在社会历史领域中，人的预言却不可避免地会对被预测事件产生影响，促使被预测事件出现或阻止、延缓被预测事件的发生，这也就是他所说的“俄狄普斯效应”。预测可影响被预测事件，“这种影响或者会引起预测事件，或者会防止这种事件的发生”。[①] 基于这一事实，波普尔认为，社会历史领域没有历史决定论者们所说的那种规律，我们对社会历史事件的真正科学的预言也是不可能的。

综上所述，以波普尔为代表的一些西方哲学家和思想家主要是通过否认社会历史具有自然界事件的那种重复性、客观性和可预测性等特点来否定社会历史规律本身的。换句话说，他们判断社会历史领域有无规律的标尺，是社会历史事件是否具有自然事件所具有的那种重复性、客观性和可预测性。也正由于社会历史事件不具有自然事物所具有的那种重复性、客观性和可预测性，因而他们作出了否认社会历史规律的结论。我们认为，波普尔等人断然否认社会历史规律的存在是没有根据的。

很显然，波普尔等人对社会历史有无规律问题的分析和解答是建立在自然科学的规律观的基础上的。作为整个宇宙运动中目前所知的最高级系统，人类社会没有脱离低级运动形式和逃出较低的运动规律的制约，但有自己的高级运动形式和复杂特殊的规律。而要把握这种复杂特殊的规律，就不能简单地用自然规律观来硬套，而必须根据社会历史实际来概括形成新的社会规律观，并以此作为原则和方法来深化对社会历史本质及其运动规律的认识，进而去理解和概括社会规律。

无论是自然界的发展还是人类社会的发展，都遵循着自身固有的规律和内在必然性。作为规律，自然规律与社会规律必定有其普遍性和共通性；但社会领域毕竟有别于自然领域，故而规律的存在及其作用方式和特点又有其特殊性和差异性。因此，要回应波普尔等人对于历史唯物主义规律观的攻击，阐明社会规律的重要性、客观性和可预测性，在其方法论上，只有在自然规律与社会规律之间的共通性与差异性的辩证理解中才能作出富有解释力的回答。

一般来说，规律性总是与重复性相联系的。所谓重复性，一般是指在大致相同的条件下，事件可以重复地出现，它不受时间因素的影响。与自然界的事物相比较，社会历史现象确有其自身的特点。在社会发展过程中，由于社会时间的不可逆性，因而不存在自然科学意义上的实验室，也不存在两次完全相同的社会历史事件。那么，社会发展中的重复性何以表现？我们又如何去理解这种重复性呢？我们认为，社会历史规律不同于社会历史事件，社会历史规律

---

① [英]波普尔. 历史决定论的贫困[M]. 杜汝楫，邱仁宗，译. 北京：华夏出版社，1987：10.

是社会历史的深层结构，它隐藏在社会历史事件的单一性的背后。虽然社会历史事件不能重复，但社会历史规律及其作用具有可重复性，而且社会历史规律及其作用的这种可重复性正是通过一个个不可重复的社会历史事件表现出来的。例如，英国资产阶级革命、法国大革命、日本的明治维新等都是不可重复的社会历史事件，但这一系列的不可重复的社会历史事件正好体现的是资本主义取代封建主义的必然性。因此，我们对社会历史规律重复性的理解是：引起事件的原因和结果之间的关系的重复性，是“思想的进程取决于事件的进程”这种特定因果联系的重复性，是社会的物质关系决定思想关系的重复性。正是在这一意义上，列宁说，我们才有可能把主观主义者认为不能应用到社会学上来的一般科学的重复律应用到这些关系上来。当我们局限于思想关系时，始终不能发现各国社会现象之间的重复性，但一旦分析到物质的社会关系，人们立刻就可能发现其重复性，就有可能把各国制度概括为一个基本概念，即社会形态。只有这种概括才使我们有可能从记载社会现象进而科学地分析社会现象。譬如说，划分出一个资本主义国家和另一个资本主义国家不同的东西，研究出一切资本主义国家所共有的东西，从而实现对社会运动规律的科学把握。一些西方的思想家因社会历史事件不具有重复性而否定社会历史规律，一方面是由于他们用自然科学的规律作为评判社会历史规律的标尺，用自然现象的重复性简单地类比和衡量社会历史现象的重复性；另一方面则是由于他们停留在社会历史现象的表层看问题，混淆了社会历史规律与社会历史现象之间的区别。

对于“客观性”一词，人们通常是在两种意义上来使用的。一是本体论意义上的客观性，主要指不依赖于主体、不依赖于人、不依赖于人类的一切存在物。二是认识论意义上的客观性，是指事物及其运动变化是外在于认识主体，不受认识主体因素的影响和制约，或者虽受主体因素的影响但这种影响是可以忽略不计的。我们通常理解的客观性主要是后一种意义上的客观性。千百年来，人们一直在致力于追求这种认识论意义上的客观性。显然，这种客观性把认识的主体性和历史性从客观性的内涵中排除出去，认为主体要客观地认识世界就得排除自己的“意见”，排除主体的作用。视客观性的认识为超历史、超主体的认识，并坚信，只有超乎历史的和主体的“局限”的认识方是客观的。这是人的一种习惯，也是一种信念。牛顿的经典力学加强了这一信念，并为之罩上了一层神圣的光环。如果按照客观性的这种理解，那么社会历史领域显然无规律可言。但事实上，在社会历史领域，社会运动虽然有人和人的主体因素参与其中，但其过程及其结果往往并不依人的主观意志为转移。从这个意义上讲，社会运动虽然受主体因素的影响和制约，但就其过程及其结果来看，这种影响和制约并没有否认社会规律的客观性质。比如说，物质资料的生产是人类生存和发展的最基本的前提。在这个过程中，生产关系一定要适合生产力状况是一条规律。但是，它体现的不是个人的活动的意愿和结果，而是整个人类生产活动的意愿和必然法则，违背了它就会受到惩罚。正如我们过去所做的那样，当生产力发展水平和状况还不足以要求生产关系变革时，我们凭着良好的愿望和目的去人为地拔高生产关系，搞“穷过渡”，刮“共产风”，其结果，不得不使跃进了的生产关系又重新退回来，建立起与生产力状况相适应的多层次的所有制形式。再比如玩游戏，做游戏首先必须有游戏规则，参加游戏的人必须服从这种规则，活动才能得以进行下去。在这一游戏活动过程中，每个人都是自觉的，但在游戏规则这一“规律”的支配下，自觉的人又受制于“不自觉”的规则，否则，游戏就无法进行下去。这些说明，在人类的活动中，规律或规则一旦形成，它就具有不依人的意志为转移的客观性。从这方面看，社会规律具有同自然界的规律相似的性质：当人们无力认识而受它摆布时，它就成为人的活动的异己力量。

社会历史领域中不仅存在着客观规律，而且人们依据对这种规律的认识可以对未来作出预测。以波普尔为代表的西方一些思想家力图通过否定社会规律的客观性来从根本上否定社会预测的可能性。波普尔认为，科学的预测必须依据规律才能作出。但社会历史不存在具有普遍性和重复性的规律，只有根据统计规律可能推测出趋势，而“规律和趋势是根本不同的两回事”①。因此，“由于纯粹的逻辑理由，我们不可能预测历史的未来进程”②。而在新康德主义者李凯尔特、施塔姆列尔等人的著作中，“趋势”的概念被描绘成完全不肯定的、模糊的、主要与偶然因素相联系的发展过程。

我们认为，波普尔等人否定社会预测的可能性是没有道理的。一方面，马克思创立的唯物史观使得科学预测在社会生活方面有了现实的可能。尽管世界上从不出现完全重复的事物，但就其本质而言，它们除了特殊性、个性之外，均存在着共性即规律性，都带有常驻性和永恒的一面。任何事物总是在其固有规律的作用下朝着未来有节律地发展。因此，只要掌握了事物的发展规律，我们就可以大致推断或预见它的未来。恩格斯指出：“历史事件似乎总的说来同样是由偶然性支配着的。但是，在表面上是偶然性在起作用的地方，这种偶然性始终是受内部的隐藏着的规律支配的，而问题只是在于发现这些规律。”③事实上，马克思主义作为一门科学的理论，本身就具有为人们提供科学预测指南的内在功能。任何科学的理论，从其本质而言，必定已经摆脱了直观，因而

①② [英]波普尔．历史决定论的贫困[M]．杜汝楫，邱仁宗，译．北京：华夏出版社，1987：91.

③ 马克思恩格斯选集：第4卷[M]．北京：人民出版社，1995：247.

对对象不可能只是现象的把握和静态的把握，相反，而是本质的、规律的把握，因之亦是动态的把握。一方面，理论对对象的这种规律的把握与动态的把握，在对象的现实中就已经向人们理论地展现了它的未来，这种展示就是理论的预见。当然，理论所以有这种规律的把握和动态的把握，能在对象的现实中向人们展示它的未来，这又基于对象本身是有规律的、动态的。以规律为纽带的一系列的因果链条构成了对象的运动、变化和发展。这样，对象本身在现实中就已经包含着未来。如果否认对象的这种规律性，否认理论之于对象的这种规律、动态的把握，也就否认了任何预测的可能。另一方面，现代科学技术的发展为这种可能性向现实性的转化提供了强有力的技术手段和规范方法上的保障。当代社会的发展趋势并不是朝着一个方向和某种固定模式演进的，而是有加速，有减速，也有逆转。这种复杂多变的情况，使现代人渴望加强科学预测和预见。诚然，对于社会生活现象的预测和预见在许多情况下带有质的性质，但依据对社会发展趋势的认识提出预测的准确性和明确性并不比任何其他科学预测更少。正因为这样，开展未来研究，已经成为当今世界的一股潮流。

长期以来，由于社会现象的复杂性、偶然性和不可重复性，无论是社会生活的各领域、各层面，还是就其社会总体而论，预测的形式主要采取的是定性的描述和分析，除了经济学等个别领域及个别问题之外，很难作精细的定量分析。与自然预测相比较，社会预测中最困难的是建立社会预测的模型问题。这是因为社会现象和事件牵涉到大量的因素，而这些因素相互之间的影响又错综复杂。即便在有数据的场合，由于数据的数量巨大，往往不可能对这些数据进行充分的处理，从中提取有用的信息。20世纪以来，计算机科学和计算机技术的发展，为人们从事定性基础上的复杂的定量预测提供了迅速、有效和可靠的技术工具和手段。而信息论、系统论和控制论等横断科学的出现，又为社会预测和决策的研究提供了一种新的基础与思考方法，给出了建立模型的思路、规范和程序，增强了社会预测研究的科学性、精确性和可重复性，为社会预测研究采用定量化、模型化和程序化的规范化方法提供了有效的手段。美国社会学家丹尼尔·贝尔认为，在定量方面的进展，是社会科学在1940年以后获得新的威望和影响，成为公众最注意和最寄予希望的科学的一个重要原因；而定量方面的这种进展，又是和社会科学研究引进尖端新技术，尤其是计算机技术紧密联系在一起的。社会科学正在成为像自然科学一样的“硬”科学。

## 二、马克思的社会规律观

长期以来，人们对社会现象是否有规律可循，一直存有疑问；与此相联系，人们对于社会研究能否冠以“科学”的名称也持有疑问。因此，对于社会规律这种提法本身自然也存在疑问。尽管如此，国内外许多研究社会问题的学者仍然孜孜不倦地探索着、追求着，试图弄清社会现象究竟有没有规律性，社会现象有什么规律性，并为此提出了各种理论、学说和观点。但总括起来，在马克思主义产生以前，这些思想家们主要是从科学的、生物的、精神的、理性的、人性的、政治的、法律的等方面去寻找社会发展的决定力量，也就是从精神因素、意志因素去寻找社会发展的最终动力，而很少从物质方面、经济方面去寻找社会发展的决定力量，因而在解释复杂的社会生活时往往显得捉襟见肘，自相矛盾。马克思则不同，他从“现实的人”的实践活动出发，通过深入分析主体和客体之间的辩证关系，揭示了隐藏在社会生活背后的内在必然联系，从而将社会发展规律的探讨置于科学的基础之上。

在马克思看来，人是社会发展的主体和创造者。但这并不意味着社会发展是由人的自由意志决定的，它只是表明社会领域由于人的主体因素的“介入”而使得社会规律的作用表现出与自然规律不同的特点。对此，恩格斯在谈到社会发展史有别于自然发展史时指出：“在自然界（如果我们把人对自然界的反作用撇开不谈）全是没有意识的、盲目的动力，这些动力彼此发生作用，而一般规律就表现在这些动力的相互作用中。在所发生的任何事情中，无论在外表上看得出的无数表面的偶然性中，或者在可以证实这些偶然性内部的规律性的最终结果中，都没有任何事情是作为预期的自觉的目的发生的。相反，在社会历史领域内进行活动的，是具有意识的、经过思考或凭激情行动的、追求某种目的的人；任何事情的发生都不是没有自觉的意图，没有预期的目的的。”①尽管如此，“它丝毫不能改变这样一个事实：历史进程是受内在的一般规律支配的”。② 这就是说，社会现象虽然较之自然现象有其自身的特点，但仍然有其规律可循。不过，马克思恩格斯强调，社会发展的规律并不是不言自明的，而是需要论证的。

首先，人的有意识的活动要受到客观条件的制约。马克思认为，人们是自己创造自己的历史，“但是他们并不是随心所欲地创造，并不是在他们自己选定的条件下创造，而是在直接碰到的、既定的、从过去承继下来的条件下创造”③。这说明，社会历史条件是进入人的活动领域的、不能任意选择的现实的存在。人在社会生活中从事着各种各样的活动，其中物质生产活动是最基本的活动，它是社会存在和发展的基础。物质生产活动的最初产生，是由于人的肉体生存需要，是由于纯粹的经济原因而出现的。而生产活动的进一步发展，

---

①② 马克思恩格斯选集：第 4 卷[M]. 北京：人民出版社，1995：247.

③ 马克思恩格斯选集：第 1 卷[M]. 北京：人民出版社，1995：585.

也不是随心所欲的，因为人们在历史的每一阶段都遇到一定的物质结果，都遇到前一代传给后一代的大量生产力、资金和环境。这些现有的物质基础和生产力状况预先规定了人们应当怎样表现自己的生活，亦即“他们是什么样的，这同他们的生产是一致的——既和他们生产什么一致，又和他们怎样生产一致。因而，个人是什么样的，这取决于他们进行生产的物质条件”[①]。总之，包括生产活动在内的人的一切活动，都要受到现有的生产力水平、生产关系的状况以及其他政治条件和精神条件等的制约。

其次，人的活动造成的结果不依人们的意志为转移。尽管人们进行的活动是有意识、有目的的，但是人们活动所造成的结果是不依人们的意志为转移的。我们注意到，人类历史虽然是人类自己创造的，但是人类在创造自己历史的过程中，往往把人类自身带进了一个矛盾和冲突的尴尬境地：一方面，历史是人的自觉选择活动所创造的，另一方面历史发展却是不以人的主观意志为转移的；一方面是人们抱着明确的目的、理想和意图在活动，另一方面作为人们共同活动结果的历史不一定按照这些目标、理想而前进。这样一来，在社会历史领域里就造成了一种同无意识的自然界中占统治地位的状况非常相似的情形。行动的目的是预期的，但是行动实际上产生的结果是非预期的。这就是说，历史作为人类活动的共同结果，并不是个体或某个群体意志的直接物化和实现，而是各不相同的主体价值选择在冲突之后所形成的“平均值”。对此，恩格斯的分析非常精辟。恩格斯说：“历史是这样创造的：最终的结果总是从许多单个的意志的相互冲突中产生出来的，而其中每一个意志，又是由于许多特殊的生活条件，才成为它所成为的那样。这样就有无数互相交错的力量，有无数个力的平行四边形，由此就产生出一个合力，即历史结果，而这个结果又可以看作一个作为整体的、不自觉地和不自主地起着作用的力量的产物。因为任何一个人的愿望都会受到任何另一个人的妨碍，而最后出现的结果就是谁都没有希望过的事物。所以到目前为止的历史总是像一种自然过程一样地进行……但是，各个人的意志……虽然都达不到自己的愿望，而是融合为一个总的平均数，一个总的合力，然而从这一事实中决不应作出结论说，这些意志等于零。相反地，每个意志都对合力有所贡献，因而是包括在这个合力里面的。”[②]概述恩格斯的这段话，是说历史的最终结果是由各个力相互作用所产生的“合力”造成的，每一个力在形成这种“合力”时都起了作用，但历史发展又不以任何单个的力为转移。每个力都具有偶然性，但这些单个的力相互作用所产生的“合力”，即社会结果，体现了历史必然性，或者说这种“合力”本身就是

---

① 马克思恩格斯选集：第 1 卷[M]. 北京：人民出版社，1995：68.

② 马克思恩格斯选集：第 4 卷[M]. 北京：人民出版社，1995：697.

历史发展的客观必然性。社会规律正是在各个体活动和力量的交互作用所形成的合力中得到实现和表现的。恩格斯的“合力论”思想,最清楚、最令人信服地说明了为什么人的活动是有意识、有目的的,而这种有意识、有目的的活动所形成的社会历史及其规律却是客观的、不以人的意志为转移的。

再次,社会发展规律是各种社会因素交互作用的产物。针对当时的一些人用形而上学的眼光看待马克思唯物史观揭示的人类社会发展的“经济必然性”,恩格斯郑重指出:“根据唯物史观,历史过程中的决定性因素归根到底是现实生活的生产和再生产。无论马克思或我都从来没有肯定过比这更多的东西。如果有人在这里加以歪曲,说经济因素是唯一决定因素,那么他就是把这个命题变成毫无内容的、抽象的、荒诞无稽的空话。经济状况是基础,但是对历史斗争的进程发生影响并且在许多情况下主要是决定着这一斗争的形式的,还有上层建筑的各种因素……这里表现出这一切因素间的相互作用,而这种相互作用中归根到底是经济运动作为必然性的东西通过无穷无尽的偶然事件……向前发展。否则把理论应用于任何历史时期,就会比解一个最简单的一次方程式更容易了。”[①]从恩格斯这段话里不难看出,唯物史观对于社会发展规律及其作用的理解,既是唯物的又是辩证的,是因果决定论与相互作用论的辩证统一。这就是说,历史唯物主义在唯物主义因果决定论的基础上,建立起各种社会因素交互作用推动社会发展的原理,亦即把系统思想运用于研究人类社会,把人类社会当做一个有机整体来考察,从组成人类社会的一切因素的相互依赖、相互结合、相互渗透、相互制约中揭示出人类社会这个复杂系统的整体功能和发展规律。没有因果决定论,就没有历史观上的唯物主义,人类社会的历史发展就具有非常神秘的性质;没有交互作用的原理,因果决定论就变成了“毫无内容的、抽象的、荒诞无稽的空话”,历史唯物主义也就变成了机械决定论和宿命论。

应该说,在马克思的社会发展规律论之前,历史上有不少思想家也承认社会发展有其内在规律,归纳起来大致有三种表现形态。一是神意规律论,即把社会发展规律看成神意的体现,这种观点主要存在于近代以前的一些历史学家和哲学家的思想之中。二是理性规律论,其中又可分为主观理性规律论和客观理性规律论,前者把人的本性、尤其人的主观精神看成社会发展的决定因素。例如18世纪法国学者孟德斯鸠认为,所谓“自然法,是因为它们简单渊源于我们生命的本质,自然法就是人类在这样一种状态之下所接受的规律”[②]。后者则把人的精神因素夸大为客观独立自存的东西,并把它视为社会发展的

---

① 马克思恩格斯选集:第4卷[M]. 北京:人民出版社,1995:695-696.

② [法]孟德斯鸠. 论法的精神:上册[M]. 张雁深,译. 北京:商务印书馆,1961:4.

根本动力。黑格尔认为："'理性'是世界的主宰，世界历史因此是一种合理的过程。"[①]社会历史就是理性不断体现自己意志的历史。三是进化决定论或有机决定论，这是依据生物进化的观点来解释社会历史的规律观。著名的生物学家达尔文、实证主义者孔德是其主要代表。他们认为，人类是生活在自然之中的万千生物的一个子集，人类社会是生物进化的顶点，是比一般生物更为复杂的有机体，没有任何理由认为它们可以摆脱或逃离宇宙的自然法则。

比较而言，上述各种形态的规律观与马克思的规律观的区别主要有以下几点。

其一，这些规律观往往以头脑中主观臆造的或神学的观念来代替社会历史规律，因而它们往往走向两个极端：要么片面强调超人力量在社会规律产生中的作用，忽视乃至否认人在规律产生中的作用；要么片面强调人在社会规律产生中的作用，忽视乃至否认客观因素在规律产生中的作用。神意规律论和客观理性规律论就十分强调超人力量的作用，主观理性规律论和进化决定论则偏重于强调人的主观意志的作用，它们都具有明显的唯心主义倾向。马克思则认为，社会规律是人的活动的规律，它内在于人的历史展开的实践活动之中。马克思正是通过对人的活生生的人类生活的历史，才发现了生产力和生产关系、经济基础和上层建筑之间的既对立又统一的辩证关系，从而揭示了人类社会从低级到高级不断演进的客观趋势。同时，马克思还强调，社会规律的形成和发挥作用又离不开人和人的自觉活动，也就是说，没有人和人的自觉能动性的参与其中，社会规律既不能产生又不能发挥其作用。这就辩证地解决了主观因素与客观因素在规律产生中的作用问题，从而克服了上述规律观的各自片面性。

其二，这些规律观往往以承认社会发展的决定性，否认社会发展的选择性（非决定论），或者相反，只承认社会发展的选择性，而否认社会发展的决定论，具有浓厚的机械论倾向。马克思既承认社会发展的决定论，又承认社会发展的选择论，从而把二者辩证地统一起来。在他看来，社会发展的规律性、决定性并不排斥主体作用的能动性、选择性，社会历史规律本身是不可抗拒的，但作为它的具体表现的多种可能趋势是可供选择和可以改变的。任何规律都不是对事物关系的单向规定，而是对事物关系展开幅度的一种规定。受某种规律约束的事物关系可以在规律所允许的幅度内随机展开，一旦达到这个幅度的极限（临界点），规律的限制作用便会显示出来。因此，规律的全部约束力就集中在这一极限上。我们可以把规律的这种幅度称为"规律阈"，把它的极限

---

① ［德］黑格尔．历史哲学［M］．王造时，译．上海：上海书店出版社，1999：9．

称为“阈值”。如生产力的状况决定生产关系的形式这一规律，不是说某一状况的生产力只有一种形式的生产关系与之相适应，实际上某种状况的生产力所决定的生产关系的具体形式可以多样化，它所制约的仅是生产关系的性质，但属于这种性质的生产关系的形式是一个“区间”。这种“区间”就是一种“规律阈”，处于两种性质（如公有制与私有制）极限的生产关系的形式，就是这个规律的阈值。规律的这一辩证性不仅体现在规律内容自身展开的过程中，而且体现在规律的实现形式上。规律的实现形式也不是唯一的，而是具有多种可能性的一个“区间”。例如，同是资产阶级革命，英、法、德三国的形式就大不相同；同是社会主义革命，中国与俄国就各具特点，等等。这说明社会规律是客观存在的，是不以人的意志为转移的：“一个社会即使探索到了本身运动的自然规律……它还是既不能跳过也不能用法令取消自然的发展阶段。但是它能缩短和减轻分娩的痛苦。”[①]但是，在认识和把握了社会发展的客观规律之后，人们就能够取得行动的主动权，在历史规律提供的可能性空间中能动地进行选择，从而少走弯路、少犯错误，推动社会尽快地甚至跨越式地发展和进步。马克思晚年提出的俄国跨越资本主义“卡夫丁峡谷”的审慎设想就明显体现了他对主体选择作用的承认和重视。

其三，以往的规律观，往往不是把历史发展看做是沿着直线前进的就是看做是无限循环的。马克思则认为，人类社会的发展是一个以生产力和生产关系、经济基础和上层建筑之间的基本矛盾为中轴而不断展开的历史过程。在这一过程中，生产力—生产关系—上层建筑之间的矛盾运动及其体现出来的本质的必然的联系就是社会发展的基本规律。由社会发展规律所决定的历史发展的总趋势是前进的、上升的，即由简单到复杂、由低级到高级的矛盾运动。但历史发展的道路是复杂多变、迂回曲折的。社会现象十分复杂，存在着影响社会发展的各种各样的因素和矛盾。这其中既有经济因素和政治因素，也有文化因素；既有内部因素，也有外部因素；既有国内因素，也有国际因素。此外，这其中也存在着各种错综复杂的矛盾，有人与自然的矛盾，人与社会的矛盾，也有人与人的矛盾；有国内矛盾，也有国际矛盾；有生产力发展与人的发展不平衡的矛盾，也有经济、政治、文化彼此发展不平衡的矛盾，等等。因此，马克思认为，社会发展是前进性和曲折性的统一。

综观马克思以前的规律观，往往具有两大缺陷：一是唯心主义，二是形而上学。因此，尽管他们对社会规律的探讨都有这样或那样的合理性，但都未能达到科学的地步，因而在说明和解释社会发展时多有矛盾和漏洞之处，甚至难

① 马克思恩格斯选集：第 2 卷[M]. 北京：人民出版社，1995：101.

以自圆其说，更无法科学地解释社会发展的内在必然性和发展趋势。马克思从社会基本矛盾出发对社会发展规律的科学揭示，既坚持了社会发展的唯物主义决定论的原则，也坚持了社会发展的辩证决定论的立场；既坚持了社会发展的客观性原则，也强调了社会发展的主体性的立场；既克服了唯心主义的错误倾向，也避免了形而上学的错误倾向，因而超出了此前的一切形形色色的社会发展规律论的派别，为科学唯物史观的最终确立和科学的社会发展理论的创立奠定了坚实的基础。

## 三、社会规律把握的多维视角

尽管马克思创立了科学的社会发展规律观，揭示了人类社会发展的一般规律，但是长期以来，当人们以马克思的社会规律观作为最基本的理论原则和探索方法来研究其他各种问题的时候，却不能不看到，对社会规律本身缺乏比较一致或公认的认识，甚至存在着相去甚远的理解。从传统社会规律观的形成来看，主要由于唯心主义和形而上学思维方式的局限性，无视社会历史领域的特殊性，用自然科学的规律观来裁剪社会历史，其结果完全否认了社会历史本身固有的规律。另一方面，从现实情况来看，近年来，学术界围绕着社会规律认识科学化这一主题已在许多方面取得了可喜的成果。但从总体上看，这种研究尚欠持久和深入，有些问题诸如社会规律的存在方式、实现方式，社会规律与人的活动的关系，社会规律的逻辑态与现实态及其相互关系，等等，均随着社会认识论的研究朝着人文社会科学哲学领域的拓展而有待于进一步深化。这种深化的可能性如何，在笔者看来，关键在于根据社会规律区别于自然规律的性质和特点，并在与自然规律的相互比较和对照中确立起自己合理的研究视角或思路。

所谓研究视角，从方法上来说，无非是研究者针对问题、对象的性质、特点等而选择和采取的特殊路径、运作思路或逻辑出发点。众所周知，对同一对象，不同的研究者选择的研究视角不同，往往会得出不同甚至截然相反的结论。不仅如此，对同一问题把握的深浅程度如何、科学合理与否，又往往与研究者选择的研究视角的优劣紧密相连。

如此说来，要达到对社会规律的科学认识和把握，确立合理的研究视角至关重要。从历史的经验和现实的发展来看，完全采用传统的、自然科学意义上的方式方法来审视和说明社会规律显然是得不到大多数人的认同的；单纯从人文社会科学方法论的角度来认知和理解社会规律明显与当代“大科学”的发展趋向相悖。唯一可行的路径是，只有将二者结合起来，从自然规律与社会规律之间的共通性和差异性的辩证联系中来把握社会规律才是可能的、合理的。

1. 实践活动论视角

从总体上看,无论是自然界的发展还是人类社会的发展,都遵循着自身固有的规律。但是,社会发展毕竟不同于自然,它并不是一个纯粹自发的、无须人参与的、由盲目力量起作用的发展过程。这就是说,无论从存在方式还是从实现方式上讲,社会规律都表现出与自然界规律不同的特点。从社会认识论的角度来看,这种不同主要源于各自的认识对象中所蕴涵的主客体关系的特殊性。自然认识对象是自然的存在,客体中一般不包含主体(人)及其活动;社会认识对象却是由人构成的社会存在,社会认识实质上是人的自我认识,因此客体中必然包含着主体及其活动。正因为如此,自然规律可以作为社会认识的对象性客体而外在于和独立于"自在",自然界的规律性是通过各种盲目的、不自觉的物质力量的相互作用表现出来的,如冬去春来、昼夜交替、花开花落,等等,都没有自觉地预期要达到的目的,只表现为一个有规律的客观过程。尽管人类社会出现以后,人的活动对自然界的发展变化产生着巨大的影响,但这并不意味着自然界的发展及其规律性要依靠人和人的活动才能发生和实现,后者不是前者的必要条件。社会规律的存在及其表现则与之有很大的不同。人类社会的历史是由人类有意识、有目的的实践活动的总和构成的。马克思指出:"整个所谓世界历史不过是人通过人的劳动而诞生的过程,是自然界对人说来的生成过程。"[①]"社会——不管其形式如何——是什么呢?是人们交互活动的产物。"[②]除了原始的自然界之外,现实世界的一切存在形式,都是人的实践活动创造的。"创造这一切、拥有这一切并为这一切而斗争的,不是'历史',而正是人,现实的、活生生的人。'历史'并不是把人当作自己目的的工具来利用的某种特殊的人格。历史不过是追求自己目的的人的活动而已。"[③]人类创造了自己的历史,从而也就形成了社会历史的发展规律。在这一意义上,社会规律在相当大的程度上可以看成是人们的社会活动的规律,用恩格斯的话来说,就是:"人们自己的社会行动的规律。"[④]这意味着社会规律的存在及其作用离不开人和人的活动,离开了人和人的活动,就无社会规律可言。社会规律是历史主体的实践活动的产物。在作为历史主体的人的实践之前或实践活动之外,没有社会历史的创造主,也没有社会规律的创造主。另一方面,人的

---

① 马克思恩格斯全集:第 42 卷[M]. 北京:人民出版社,1979:131.

② 马克思恩格斯选集:第 4 卷[M]. 北京:人民出版社,1995:532.

③ 马克思恩格斯全集:第 2 卷[M]. 北京:人民出版社,1995:118-119.

④ 马克思恩格斯选集:第 3 卷[M]. 北京:人民出版社,1995:634.

活动又都是有意识、有目的的。可以说,"在社会历史领域内进行活动的,是具有意识的、经过思虑或凭激情行动的、追求某种目的的人;任何事件的发生都不是没有自觉的意图,没有预期的目的的。"[①]认识社会规律的这种特性是非常重要的,它启示我们,对于社会规律的理解和把握不能脱离人和人的自觉活动。自然存在可以脱离人的意识、意志而表现为事物现象的客观实在,而社会存在恰恰由于人的目的性、意识性而显示出与自然不同的样态、特点及其规律性。离开人和人的有意识、有目的的活动,既不能说明社会存在与自然存在的区别,也不能说明社会存在的"规律"是如何"在"起来的,所谓"在"也就失去了根基。

这里,就存在着两个人们不得不进一步思考和澄明的问题。

一是关于社会规律是否是人"创造"的问题。按照传统理解,作为规律,不论是自然规律还是社会规律,是既不能创造也不能消灭的。这对自然规律来说无疑是正确的,但对社会规律而言,其正确性就值得怀疑。因为社会生活在本质上是实践的,社会生活的一切都是在人的实践的基础上构筑起来的。人是通过实践活动创造了自己的历史,也就同时创造了人在其历史活动所必须遵从的客观规律。试问,如果社会规律不是人的实践活动创造的,那么它是从哪里来的呢?是在人类社会历史产生以前就业已存在,还是人类之外某种超人或神秘力量的体现或创造?实际上,社会规律并不是预成的、先定的,而是孕育于、产生于、存在于、实现于人的实践活动过程之中的。正是人类从事的物质生产活动创造了生产关系必须适合生产力状况的规律;正是人类从事的经济活动和政治思想活动以及这两种活动的相互作用,创造了上层建筑必须适合经济基础发展要求的规律 。有人认为,主张社会规律既能创造、又能消灭,会不会陷入唯心论,即把社会规律看做是人的主观意志的产物?回答应当是否定的。我们说,社会规律的创造或消灭是在就其"形成"的意义上来说的。自然规律在人类社会产生以前就已存在,而社会规律则是伴随着人和人类社会的诞生而孕育,形成于人类的实践活动进程之中,这种形成虽然有人的目的、意志参与其中,但绝不是人的意识、目的的自由创造物,亦即不是人们随心所欲的创造物。也就是说,这种创造既要考虑到人的主体因素如目的、需要、能力、意愿等,又要考虑一定历史条件下人们所遇到的既定的、客观的物质生活条件,是人的因素和物的因素在相互作用的"耦合"中形成的一种本质的、必然的联系,是人类实践活动的内在逻辑。这种必然联系或内在逻辑一旦形成,又反过来规定和制约着人的活动及其过程本身。在这一意义上,它与自然界

① 马克思恩格斯选集:第4卷[M].北京:人民出版社,1995:247.

的规律具有相似的性质；当人们无力认识而受它摆布时，它就成为人的活动的异己力量。人们只有正确地认识并利用它，才能使实践活动获得成功，反之就会遭到惩罚。正如恩格斯所说，人的“自由不在于幻想中摆脱自然规律而独立，而在于认识这些规律，从而能够有计划地使自然规律为一定的目的服务。这无论对外部自然的规律，或对支配人本身的肉体存在和精神存在的规律来说，都是一样的。”[①]概言之，人在实践活动中“创造”出来的规律，不是人的自由意志的主观创造物，在其作用方式上又是不以人的意志为转移的。

二是人的活动与社会规律的关系问题。20世纪80年代以来，我国学术界围绕社会规律与人的活动的关系问题展开了热烈的探讨和争鸣。但仍有一些问题有待进一步深入探究。在社会规律和人的活动的关系上，不少学者注意到了把社会认识等同于自然认识，把社会规律比附于自然规律的缺陷而主张社会历史发展是客观规律与人的活动的统一，但对“统一”的理解从根本上说仍未跳出社会规律外在于人及其活动的窠臼。在他们看来，历史发展是规律与人的活动的统一，并非指人的活动本身有其规律可循，而是指人的活动必须、甚至不得不遵循某种在人的活动之外存在着的、确定不移的趋向或者某种固定的模式或法则，或者更明确地说，规律在人的活动之前就已存在，是离开人的实践活动过程先定的或预成的。这种理解实际上只达到了客观规律与人活动的外在统一，而没有达到它们的内在统一。因为，一方面在人的活动之前就已预先存在且被理解为具有绝对合理性的规律只能从某种普遍、绝对理性或神秘的力量中得到解释，而不可能源于人的多样化的、不断发展和超越的选择与创造活动，从而陷入历史宿命论和历史神秘主义。另一方面，这样先在的规律本质上是排除主体价值与实践的。在这种解释中，人的活动实质上只是适合规律，顺应规律。比如，人们常说“要尊重客观规律”“符合客观规律”“按客观规律办事”，这些无疑是正确的。但长期以来，有些人对此作了错误的理解，即把社会规律理解为在人的实践活动之前或之外预先存在着的东西，等着人去尊重它、符合它，去按它办事。这就把人的实践活动和社会规律完全割裂开来了。笔者认为，在存在论的意义上，如上所述，与自然规律的存在不同，社会规律既不可能在人的实践活动之前存在，也不可能在人的实践活动之外存在，它只能源于人的实践活动，存在于人的实践活动之中。人的实践活动是形成社会规律的前提和基础。离开了人的实践活动就无社会规律可言。既然社会规律是在人的活动中形成的，那么人的活动有哪些构成要素，这些构成要素是如何关联起来并形成一定的关系或联系，这些关系或联系又是如何表现为

---

① 马克思恩格斯选集：第3卷[M].北京：人民出版社，1995：455.

一定的规律性的，等等，就成为不以人的意志为转移的客观存在，进而成为人们不得不面对和力图把握的对象。从这一意义上，人的活动必须在双重意义上来加以理解和阐释：一是本体论意义上的，即构成社会规律不可或缺的组成部分或内在要素的“人的活动”；二是认识论意义上的，即以人的活动形成的规律为认知对象的“人的活动”。显然这种活动主要指人的精神、意识活动，它力求超脱或抽身于由人的活动形成的社会规律之外，反观或反思由人的活动构成的社会规律本身。这是人作为有意识类存在物所特有的功能。这种活动之所以可能，正如马克思所说：“动物和自己的生命活动是直接同一的。动物不把自己同自己的生命活动区别开来。它就是自己的生命活动。人则使自己的生命活动本身变成自己意志的和自己意识的对象。……正是由于这一点，人才是类存在物。”[①]应该说，这后一种意义上的“人的活动”才是我们探讨人的活动与社会规律关系的主要视点和着眼点。通过这种活动，其目的在于把握在人的活动中生成和表现出来的，人的活动的目的、手段和结果之间的、本质的必然的联系，并以此指导人们去有效地改造世界。

2. 事后认识论视角

与上述问题相关联，既然我们认定社会规律存在于人的有目的、有意识的活动之中，是人们实践活动或社会行动的规律，那么很显然，社会实践是社会规律赖以产生和存在的基础。从其内涵而言，社会规律无非就是人们自己活动目的、手段和结果之间的本质的必然的联系，它体现的是人类实践活动的内在逻辑，是通过人的实践而生成和表现出来的，并在实践中逐渐被人们所认识和利用。也就是说，社会规律并不是在实践活动未展开之前就存在了，而是在实践运行到一定程度时才会形成；同时，在实践中形成的规律与人们对它的认识和发现，在时间上并不具有同步性和一致性。历史地看，在社会历史运动过程中，很多规律早已存在，但很晚才被揭示出来。这一特点决定了对社会规律的把握是一种“事后认识”。这种事后认识带有“反思”的性质，或者说，社会规律是实践运行到一定程度时，通过人们的自觉反思才获得的。马克思说，关于人类生活形态的深思，以及对它的科学分析，遵循着一条同实际运动完全相反的道路。这种思索“一般说来，总是按照与现实发展相反的道路进行。那总是从后面，从发展过程的完成结果开始”。[②] 所以，从时间上来说，对社会规律的认识是从现今向以前的一种追溯性认识。这种认识之所以带有“反思”性，是因为相对社会规律而言，自然规律是外在于人的，人们可以按照“主客二分”的

① 马克思恩格斯选集：第 1 卷[M]. 北京：人民出版社，1995：46.

② 马克思. 资本论：第 1 卷[M]. 北京：人民出版社，1953：51.

模式，借助对象性思维方式，把自然规律当做“外在对象”来加以认知和把握。对社会规律的认识和把握就有所不同。在社会历史领域，社会规律的存在和运行并不是外在于人，而是内在于人的活动之中的。人既是历史活动的主体，又是历史活动的客体；既是历史活动的“剧中人”，又是历史活动的“剧作者”。当人置身于自己“导演”的历史之中还不能达到“自觉”时，人们是很难意识到规律的存在及其作用的。只有当活动的过程及其结果以一种影响和效应，尤其是消极影响和负面效应作用于人时，人们才会回过头来自觉地反省自己的思维方式和活动方式，积极思索和探寻发生在人的活动中的各种要素之间的本质联系和稳定关系。对此，当代西方哲学的两大思潮（科学主义和人本主义）从对立、冲突走向相互靠拢、吸收乃至谋求理性重建的新动向，中国共产党人几经风雨和磨难，找到一条建设有中国特色社会主义的新道路，无疑可以说是对上述论点在理论和实践上的有力印证。

3．价值认识论视角

按照传统观点，承认规律的价值中立性是无须争议的，其实不然。细究起来，不同领域的规律或同一领域的规律在不同的环境和条件下，其作用的性质、方式、效果等往往不尽相同。就自然规律与社会规律的比较而言，由于自然规律表现出外在于人和独立自在的性质和特点，因而，自然规律的形成及其作用，相对人来说具有一视同仁的价值中立性，这是显而易见的。相比之下，社会规律是在人的实践活动中形成的，而人的活动又都是有目的、有一定价值和意义追求的。因此，社会规律的作用表现，往往要受到人的自觉活动特别是人的活动中的价值和意义因素的“中介”作用而显现出一定的“价值非中立性”。对于这一点，长期以来并没有引起人们的足够重视，甚至有的学者对此持怀疑或反对意见，认为承认规律的价值非中立性必然与其客观性相矛盾、相违背。事实上，关于社会规律的客观性应如何理解至今尚无统一的意见，即便有，其客观性与价值非中立性之间的关系亦比较复杂，不能一概而论，它们之间可以相互对立，也可以一致或部分吻合。社会规律之所以有别于自然规律而表现出一定的价值非中立性，这是由于社会规律的必然性绝不是表现为某种脱离人的自觉能动过程、自我认识过程的价值中立的线性模式，而是通过社会各种因素的相互作用和相互制约，即既有人的自觉能动活动作为内源机制，又有人的自我意识作为内控机制于其中而表现出来的线性和非线性相统一的“历史合力”。也就是说，人们在实际展开自己的活动时面临的“别无选择”的界限、前提、条件，只是使历史和社会生成具有“必然性”，而不是使特定的社会生活现象、事件、结构、形态在未来出现“不可避免”。换言之，这些先在的“别无选择”的界限、前提、条件仅仅构成和规定着人们历史活动可能展开的扇面、幅度以及深度，并使社会生活现象的演变在某些性质方面有迹可循，而并不预先规定人们的活动及其结果自始至终必然“如此这般”。在其所决定的基本限度内，人们有着广阔的发挥自觉能动性的空间。在这个幅度内，基于人们满足需要的意向及水平可调或可择：“共同活动方式”可选；现有的生产力、生产关系、经济基础和上层建筑可改变，社会生活现象、事件、社会结构究竟以什么样的具体形式在未来出现，这在很大程度上取决于人们对其活动的内在逻辑，即规律的认识、利用和调控。沿着上述思路，同是社会规律，并非在任何时代、任何条件下对任何阶级、任何人都一视同仁。譬如，生产关系一定要适合生产力的状况，这是一条规律。这一规律虽然是人的活动“造就”的，并在任何社会形态中都是起作用的，但在不同的社会形态、制度和条件下，它们的作用、性质及其大小会不同。这即是说，生产力和生产关系之间的矛盾性在不同社会形态中往往因其诸多因素(尤其是制度、体制等)的“介入”而呈现出“对抗”和“非对抗”的性质。也正是基于此，马克思才科学地预言，“资本主义必然为社会主义所代替”的历史必然性，社会主义可以在“制度的范围内”通过改革和完善体制等手段而使其矛盾方面不断地得到合理的解决。

4. 社会-自然关联论视角

在现代社会发展观的视野里，人—自然—社会已经形成了相互关联的有机系统。相应的，从自然与社会相关联的视角去考察社会规律就成为不可忽视的一个方面。对这一问题可以从两个方面来理解。从积极的方面看，随着人类实践活动不断地发展，人类所面临的对象世界，正如马克思所说，绝不是某种开天辟地以来就已存在的、始终如一的东西，而是工业和社会状况的产物，是历史的产物，是世世代代人类活动的结果。从这个意义上，这个对象世界与其说是外在于人的“天然自然”或“自在自然”，不如说是与人相互生成着的历史性存在的“人化自然”或“社会自然”；而且，人类实践活动愈深入，这种“人化”或“社会化”就愈明显和突出，自然也就愈来愈融合到社会中来，成为社会机体不可分割的组成部分。从消极方面看，人的实践力量同被作用的自然客体的力量，在性质上是不同的，但在程度上成正比、等值地发展。人的实践力量越小，自然的抗拒力和效应报复也就越有限；人越是强有力地改造和控制自然，自然也就越是强有力地抗拒人的改造和控制；人的实践活动规模越大，造成自然系统内部关系的失衡与破缺的可能性、严重性也就越深刻、越广泛，由此带来的负面效应、异化现象也就越剧烈、越普遍。由此可见，无论从积极方面还是从消极方面来说，都意味着，随着人类实践的深入和自然向社会的生成，对社会规律的理解必须突破传统的狭隘视野，着眼于比社会历史系统更高的、系统的角度全面考量，从自然与社会的统一中加以把握。在社会历史系统中，既有自然规律在某些领域或方面起作用，又有社会历史本身的必然规律起作用，还有支配社会历史与自然交互作用的巨系统的规律在起作用。揭示社会历史过程中的规律，不能不着眼于自然规律与社会规律的交互作用，也不能不着眼于自然与社会交互作用的巨系统。不仅自然规律与社会规律在社会历史运动中相互交织在一起发生作用，而且从现代系统论来看，社会历史系统在某种意义上也是作为一种自然系统服从某些自然规律的。因此，有论者提出社会规律有狭义与广义之分，广义的社会规律具有主客体共生性、整体的综合效应性、作用结果的时差性、协调的具体历史性等基本特性，这是颇有道理的。

笔者提出的上述几种方法论研究思路旨在说明，一方面，对于社会规律的研究比其他领域的规律的研究要复杂得多、困难得多；另一方面，对于社会规律的研究必须从多种视角、多重维度去加以审视和把握。只有这样，我们才能够比较深刻地理解社会历史运动的特征，更好地把握社会规律的独特性质、作用和特点。

# 第五章 发展代价

当发展成为时代的主题时，发展的代价问题也就随之显露出来：发展是否必然要付出一定的代价，代价是如何形成或产生的，哪些代价是社会发展中必然要付出的，哪些代价是不必要付出或是可以避免的，我国社会的发展是否需要付出西方发达国家已经付出或正在付出的同样的代价，等等，这些是本章所要讨论的问题。

## 一、社会发展代价的内涵及其实质

一般来说，人们往往赋予发展以进步的意义，把发展同社会的进步、经济的繁荣、文明程度的提高以及人们生活的改善等相关联。然而历史实践表明，人类社会的发展是要付出一定代价的，代价是社会发展中不可避免的环节。

研究社会发展的代价，首先必须了解代价的含义及其相近概念的联系与区别。

与汉语中的"代价"对应的英语词汇是"cost"。《韦伯斯特大辞典》中对"cost"的解释之一是"丢失、丧失或灾害，它们或是作为获得某种东西的必要费用，或是作为一种行为的不可避免的结果或惩罚。""代价"作为一个科学概念最早出现于经济学中，尔后逐渐从经济学渗透到社会科学的其他学科之中。正因为如此，人们对于什么是代价，理解不一。有的学者认为，代价就是事物在产生和发展过程中所消耗了的、对象化了的、补偿了的人力、物力、精力等既有事物和条件。显然，这一定义已大大超出了"代价"一词日常通用含义所包含的内容。有的学者把代价看做是生产成本、机会成本、各种损耗和日常消费。这种定义对成本与代价不做任何区分，直接作为同义语来使用，混淆了二者的界限。有的学者认为，代价指的就是实践活动的否定性方面，是指实践活动中主体对自身能力及其成果的否定。这种定义又把代价与否定等同起来，使代价的含义简单化。上述定义从不同角度、不同侧面界定了代价的概念，各有其合理性，但明显地带有一定的片面性。从严格的理论意义上来说，代价并不属于一般的社会学、经济学范畴，它是与社会发展直接相关的概念，因此，我们必须从哲学的高度来把握代价的内涵和深蕴。为了认清发展中代价的本质，首先有必要澄清代价与成本、否定、失误、风险等一系列相关概念的区别。

(1) 代价与成本。常常有人把成本与代价混为一谈。成本属于经济学范畴，无论是经济发展还是社会发展，都要付出一定的成本，如资金、资源、劳动力等。但是，第一，成本并不是负面效应，不具有反目的性；第二，成本只反映生产率的高低、效益的好坏，并不与发展结果的进步与否相联系，也不与人的需要相联系，而只是一个客观存在，只有进入价值判断，才会转化为代价问题；第三，成本的付出发生在发展过程中，而代价的付出往往表现在发展的结果中；第四，成本的付出是人们意料之中的，而代价的付出往往在人们的意料之外。所以，不能把经济学中的成本概念引入代价问题。

(2) 代价与否定。相对于发展来说，代价无疑是一种否定因素，但这种否定并不等同于哲学上通常所讲的否定，即否定之否定规律中的否定。这两种否定的区别主要在于：其一，否定之否定规律中的否定对于原有的肯定来说，是一种新战胜旧的关系，而代价则很难说是一种发展中的新因素，代表着发展的方向，恰恰相反，它往往是同历史进步的价值取向直接相违背的付出与牺牲；其二，代价不像辩证的否定那样，是由事物肯定因素中发展出来的否定因素，是一种自我否定，而是事物各种因素综合作用的产物，是事物整体在发展中所产生的负面效应，是价值目标的偏离。在否定之否定过程中，否定的结果是新的肯定，而代价的结果可能是新的丧失。

(3) 代价与失误。把失误看做是代价的一种，近几年在理论界可以说颇有市场。在一些人那里，所有发展中出现的失误都可以因为抹上了一层“代价”的色彩而淡化，甚至合理化。其实，尽管失误和代价都在主体活动的结果中呈现出非目的性的负面效应，但必然性代价是由事物发展的客观规律所决定的，因而是不可避免的；而失误并非由事物发展的客观规律所决定，它是由于人的主观判断和决策的错误造成的，因而是可以避免的。把失误理解为“付代价”“交学费”，不仅在理论上说不通，而且在实践上往往会起到为不负责的官僚主义开脱的消极作用。

(4) 代价与风险。风险的内容非常宽泛，并非任何风险都属代价范围。风险一般分为两大类：一是自然风险，二是社会风险。自然风险是由自然原因引起的，如地震、风灾、洪灾、雹灾、雪灾等自然灾害。这些自然风险无论给人类带来多大的伤害和灾难，但纯粹是由不可抗拒的自然力所致，与人力无关，因而不属于社会发展中的代价。只有那些与社会发展有关的“自然灾害”，如土地沙化、酸雨侵蚀、地面沉降、森林大火等才算得上代价。因为从严格的意义上说，这已经不是纯粹的自然灾害，而是与人的活动有关的负面影响，是人类过度干涉自然而引起的大自然的报复。与纯粹的自然风险相反，社会风险无可置疑地属于代价范畴，因为它是“人为”的结果，与社会发展有关。尤其在社会转型和社会急剧变革时期，由社会风险（如某种社会改革方案的出台、某种新的发展目标的确立、某种新的体制的建立等）所引起的代价问题更为突出。此外，风险具有不确定性。风险只是导致代价付出的可能，但不是现实的代价。风险有向代价转化的可能，也有向有益于人类的价值目标转化的可能。

通过对以上相关概念的辨析，我们可以把代价的含义理解为：在发展实践中由于社会发展自身所包含的客观矛盾性而导致的付出和牺牲，或由于客观与主观的原因而发生的与一定的发展目标相悖的种种后果。具体来说，即是人类基于历史发展的内在必然性，社会实践主体为换取主导性发展目标的实现和整个社会的进一步合理发展，而不得不对其他次要的发展目标所做出的某种必要的抑制、舍弃和牺牲，并由此承受的消极后果。它和发展具有互为补偿的性质和作用。

关于代价的范畴如何定位的问题，学术界主要存在两种观点：一种认为，代价应属于价值哲学范畴；另一种认为，代价应属于历史哲学范畴。在笔者看来，这两种观点都存在着一定的片面性，应该把代价的概念置于历史理性和价值理性相一致的哲学基础上来加以审视，即代价表现为同时隶属哲学历史观和价值观的发展范畴——社会发展代价。

就哲学历史观的意义而言，代价是贯穿社会发展始终的哲学范畴。恩格斯指出，数千年的文明制度的建立，是以原始平等的丧失和纯朴道德的失落为代价的。“文明每前进一步，不平等也同时前进一步。”[①]马克思也指出，在资产阶级时代，“技术的胜利，似乎是以道德的败坏为代价换来的。”[②]任何事物的发展，都是以付出一定代价为前提的，并且代价贯穿于发展实践过程的始终。代价是历史进步的必然伴随物。首先，从社会分工方面来看，一方面分工的发展不仅使生产力水平提高，“一个民族的生产力发展的水平，最明显地表现于该民族分工的发展程度”[③]，还使社会整体有序化、协调化，造成生产能力的极度增强；另一方面分工又使个体活动固定化、畸形化，进而形成社会群体、社会组织的专门化、片面化，产生城乡、脑体、工农三大差别等历史性代价。“社会分工”是马克思用来说明资本主义社会个人畸形发展的一个关键性概念。其次，从社会需求方面来看，每一个时代，人们会碰到本时代大量的社会问题，生出许多基本的社会需求。由于人类生命的有限性和认识能力的历史局限性，他

① 马克思恩格斯选集：第3卷[M]. 北京：人民出版社，1995：482.

②③ 马克思恩格斯选集：第1卷[M]. 北京：人民出版社，1995：775，68.

们只能选择最为根本的社会问题加以解决，选择最为迫切的社会需求加以满足。这样，他们只能抓住问题的主导方面，优先地满足某类需要。由此带来的消极后果就是忽略、否定其他合理的社会需求，甚至否定符合人性发展的要求，产生代价。迄今为止，历史进步是在片面的社会需求的价值选择中实现的，这种片面性导致物质财富的增长并以人与自然关系的紧张、人与人关系的紧张为代价。所以，历史的进步与代价是交错并存的。从社会变革方面来看，每一次大的社会变动，其深层的客观原因在于生产力与生产关系的矛盾运动，其直接结果表现为利益结构的重新调整，原先起支配作用的利益集团有可能在动荡的社会转型过程中丧失其主导地位，被新崛起的社会利益集团取而代之。新的利益集团在追逐自己的利益时必然要否定、夺取其他集团的利益。这样，从实现社会整体利益的角度看，新利益主体的涌现和主体利益的实现必然要以牺牲与生产力、生产关系不相适应的其他主体的利益为代价。代价与发展之间的紧密联系决定了哲学历史观视野中的“代价”就是一种“发展的代价”，它既是人类推动社会发展的实践活动的客观结果，又是人类社会历史活动的中介手段，是社会历史发展的客观规律性、必然性与人作为社会历史活动的主体所进行的价值选择的辩证统一。

就哲学价值观的意义而言，代价是与社会发展的价值取向直接相关的概念。没有人的积极能动的价值追求和价值实现活动，就无所谓代价的付出。人的需要不是一种纯粹的主观欲望，而是规定着人之为人的本质的东西。这种间接性决定了人的需要的满足必然是以人自身的社会选择为基础的，人只能根据自己的目的，有意识地选择一定的手段和方式去实现自己的需要，维持生存并发展自我，也正是人类生存和发展的这种本质决定了价值问题的产生。凡是有助于人的生存方式实现的存在物都是有价值的，凡是有悖于、无助于人的生存方式实现的存在物都是无价值的。代价就是一种负面价值，它具有明显的价值取向。

首先，价值损失性。由于某种原因而导致事物发展过程中某一价值的减少或消失，这就是代价最基本的属性——“失”。作为代价的“失”有着特定的内涵。第一，这种“失”发生在人类有目的、有意识的发展实践中。也就是说，作为代价的“失”不是价值的自然流失，它所表征的不是那种单纯的“自然进化过程”，而是有人类活动参与的“社会活动过程”。例如，原始森林中植物的自然衰死，从地理资源的角度来说是一种损失，但这种损失是与人的自觉活动无关的损失，因而并不构成代价意义上的“失”。第二，作为代价范畴的“失”，是指失去了事物发展中不该失去的东西，那些在事物发展过程中应该抛弃的东西绝不能称之为代价。为了换取更大的发展而不得不失去“不该”失的“失”，这种"失"才可以被看做是代价。

其次,价值选择性。人们在众多价值目标中,由于选择了优先发展的主导性价值目标,从而导致其他价值的抑制、损害或暂时不能实现。这些被抑制、被损害的价值就是人们为换取主导性价值而付出的代价。这里突出了代价属性中的一个"代"字。

最后,价值补偿性。社会发展是一种极为复杂的运动过程。在发展过程中生成的价值既包括正面的价值,也包括负面的价值。如果发展活动所产生的负面价值能从其他方面得到某种程度的补偿,进而使正面价值增加,那么,这样的负面价值才可被称为代价。这体现了代价属性中的一个"偿"字。

在这三个基本属性中,"失"构成代价的最本质属性。代价本质上是"失",然而它是"失"而有所"代","失"而有所"偿"。只有把这三种属性结合在一起,把代价看做是多层次的统一体,才能全面地、辩证地分析和评估代价。

通过以上论述,我们可以看出,社会发展代价的实质就是为了换取发展,代价与发展之间具有互为转化、互为补偿的关系。用自然科学的话说,代价与社会发展的关系是一种能量的转化和运动形式的转化。主体在实践活动中,与外界环境发生着物质的交换、能量的转移和信息的传递,消耗了自身体力、脑力以及一些已有的实践活动成果。根据能量守恒定律,这些消耗不会消失,而是转化在新的发展成果之中。实践主体在某一方面的舍弃、付出恰恰是为了换取另一方面的发展,是以此"失"换取彼"得",而且是以小"失"换取大"得"。当然这种转化是有条件的,这将在后面论述。社会进程中必然付出的代价能换取和补偿某种发展,它以牺牲较小的价值来换取较大的价值,以某种静态的价值换取具有自我创新功能的价值,以人在某些方面的自觉牺牲去换取更为重要的发展目标的实现。这是人在社会发展中的价值选择和价值实现方面发挥主体能动作用的具体体现,体现了社会发展的必然趋势和人自身发展的根本利益。但是,代价毕竟意味着某种价值的丧失,而由人的主观原因造成的代价更会对社会产生消极影响。同时,代价的产生和演化是以一定的时间、地点、条件为转移的,当社会发展阶段和发展条件发生转移后,我们应重新确定发展目标。所以,我们一定要对自己的价值取向及其后果有充分的自省和预见,并依据"以最小代价换取最大价值"的原则,认真选择和谨慎设计发展目标与发展模式,自觉主动地采取措施,预防和限制可能付出的代价。

## 二、社会发展代价产生的必然性

代价是社会发展中的普遍现象,存在于社会形态和社会生活的各个领域之中，历史的进步与社会发展付出一定代价是必然的。“没有哪一次巨大的历史灾难不是以历史的进步为补偿的。”①

从人类社会总体发展来看，人类在获得社会发展时付出一定的代价是不可避免的，代价的存在有其历史合理性和客观必然性。

首先，社会发展本身的复杂性和不平衡性决定了代价产生的必然性。发展是一个系统，人类要健康发展必须保持人类社会与自然界的平衡和构成社会系统的诸要素之间的协调发展，但无论是社会的发展还是人的全面发展，都是一个过程，不可能面面俱到、全面推开。在一定时期内，某一方面的突出发展必然会抑制和延缓其他方面的发展，使整个发展系统失衡，使人和自然界无法和谐相处或使构成社会系统的要素片面孤立化发展。因为社会大系统的稳定有序来源于构成社会大系统的功能和条件的耦合，而这个大系统极为复杂，构成社会大系统的每一个子系统也极为复杂。当子系统形成相互适应的社会大系统时，只能做到几种功能的相互耦合，或者某种功能的几个方面的耦合。不参与耦合的其余部分暂时不会影响大系统的稳定，但是随着时间的推移，这一部分会逐渐导致子系统结构的畸变，直至摧毁大系统的组织结构。社会发展中的部分代价就来源于这种子系统间的非耦合性所引起的“功能异化”。同时，代价还来源于社会运行中不断出现的不平衡。从横向来看，是社会各个领域间存在不平衡性；从纵向来看，是社会各阶段间的不平衡。社会的变革时期是不平衡现象尤为突出的时期，因而也是代价付出最为昂贵的时期。在社会转型期，社会分化加剧，社会系统中原有承担多种功能的某一结构要素发展为承担单一功能的多个结构要素，社会差别也更突出。在当代中国，随着剥削阶级的消灭，社会分化越来越多地表现在工人阶级和农民阶级内部。随着改革的深入、市场经济的发展，以及乡镇企业、联产承包制、企业内部体制变革的深化，利益分配不断调整，社会集团不断重组，善于经营者及竞争中的强者崭露头角，思想保守者及竞争中的弱者败下阵来。在我国的改革过程中，社会主义市场经济体制冲垮了僵化的传统经济体制，使经济运行充满生机活力。从发展的意义上说，这是对原有社会关系的调整和完善，是社会向更高阶段的跃迁。然而，同任何社会发展必然带来新的不平衡一样，当今我国的社会主义改革也带来新的不平衡。原有的社会规范部分失效，新的社会规范一时难以跟上，一时间，新旧规范冲突导致社会出现不稳定状态，新旧体制转换过程中的失衡导致社会控制能力下降。这些现象的产生是历史的必然，也是当今社会进步的表现。况且，在这一过程中所付出的代价是不可避免的。

---

① 马克思恩格斯全集：第 39 卷[M]. 北京：人民出版社，1974：149.

其次，社会历史条件的束缚和限制是付出社会代价的另一个重要原因。主体在改造自然和社会的历史活动中，一方面为了摆脱现有的社会历史条件的束缚，实现自身的发展，必然会有大量物质的、精神的消耗和某些既得利益的牺牲，这是实现社会进步、达成主体目标所必须支付的，这是一种自觉的、预想中要付出的代价，也是一个有意识的利害权衡和取舍的过程。另一方面，在条件尚未具备或尚未超越既定条件的时候，主体活动遭到挫折和失败，或者主体不能正确认识、判断、适应既定条件，造成决策失误、行为失当、价值目标选择片面等，也会使努力和付出得不到应有的回报，甚至遭到客观规律的惩罚。这是一种不自觉的被动的付出，或多或少超出了成本意义上的代价。社会历史条件是主体活动所碰到的一切现存的社会要素的总和，主要包括经济条件、政治条件、精神文化条件。广义的经济条件是指生产力和生产关系。每一个历史时代的人们所遇到的现存的生产力，对于他们当时的生产实践活动从内容到形式都具有决定性的作用。同样的收获在不同的生产力和生产关系状况下，人们付出的代价在量上的差距是无法计算的。如原始社会中低下的、简陋的劳动条件与现代社会的较为发达的、先进的大工业相比，在创造物质财富的数量、劳动产品的质量等各方面都无法相比。政治条件是指政治制度、政治准则和政治局面等。在一个特定的社会里，社会代价的形成及其付出的大小程度，还取决于政治制度是否适当、运行是否正常。如果政治制度的选择是合理的，运行是正常的，就会带来社会的稳定和发展，否则会造成社会停滞、混乱甚至倒退。精神文化条件是指意识形态、文化教育、科学技术等。比如，科学技术的发展为主体实践活动提供了可靠的知识工具，使主体摆脱愚昧无知，获得认识问题和处理问题的科学态度和正确方法，拥有健康的精神状态和良好的文化环境。特别是在当今，随着世界新技术革命和知识经济时代的来临，科技对生产力的推动作用超乎人们的想象，成为第一生产力，是人类改造自然和征服自然能力的最高体现。但历史是辩证的，科技的进步也带来了许多负效应。例如，科技释放了原子能，开发了核能源，却使人类面临核武器和放射性污染的威胁；人类破译了基因密码，延长了寿命，却因此必须承受人口爆炸的压力和“银色浪潮”的冲击；高科技、智能化将人们从繁重的体力劳动中解放出来，而生活的快节奏却增加了人们的心理压力，各种精神疾病成了常见病。因此，一定的社会历史条件对主体活动的制约和限制也是不可避免地出现这种代价的重要原因之一。

再次，在价值实践的视野下，代价的存在是不可忽视的必然现象。从价值主体的分层性来看，不同利益主体的价值目标既有相吻合的可能，同时也存在相分裂甚至发生冲突的可能。通常情况下，我们将其分为个人代价、集团代价和社会总体代价。个人代价是指“类”的价值取向与个体价值取向之间的矛盾所造成的损失。原始社会的类与个体之间不存在明显的对抗。但是当生产发展到一定程度的时候，类的力量成了完全超个体发展的力量时，其发展往往以牺牲个体为代价。“只有通过最大的损害个人的发展，才能在作为人类社会主义结构的序幕的历史时期，取得一般人的发展”。① 集团代价是指社会发展过程中所造成的某一阶层、阶级和民族的损失。由于不同的集团在社会活动中追求的利益目标不同，所以会造成彼此之间发生纵横交错的利益摩擦、争夺和冲突。在这种相互对立、制约的集团格局中，如果一方打破既定的结构关系从中获利，那就必然会造成另一方的受损。从人类历史发展的总体过程来看，人类的发展常常是以牺牲个人的、甚至是整个阶级的利益为代价来为自己开辟道路的。社会总体代价是指不同利益集团利益最大化过程中所造成的整个人类利益的损失，如当前的自然环境污染、人性异化、利己主义等。正是因为主体分层造成主体间的差异，再凭此而形成的价值分歧和冲突，代价才成为可能。从价值客体的多元性来看，价值客体多元性的存在为主体的选择提供了诸多可能性空间，但是由于实践的历史性，主体的选择只能是有限制地选择，而不可能随心所欲。正如马克思所说：“如果他要进行选择，他也总是必须在他生活的范围里面、在绝不由他的独自性所造成的一定的事物中间去进行选择的。”②正是这种客观制约性的存在，主体面对多元性的价值客体只能是采取优先性选择，而不可避免地放弃、牺牲某些或某种价值目标，这就是“鱼和熊掌不可兼得”的状况，何况还存在价值客体之间不相容的情况，选择一种价值客体就意味着对另一种价值客体的放弃。所以，价值客体的多元性决定了我们选择的痛苦和付出代价的必要。

最后，主体认识能力的相对性和社会实践的局限性也决定了代价存在的必然性。人类主体只能在一定历史条件下进行实践和认识，社会历史发展及社会条件达到什么程度，人们实践和认识也只能达到什么程度。正如恩格斯所指出的：“从历史的观点来看，这件事也许有某种意义：我们只能在我们时代的条件下去认识，而且这些条件达到什么程度，我们才能认识到什么程度。”③人的认识的这种局限性、相对性势必导致人类对自然界的规律以及人与自然的关系在认识上存在的偏差。自然环境是人类社会生存和发展的必要条件，它为人类提供了生存的空间、食物、资源等生活和生产必需的物质资料，但人与自然又始终处于矛盾之中。人类在很长时期内对自然的“取与予”关系的认

① 马克思恩格斯全集：第 47 卷[M]. 北京：人民出版社，1979：190.

② 马克思恩格斯全集：第 3 卷[M]. 北京：人民出版社，1960：355.

③ 马克思恩格斯选集：第 4 卷[M]. 北京：人民出版社，1995：337-338.

识上持一种错误的态度，认为大自然取之不竭，用之不尽。在古代，由于生产力水平极其低下，人们对自然破坏的深度和广度都没有达到不能恢复的地步，污染也没有超过自然界的自净能力。但自近代工业革命以来，工业和作为其先导的技术，使人掌握了一种空前的伟大力量，而且人类在主观上把自然作为征服的对象，片面追求经济利益，运用人类的智慧和掌握的技能对大自然进行无节制的掠夺性开发和利用，破坏了大自然的内在平衡，恶化了人和自然的关系。人类在征服自然获得巨大成果的同时，不得不为大自然的激烈报复而付出惨重的代价。同时，主体对社会发展规律的正确认识和合理运用也需要一个过程。主体的活动结果与目的相偏离或背离，从而做出一定的牺牲，这是常见的历史现象。因为，社会发展规律是看不见、摸不着的，它隐藏在大量的、偶然的历史事件背后，它是一只无形的手，调控着主体的活动，并通过调控主体的活动得以表现和实现其制约作用。主体只有在实践过程中发挥主观能动性，才能逐步认识、把握、运用它。人的认识，不论是对于自然界还是对于社会，都是一步一步地由浅入深、由片面到全面、由盲目到自觉的过程。人们对规律的掌握、运用也是在此过程中逐步实现的。

## 三、社会发展与代价的关系

通过对社会发展代价观历史演变的考察，我们认识到，任何事物的发展特别是社会的发展总是以付出代价为前提的。在社会发展中进步和代价同时并存着，而且没有代价就没有进步，具有必然性的和内在根据的代价构成了历史自身发展链条中的一个不可缺少的内在环节。进步总是要通过付出代价并扬弃代价而实现的。这里所讲的代价是社会发展中必然付出的，是发展过程中一种具有生成、约束和推动作用的因素，它直接关系到发展目标、方向的形成。在一定意义上，代价实际上是对某种目标的牺牲和否定，而进一步的发展又是对这种代价的扬弃，代价因此又成为进一步发展的目标。付出代价、获得进步，再付出代价、再获得进步……这就是人类社会的波浪式前进运动。正确认识代价与发展之间的辩证关系，不仅有助于人们从代价的角度对社会整体发展做出新的解释，而且有助于我们在发展实践中正确决策，谨慎选择科学的发展目标，想方设法将代价限制在最低程度，以真正促进社会的持久进步和顺利发展。

### 1. 代价与社会发展的对立性

无论是在形式上还是在内容上，发展与代价间的差异甚至对立都是明显的。首先，从代价的角度看，付出代价的过程就是对已有社会进步成果的消耗或否定的过程。这种消耗或否定，相对于社会进步这种收获或肯定来说，就是社会进步的对立面。以代价与发展目标的关系为例，代价的出现本身就表明了发展目标的制定尚有不尽合理之处。无论代价是对某种发展目标的整体否定还是部分否定，发展所付出的代价都会在总体上或一定程度上制约发展目标的实现。而且，代价的出现还表明发展进程可能偏离了原先预定的发展目标，从而提醒人们找出产生偏差的原因，调整和完善发展目标及方案，以减少代价。其次，从社会发展的角度而言，社会发展既扬弃着代价，也可能产生着否定自身的代价。这可以分成三种情况。第一，社会发展的过程是对代价这种付出的补偿和增值过程。代价是一种付出，发展是一种补偿和增值。二者方向相反，形成了对立面。第二，主观能动性与客观规律性的严重背离，产生了与追求进步的意愿正好相反的代价。第三，社会发展本身包含着与自身相对立的代价。任何社会发展并非十全十美，都内在地包含着与自身相对立的东西，也包含着自身的对立面。

2. 代价与社会发展的统一性

(1) 代价和社会发展具有直接同一性。代价和社会发展相互依存，二者不能脱离对方而单独存在，具有内在的必然联系。发展是付出代价的发展，代价是实现发展的代价。只要人类还在进行着发展实践，还在追求着进步，就一定会有物质和精神上的投入或付出，就一定会产生这样、那样的消极后果和牺牲。社会发展的过程直接就是付出代价的过程。人类要发展，就需要消耗已经积累起来的发展成果，消耗劳动者的体力和智力。而付出积极代价的过程也直接就是社会发展的过程。投入与产出是紧密相连、融为一体的。人类付出的积极的代价这一投入会直接转化为社会发展这一产出中的一部分，并凝结在社会发展的结果中。也就是说，付出的代价没有丢失，而是直接转移到社会发展之中了。此外，代价和社会发展只能在对方身上实现自身，并使自身成为现实的东西。社会发展之中，如果没有被消耗和使用，那它还不是现实的成果。社会发展的成果只有在被消耗的过程中才能体现它自身的意义和真实性；同样，如果代价最终不能实现社会进步，那它就不是真实的代价。代价的付出只有在有所得时才能被证实。代价和发展互为手段、互为中介的一面说明了二者的相互依赖性。

(2) 代价是发展过程中的一个内在环节，它形成于发展过程之中，并以特殊的形态表现于发展结果之中。首先，代价产生于发展过程之中，没有人的发展实践，没有人对发展目标的价值追求和价值实现活动，代价就无从谈起。正是人类的生存和发展决定了代价的产生。发展是以发展主体有自由的选择和创造能力为前提的，但是人的选择和创造能力又受到各种主客观因素的制约，二者的矛盾导致了人类社会在发展过程中不断产生代价，又不断扬弃代价。因此，代价产生的客观必然性植根于发展过程的内在矛盾中。代价一定是有所“失”，但并非所有的“失”都是代价，那些在发展过程中不该失去的“失”，那些能导致正价值增加的“失”，才能称为代价。没有人的实践活动参与其中并游离于发展过程之外的“失”，因其不是发展过程的必然环节，所以不能看做是代价。其次，代价是发展的一个内在环节。发展过程中必然要付出一定的代价，但代价的付出不是无原则的。代价属性中的“代”和“偿”表明代价是以一种价值取代另一种价值，以一种价值补偿另一种价值。发展过程既是价值转换过程，即以尽量小的代价换取尽可能大的进步；同时，发展过程又是价值补偿过程，即以尽可能多的价值去补偿那些为发展而付出的代价。代价在发展过程中的被替代、被补偿、被换取，表明代价是发展过程中的一个内在环节。没有代价这一否定性环节，发展过程就不可能继续下去。最后，代价是发展结果的一种特殊状态。发展的结果呈现出正面状态，人们称之为进步；发展结果呈现出负面状态，人们则称之为代价。代价是发展结果的特殊价值的表现形式，它以负面价值的形式，表征着、暗示着事物发展的正面价值。例如，英国的圈地运动为工业革命提供的经济前提是以牺牲农民的利益为代价的，而手工业、工业的发展为英国工业革命提供的技术前提却是以牺牲个人的全面发展为代价的。在这些沉重的代价背后，隐含着历史的巨大进步。

### 3. 代价与社会发展的相互作用

(1) 社会发展对代价的制约作用。社会发展为代价提供了物质基础，任何代价的付出都是在前人创造的社会进步成果基础之上进行的，没有这个基础，代价就不可能发生；社会发展为代价提供了具体的形式，社会进步的成果如何，直接决定了付出代价的方式；社会发展的成果塑造了承受和付出代价的主体，代价的承担者在什么样的历史条件下活动，就会形成什么样的主体。社会发展的本质就是对代价的克服与扬弃，这种克服表现为两种情况。一种情况是代价的最小化或最少化，即将代价减少到最低程度，比如对投入性代价(人类要实现某种或某些发展目标而必须要做出的投入或付出)和目标限定性代价(人们在面临众多的发展目标中，由于选择了优先需要关注的主导性的发展目标，从而导致了对其他有益的发展目标的抑制、损害甚至丧失)而言，尽管这些代价是必要的、是不可避免的，但人类活动的一个重要原则就是以最小的投入换取最大的回报。另一种情况是尽量避免代价的发生，如失误性代价(由于人的错误或主观失误所造成的背离自身价值取向的或原本就不该发生的消极后果),它们出现的几率越少越好。在现实发展中,人类所追求的决策的科学化和民主化,人类对未来发展活动的积极的预测和展望,目的就是在发展实践中少走弯路、少犯错误,即以最少的牺牲和错误换取最大的成功和进步。

(2) 代价对社会发展的制约作用。首先,是代价对社会发展的生成性,即代价是使发展具有可能性和成为现实性的根据。具体地说,发展要成为可能,其前提条件是付出劳动或代价。发展所具有的现实性的标志是人类劳动的成果大于付出的劳动,而实现发展的手段就是付出劳动。如果所得小于付出,就会导致衰退;如果所得等于付出,其结果便是停滞。其次,代价对社会发展的约束性,即代价影响着发展的具体状况。所谓发展的具体状况,指的是发展的方向、速度、内涵、结构、战略等内容,在这诸多方面中,代价都有所体现,并发挥着作用。比如说,发展的方向性就是由代价规定的。人们在哪一方面付出劳动,就可能在哪一方面获得发展,投入和产出是相对应的。当然,这种因果关系会呈现出种种复杂的情形,但二者的正相关性是确定无疑的。同时,代价的客观存在使得发展主体在发展实践中,从制订发展计划、发展目标到选择发展方法、发展手段等,都变得小心翼翼,以避免造成不必要的浪费、损失和失误。最后,代价对社会发展的推动性,即代价是推动社会发展的不竭动力。在整个人类的社会发展实践中,通常是以对代价的扬弃来获得社会发展与社会进步的动力,从而推动人类社会的发展的。社会实践的发展进程中蕴含着社会进步与发展代价的矛盾,这一内在矛盾的存在决定了社会发展必然是以付出代价并扬弃代价的路径来实现的。社会发展的推进总是表现为一定的历史进程,在这一历史进程中,对代价的扬弃成为获得新的发展的必经环节和必备过程。因为社会发展的历史进程总离不开社会发展主体在合规律性和合目的性基础上对外部世界的对象化改造,人类在这种对象化改造过程中是以通过压抑人性和牺牲人的全面发展为代价的。这种情况在私有制条件下表现得尤为突出。代价作为社会发展的深层动力,贯穿于社会发展的整个历史过程之中,以一种否定的形式推动着社会实践的不断发展。

### 4. 代价与社会发展相互转化的条件

代价和社会发展之间的关系不是静止不动、凝固不变的,它们处在相互作用的变化中,这种变化的一个重要表现,就是代价与社会发展的相互转化。付出代价是为了换取发展,即在一方面是某种代价的付出,另一方面则是某种物质或精神的满足。但是这种转化并不是无条件的、绝对的,付出了代价并不一定就能换取发展。代价的付出有可能推动社会的发展,也有可能阻碍社会的发展,历史运动的结果与目的相背离的情况比比皆是。换句话说,代价存在着正负两种转化的结果。离开了特定的条件,主体的付出不仅不会获得预期的收获,反而会造成危害性的后果。因此,要想实现代价的正转化,避免负转化,就必须考虑以下几个条件。

(1) 思想条件。所谓思想条件,就是要求人们树立正确的代价意识,建构合理的代价思维。代价思维的合理与否,直接关系到人类实践活动的成败得失。正确的代价意识不是随意的或无根据的,它以实践为基础并以合真性和向善性作为自己存在的前提,即它一方面以已获得的对客观规律有正确认识的客观真理作为认识基础,以进一步求真合真;另一方面又以人类合理的生存发展和社会进步作为价值旨归,以进一步向善求善。在社会发展实践中,实践主体应对社会发展中产生的代价进行得失比较、利弊对比,也就是对代价的付出或承担"是否应当""如何应当"等问题进行评判与把握、分析与推理。首先,应坦率地承认社会发展代价的存在,要有正确的投入意识。我们不能把发展模式理解为只能是前定的、完美的、永远向善的永恒目标。人们应该正确认识发展的曲折性和复杂性,在思想上有充分准备,这样才能以冷静、坚毅的态度以及百倍的努力解决中国改革开放和现代化建设中的各种负面问题,而不至于面对代价而伤感悲观,甚至惊慌失措。其次,应客观看待社会发展代价的作用。发展代价对社会发展进程具有正反两方面的影响。某些由人为的因素造成的发展代价对社会发展进程的影响是消极的。在社会发展过程中,必然付出的代价是以人在某些方面自觉的牺牲去换取更为重要的发展目标的实现,对社会发展起到的整体作用是积极的、正面的。肯定这一点,可使人们深入认识代价的实质是换取发展,懂得代价和发展具有互为补偿、互为转换的关系。最后应注意区分代价的类型。任何发展都是要付出一定代价的,但并非所有的代价都具有内在客观必然性。有的代价是发展自身所要求的,但有许多代价则是由人的主观方面的问题所造成的。这就要求我们自觉区分和对待我国发展过程中的必然性代价和人为性代价,并让人为性代价的制造者承担代价及其责任。应积极限制、利用和转化必然性代价,尽力消除和避免人为性代价。

(2) 预测条件。所谓预测条件,是指在某项改革、发展方案出台前,必须要有一个周密的论证,对可能出现的问题进行预测和考虑。既然社会发展伴随着代价,那么,人们在制订方案、采取行动之前,就应对可能付出的代价和对必然付出的不可避免的代价,进行成本预测和效果预测。代价成本预测是指从成本学的角度来考虑付出某种代价是否合理、是否经济、是否能获得利益、是否能"失"而有所"得"。代价的效果预测是指综合地评估社会发展进程中可能或必然付出的种种代价，以及这些代价对社会整体发展的可能影响，必要时甚至于要尽可能地预测到每一种负面影响可能达到的程度，等等。利用代价的核算和预测来审视规划中的发展行为，使社会发展目标、发展方式、发展道路的选择更加合理，更加谨慎。在具体的发展上，必须从现有的条件出发，正确把握经济增长的度。这个度的上限是资源条件、技术条件以及体制条件所允许的最大可能增长率，其下限则是资源、技术、体制等因素所允许的增长率的最低限。所谓适度增长，就是在这域值范围内进行的持续增长。没有这种持续的适度经济增长，就不可能形成国民经济的跳跃式发展。近两年我们把经济发展速度定在7%～8%上，代价显然是一个基础性的制约因素。如果不顾一切地加大拉动内需的力度，如多发行国债，以现有外汇储备或其他资产为抵押多上项目，实行财政赤字，这种代价太大；如果目标定得太高，这种代价不仅不会促进社会的发展，反而会阻碍社会的发展。

(3) 补偿条件。发展需要付出一定代价，但代价的持续付出能否保证社会的持续发展呢？这要看发展能否对已付的代价作适当的补偿。补偿的能力越大，发展的力度就会越强，代价的承受能力也相应会更强。由于主体的千差万别，发展的受益主体与代价的付出主体往往并不一致，因而引发了主体之间的利益矛盾。所谓公平的原则，是指在平等主体之间贯彻"谁导致谁承担"的原则。在现实的发展实践中，受益越多的发展主体就应承担更多的发展代价。如果任由现实中代价与受益之间出现严重的反差背离，如有的社会群体受益极多，但付出的代价极小，而有的社会群体付出代价不少，得到的实惠却不多，这就破坏了社会发展代价付出的平等原则，并会导致整个社会群体之间的分裂与对抗，干扰和危害社会的正常发展。在这种情况下，贯彻公平性原则事实上是不现实的，更为可行的原则是补偿性原则，即既得利益者要对别人造成的代价予以适当的补偿。代价补偿主要是指由政府对代价承担主体进行补偿。政府应进行宏观调控，通过二次分配及建立完善、合理的社会保障制度，以实现付出和受益的公平分配。在实践中，为了追求效益，某些暂时的、局部的合理代价总需有人承担，因此，社会有理由要求公众树立代价承担意识。但是，人们的代价承受能力是有限的，过大的代价不仅会损害公平，而且还可能引发社会冲突甚至动乱。因此，由政府通过宏观调控进行代价补偿有着特别重要的意义。

(4) 体制条件。由于社会发展总是在一定的体制下进行的，许多代价的付出是由制度、体制和机制的不健全造成的，因而研究发展与代价必须考虑新体制因素成长的状况和新旧体制衔接的情况。首先，经济中新体制因素的成长可以为旧体制的深入改革创造有利条件，从而有助于推动改革和发展。新体制因素的成长对于改革和发展所起到的作用主要表现在：一是示范效应，即新体制因素所展示的效果有助于克服改革的思想阻力，强化人们的改革动机；二是补偿效应，即新体制因素的成长可以提供不断增长的“收益”来为旧体制的改革提供必要的补偿，以增加改革的动力；三是拉动效应，即新体制因素的成长有助于吸引和拉动旧体制成分迅速变革，以减少长时间的摩擦。所有这些效应都有利于降低发展的代价，加速发展的进程。其次，发展的代价和阻力也常常来自发展过程中新旧体制的衔接上。如果在发展轨道上出现了某种“断裂”或者新旧轨道没有衔接的话，那么发展必然是坎坷的；另外，衔接方式的优劣也直接影响到发展的过程。由于目前我国依然处于新旧体制相互交替的过程中，在这两种体制之间往往会出现许多空档，这些空档又不可能保持真空，因而难免泥沙俱下。无视这些衔接而盲目推进，其发展有可能“搁浅”甚至坠入“陷阱”。

只有在一定的条件下，代价才能发生正转化，才能促进社会的发展，而无视条件的代价付出只能是一种消极的、毫无意义的付出。当然，注意考虑条件不是坐等条件，而是要积极利用条件，善于创造条件，将尊重客观规律性与发挥主体能动性有机地结合起来。

代价和社会发展的相互作用构成了它们的矛盾运动。首先，发展通过付出代价来为自己开辟道路。新发展观的代表人物弗朗索瓦·佩鲁在谈到发展时指出：“发展发生于各种活动和相反活动的过程中，发生于人类行为者彼此冲突的评价中”①。发展不会总是一帆风顺的，面临着种种冲突和选择，它必然要通过付出一定代价的方式来为自己开辟道路。其次，发展通过扬弃代价的方式来达到目的。发展是进步与代价的对立统一体。一方面，进步与代价具有对立性，进步是对代价的某种否定，代价也是对进步的某种否定；但另一方面，二者又具有统一性，付出代价是为了换取进步，扬弃代价必将推动进步。进步通过付出代价来实现，并且也为进一步扬弃代价提供了条件。在发展的关节点上，必须扬弃旧的代价，才能实现新的发展；否则，发展将停滞不前。因此，社会历史的演变可以看成是从付出代价获得进步到付出新的代价获得新的进步的更替过程。

## 四、中国社会发展的代价特征

我们研究“发展与代价”问题的最终目的，是要在马克思主义唯物辩证法

---

① [法]弗朗索瓦·佩鲁. 新发展观[M]. 张宁，等译. 北京：华夏出版社，1987：21.

的理论和方法的指导下，正确理解发展与代价的辩证关系，澄清各种模糊认识，以更加科学的态度，正确认识和处理当前我国改革开放和现代化建设过程中出现的各种代价问题，全面理解党的十一届三中全会以来的路线、方针、政策和邓小平理论，正确认识中国社会发展中的代价特征，积极主动采取相应的防范措施，把代价减少到最低限度，从而把有中国特色的社会主义建设事业顺利推向前进。

当代中国正经历着空前深刻的社会转型，转型的中心是市场经济体制的确立和不断完善，转型的主题是实现现代化。在这个过程中，各种价值观念的相互冲突是难以避免的，这种冲突势必导致一定的社会失序，造成一定程度的社会心理混乱、失衡。这不仅包括从传统社会向现代社会过渡要付出的代价，而且随着现代社会的进一步发展，必将出现许多新的代价问题。正确而清醒地认识它们，并寻求减少和补偿这些代价的办法和出路，是摆在中国面前的艰巨而现实的任务。

### 1. 中国的现代化是一种“自上而下”的强制的定向发展战略

这种战略的实现势必会付出较大的代价和风险。市场经济体系在中国的建立虽有民间自发的因素在起作用，但是总的来说它不是中国社会内生的一种发展模式，而是对他人成果的利用和借鉴。国家和政府作为有组织的社会力量在推动变革的过程中起着主导作用。自觉的转型道路与西方“先发”国家的那种市场经济的自发萌芽成长和壮大的发展道路相比，前者会给社会变革带来更大的风险和不稳定性。西方的市场化转型是一个内生的渐进发展过程，市场经济因素在转型前的自然经济中萌芽并逐渐壮大，从旧制度的内部引起长期的渐进性的社会变革，这种变革对历史传承性的破坏和冲击与前者相比要轻缓得多、微弱得多。正如美国著名的现代化问题专家布莱克所言：率先开展现代化建设的社会，在许多领域都是航道畅通的，因为它们可以在相当长的时间里咀嚼现代因素，并循序渐进地吸收它们的影响。① 相反，这种矛盾和冲击在中国这种“后发”国家则极易引起历史传承性的断裂，带来巨大的社会风险，由新的经济模式不完善所造成的无序在一定条件下可以导致整个社会的失衡，本来是局部性的问题可以引出全局性的后果。另外，在现今的条件下，中国经济模式的转换，已不可能像西方原生的市场经济的建立那样经历漫长的年代，而只能采取在几十年时间内快速完成的方式。在这样一个短促的过程中完成别人用了数百年时间所做的事情，这就不能不使这一变化过程潜

---

① [美]布莱克. 现代化的动力[M]. 殷小光，译. 成都：四川人民出版社，1988：96.

藏着更多的不确定性，从而有可能放大某些局部的失序和失衡，使之成为影响全局的东西。我国在很长一段时间内只注重经济发展，急于求成，把产值增加等同于经济增长和经济发展，而产值的增加往往又是通过高投入、高消费、高产出，即短期粗放型经济增长方式来促成的。这种增长方式，不但不能从根本上提高一个国家的经济实力，还会因过度消耗土地、资源、能源而为将来的发展制造障碍和陷阱，使生态环境更加恶化。可见，中国社会主义市场经济的建立蕴含着巨大的风险和代价。这就要求我们强化风险意识，在决策中采取谨慎的态度，尽最大的可能减轻模式转变过程中的无序程度，把代价限制在最低程度。

### 2. 社会价值取向模式的转变会产生一系列的代价问题

市场经济的发展要求人们必须按照市场运行机制和商品价值规律来调整自身的价值观念和生活方式。这就促使人们从传统生活习惯中走出来，以商品意识同社会、他人发生关系，导致人的理想价值目标及实践方式的“物化”。与代价产生的内在相关的价值取向模式的转变主要有以下三个方面。①效率优先的价值取向取代了传统的公平优先的价值取向，造成以一定程度的公平的丧失去换取较高的效率，这种代价的付出不可避免。市场经济转型客观上造成了社会由过去的主要追求公平转向主要追求效率，这样不得不使社会在一定程度上减少对公平的追求，而是在效率优先的条件下兼顾公平。这是对传统计划经济体制下形成的那种不讲效率、只讲公平的平均主义价值观的否定和扬弃，是社会为实现经济转型目标所付出的必要的代价。②以个体本位的价值取向取代以社会为本位的价值取向，个体价值受到尊重和弘扬，人们在肯定个体价值的同时又彻底否定社会本位的价值观。而市场经济中人们之间的契约关系、竞争关系严重弱化了社会成员之间的信任感和情感纽带，使人际关系疏离、冷漠，而社会与个人、个人与个人之间的平衡的和谐的相互关系是保持社会稳定、有序的必要条件。因此，这种代价是对社会顺利发展的严重阻碍和威胁。③注重功利的价值取向取代了传统的重义轻利的价值观，造成了功利主义的肆虐。市场经济的发展客观上将功利观念推到了社会生活的显著位置。这对中国传统的“重义轻利”的价值观有巨大的消解作用。承认个人利益的正当性与合理性，并不意味着他人和社会的物质和精神价值不应被尊重，个人利益的实现不能以牺牲他人和社会的利益为代价。社会价值取向模式的转变，从历史发展的维度来审视无疑是一种巨大的进步。但是，在多元利益主体纷争、多元价值冲突的格局下，这种转换会造成社会价值导向处于一种无序乃至矛盾的状态。这种代价是中国社会发展过程中必须认真对待的，需要努力减少和限制的。

### 3. 社会整合方式的转变为代价的付出提供了可能性

社会主义市场经济体制的建立标志着社会文明进入了一个崭新的发展阶段。政治、经济和文化三大系统活动之间的联结方式发生了巨大的变化。经济活动在相当大的程度上取代了过去主要由政治活动所执行的社会整合功能，政治活动不再是社会整合力量的中心，以政治活动为中心而将经济和文化整合为一体的社会诸领域合一的结构关系，逐步为各领域间的相对独立和功能互补所取代。这种整合方式的转变是一个渐进的、相对漫长的过程，一定程度的混乱和无序是在所难免的。新的有序必然是从无序中来的。而这种无序状态必然会造成一定的社会代价。另外，社会转型过程中政治、经济、文化三个领域的不平衡发展也必然会付出代价。社会转型是一个涉及社会生活各个方面的、极为复杂的社会变革过程，其发展目标不可能简单划一、齐头并进，不可能同时实现。社会在发展的一定阶段上必须集中主要力量优先解决当时最为迫切的问题，只能确保创造和实现社会需要的一部分价值，这样势必使其他问题的解决受到不同程度的滞延，不得不丢失或暂缓实现其他一些价值。在相当长的一段时间里，我国偏重于物质文明建设，结果造成了政治和文化发展的相对滞后，使这些领域的价值受到损害，使政治、文化与经济之间的关系紧张，矛盾加重，导致了一系列的代价问题。

### 4. "世界历史"的背景给中国社会的发展带来的代价问题

在历史已充分地转变为"世界历史"的条件下，任何一个国家都不可能孤立地提出和解决自己的发展问题。这种"世界历史"的背景一方面给中国的发展提供了一些可资借鉴和利用的条件。另一方面，对中国这种"后发"国家也有不利的一面，使中国社会发展的代价问题更加突出。某种程度的排外情结加重了中国社会转型过程中的代价。与"先发"国家不同，像中国这种"后发"国家转型中的现代因素在很大程度上是从外部、由"先发"国家传导而来的，而且这些国家大都受过西方国家殖民掠夺和侵略，当它们与本国的传统因素发生矛盾时，无疑又带上了民族矛盾的色彩，某种程度的排外情结往往成为"后发"国家难以回避的问题，从而也导致这种二元对立的尖锐化和复杂化，加深和加重了转型过程中的代价。事实上，"后发"国家的社会转型在一定意义上表现为"文明与文明之间的一种戏剧性的撞击，而在这种撞击中，处于弱势的文明历史都是付出了十分沉重的代价”[1]。“先发”国家社会现代化发展的成果，尤其是经济技术领域的诱人成果不可避免地会产生一些示范效果，其中一些积极的价值成为发展中国家推进社会现代化发展的动力。但同时，“先发”国家的示范效应给“后发”国家的社会转型也会带来许多消极影响，引发出许多错误选择，给社会造成了许多浪费和损失。如在社会发展道路的选择上，把现代化的发展看做是“西化”过程，“西化”在相当长的一段时间里几乎成了现代化的代名词。这种误解使得我国在发展过程中盲目照搬西方的经验，结果非但没有实现价值目标，反而滋生了许多严重的社会问题，浪费了大量宝贵的时间和人、财、物。事实上，根本就不存在纯粹的西方现代化模式。现代化模式多种多样，欧洲各国迈向现代化的道路不同，实现社会现代化发展的具体步骤和策略也不同，从而提供了各种各样的经验教训，人们可以借鉴，但不可照搬。唯一确定的是，现代化的后来者没有一个会再造出与先行现代化的社会一模一样的现代体制模式。中国的情况表明，那种最古老且成熟的传统社会是最难实现现代化的，照搬照抄他国模式的结果只能是失败。中国这种“后发”国家在经济秩序中所处的劣势地位，决定了在实现本国现代化发展过程中必然要付出很高的代价。当发展中国家以“后发”的身份开始社会现代化发展时，现代国际经济秩序已发生了很大的变化。主导权被操纵在“先发”国家手中，它们通过对己有利的、既成的国际分工和不平等贸易体系继续间接地剥削和掠夺“后发”国家的财富，使其继续成为发达国家实现自身价值目标的代价承担者，这对发展中国家独立自主的发展非常不利。由于国内的发展受到外国因素的干扰，使得许多发展中国家难以独立解决自己的发展问题。这些国家的社会发展在相当大的程度上受外在因素制约。它们不仅要追赶发达国家早已达到的历史目标，还要适应工业世界对当今的发展活动的影响。这一切使得发展中国家社会发展的代价迅速上升。同时，发展中国家由于处于发展的劣势地位，还被迫承担主要由发达国家所造成的全球性的能源危机和生态环境危机的消极影响。“后发”国家社会发展中所遇到的这些与“先发”国家发展时不同的、更为严重的代价问题构成了对“后发”国家社会发展的巨大威胁和障碍。

如前所述，中国社会发展和转型时期所具有的这些特殊性质的代价特征影响着我国改革的历史进程。中国现代化的实施不仅要建立市场经济，把握好推进现代化与坚持社会主义的关系，而且要背负计划经济体制的沉重包袱，克服其对转型造成的重重阻力。况且，更为棘手、更令人困惑的是：如何面对

---

① [美]塞缪尔·P.亨廷顿等.现代化：理论与历史经验的再探讨[M].罗荣渠，译.上海：上海译文出版社，1993：101.

工业文明负效应的冲击，如何迎接全球化、信息化、后现代主义的全面挑战，如何调整社会转型的价值目标。显然，这些问题的回答与解决要求我们运用多元思维的方法，重新为跨入 21 世纪的中国的现代化定位，以可持续发展作为中国社会转型的历史归宿。

## 五、代价视野下的可持续发展

代价论告诉我们，人类时时刻刻都面临着选择，这些选择的实质在一定意义上就是对价值、收益与代价、成本的权衡，或者说是在不同价值目标中争取最大，在相应的代价中求最小的一种抉择。任何一种选择都不会是无代价的，可持续发展战略也不例外。可以说，可持续发展观的提出，本身就源于对发展尤其是对发展代价的重新认识和深层反思。可持续发展战略实际上是人类在面临一系列冲突的矛盾时所作的慎重选择，它本身并不能回避或消除矛盾，而是在解决矛盾和冲突时力图兼顾各种利益和需要，求得各种对立价值和利益之间的某种均衡与适度，从而尽可能地以最小的代价换取最大的发展。

可持续发展观蕴涵着深刻的代价意识。具体来说，这种代价意识通过其未来意识、对话意识、协调意识、人本意识等表现出来。

首先，可持续发展观蕴涵的未来意识有利于对将来可能付出的代价做出科学的预测，体现了代际公平原则。社会发展代价理论研究，其意义不仅在于代价发生后的消解，更重要的是代价发生前的防范。过去，人们在理解发展的“现实”和“可能”时，一般是在直接相续的因果链上考虑的，即用“现在的发展现实”来说明事物“现在发展的可能性”，用“未来发展的现实”去解释“未来发展的可能性”。实际上，这是一种共时性的关系。然而，可持续发展所谓的既满足当代人需要，又不对后代人满足其需要的能力构成危害所体现的“现实”与“可能”，却是一种历时性的关系，体现了人与人之间纵向的代际关系。也就是说，要使“现在的发展现实”发展为“未来的发展现实”以保障“未来发展的可能”，是通过无数直接相续的因果链条而实现当代人发展现实同后代人发展可能的大时间跨度的统一的。可持续发展观蕴涵着深刻的未来学意义，因为发展本身就是一种指向未来的运动，而实现现实与未来统一的有效方法便是“情景预测”，即超越现存有限时间关系的整体把握与设计，向人们提供一种未来参照系，从而显示出时间上的整体性。实践的负面效应有一个迁延的过程，即在当代人那里可能取得了正面效应即所谓“成功”，但在胜利背后，却滋长了负面效应的潜在因素，随着时间的推移，到后代人那里可能就会转化为直接现实的危害或威胁。因此，我们应建立前瞻性思维架构，立足于现在、着眼于未来，建立完善的预警机制，及时地预测可能发生的意外，并创造性地寻找超常规的策略，赢得积极的意外，避免消极的影响和代价。社会进步的终极旨归是为了人的生存与发展，生存与发展又体现着现实与未来的关系，生存的需要迫切要求现实的满足，发展的需要则要求未来提供可能。当代人的发展只能以上一代人创造的财富为前提，又为下一代人的发展提供必要的基础。因此，应以代价的预测来审视规划中的发展行为。既然任何发展都要以代价去换取，那么，代价就应当反过来制约人们的选择，即用代价来限定生存方式与发展模式，同时又指点人们的选择，即在对代价的分析中发现进一步发展的目标。可持续发展观所内含的未来意识，告诉人们应以持续的和长远的获利来作为社会发展的一个重要尺度。

其次，可持续发展观蕴涵的对话意识有利于使南北关系从“零和博弈”走向“正和博弈”，限制由于二者利益冲突而带来的代价问题，体现了“代内”公平原则。在可持续发展中，人与人之间的关系除了纵向的“代际”关系以外，还有人与人之间的横向“代内”关系，即一部分人的发展不应该以损害另一部分人的利益为代价。发展是世界各国的头等任务，在现实经济利益的支配下，一个全球大规模的“囚徒困境”赫然再现。发达国家为了维持其优势地位不肯改弦易辙，一方面通过不平等贸易和经济秩序，廉价攫取发展中国家的资源；另一方面，为了保持自己的经济优势和消费水平，通过贸易保护主义措施把它们在发展过程中造成的污染转嫁给发展中国家，使发展中国家的经济增长付出了沉重的资源与环境代价。而发展中国家不甘落后，急于跻身于工业化行列，但由于缺乏资金和技术以及不平等的国际经济关系，不得不以最粗放的方式进行消耗资源型的发展，它们既是工业化造成的生态环境破坏的受害者，又是新一轮生态环境破坏的制造者。所以，各国最终选择自己的利益，停留在零和博弈的关系中，使资源和生态危机更加严重。可持续发展是相互依存的发展观。在这个高度相关、相互影响与作用的时代，任何一个国家不可能单独实现全面的、真正意义上的发展。全球化、一体化是相互依存时代的一种趋势，与之并存的则是多元化，人类面临的生存困境与发展挑战一方面呈现出共同性；另一方面，在困境挑战的具体表现形式、解决途径以及轻重缓急的安排程序上显然存在差距，因为它们存在于具有不同地理经济特征和文化传统的国度中，所以必须通过国际对话、国际合作来解决这些差异，从“零和”走向“正和”。

再次，可持续发展观蕴涵的协调意识有利于补偿因个人和社会发展而产生的选择性代价。可持续发展强调人口、资源、经济和社会的协调发展，追求的是经济效益、社会效益、生态效益的统一，可以说，协调是发展中的核心问题。协调是揭示系统演进控制状态的范畴，具有约束-补偿性的特征，使系统通过渐进的方式顺利地从一种质态演进到另一种质态。代价体现的是人类生存方式实现的内在矛盾性。当主体以自己的价值尺度指向客体时，客体展示给主体诸多的可能性空间，特定历史中的主体必须进行抉择，任一抉择的实施就意味着其他的可能性被抑制、阻碍；同时，客体对主体价值目标和手段的制约，使主体无法完全彻底达到和实现自己所有的价值目标。从主体来看，主体的各种价值需求之间必然产生各种各样的冲突，使人无法不加选择地全部同时实现，这样就会产生选择性的代价。协调揭示的是主-客体关系的控制状态，控制就意味着约束，约束就意味着一定的损失和放弃。协调的核心是化解矛盾，缓和冲突，因而约束和补偿总是相伴而行的。如改革，就必然要调整人们之间的利益关系，对人们的价值目标和行为进行约束，使得个人、社会因发展而付出选择性的代价。社会发展的持续，要求对这些代价进行补偿。这种补偿一般有三个方面：一是结构-功能性补偿，即新体制的生成和效应大于旧体制的破缺及混乱；二是收益性补偿，即通过家庭收入或家庭财政支出补偿因变革利益关系而更换的部分；三是机会性补偿，即为人们提供新的就业、发展、获益的机会，使其在利益、位置损失后找到充分发挥自己作用并获取新的职位和活动的空间。协调的约束-补偿性特征就表明协调的本质在于寻求系统结构元素之间、结构与功能之间、主体价值目标之间、主体与系统之间最佳的联合方式。化解矛盾、避免冲突、寻求合规律和合目的的有机统一与效益最大是协调孜孜以求的结果。协调的有效操作，必然会起到减少代价、补偿代价的作用。

最后，可持续发展观蕴涵的以人为本的意识有利于有效调控人与自然的关系，减少因“自然界的报复”所带来的各种代价。可持续发展对生态环境和资源的关注，建立的经济、社会、生态系统协调运行的生态模式，实质上都是环绕着人，以人为本，追求和凸现人的完整性和全面性，把社会发展的必然性和人的发展的合理性有机地统一起来，以人的全面和完整的发展为其终极价值和目标的。可持续发展观以人为本的思想与以往的“人类中心主义”有着本质的区别。我们承认，人在自然中的主体地位，并不意味着人类可以征服者和统治者的身份随意地处置自然。社会发展的最大代价在于人的活动引发了许多难以预料，并且是必须承担的消极后果，亦即所谓的“自然界的报复”；就其产生根源来说，则存在于人与自然界的对象性关系之中。人与自然界的对象性关系表现为：人以自然界的存在为自己存在的条件，没有自然界的存在人就失去了存在的可能性，而自然界并不以人的存在为自己存在的条件，没有人的存在自然界依旧存在。自然界作为非线性的、复杂的自组织系统，其演化只遵循自身无目的的规律，而不以人的目的为转移，这就在客观上规定着人的活动必须以尊重和把握自然界的演化规律为前提，否则将会遭受“自然界的报复”。可持续发展是以人为中心的发展，它把人的发展作为社会发展的主导性尺度，以人的价值、人的需要、人的潜力的发挥为中心。这时，生产力不再是评价发展和人的实践活动的终极尺度，而人类生存和发展的可持续性则成为一个更为根本的最高尺度和终极目标。因此，可持续发展提出的初衷并不在于对“自然界的报复”的代价的消解，而在于告诫人类应当在历史条件下，更加理性、更加谨慎地从可能的代价出发来选择和规范自己的实践行为、生存方式和发展模式，为人类生存和发展的可持续性拓展更为广阔的空间，尽可能以最小的代价换取大的发展。也只有这样，人类才可能在持续发展之路上迈出自己前进的脚步。

# 第六章 发展目的

在前面的讨论中，如果说我们主要是在本体论、认识论和实践论的意义上分析和讨论了发展及其相关问题的话，那么在本章中，我们则因人类面临的生存危机和发展困境而转向对于发展的实质、发展的目的、发展的归宿，即发展是为了什么的价值论的探讨。

当我们说，一切发展的最终目的都是为人的发展，即为了满足人类生存和发展的需要，其道理简单明了，也无人反对。正因为道理的简单性和人们的认同性，我们很难说或断言前人在发展方面所作的理论探讨和实践努力都不是“为人”的。那么问题出在什么地方呢？我想原因恐怕是多方面的——或许是由于历史环境和条件的局限性，或许是由于人的思维方式的片面性，对人的发展的理解的单面性以及实现手段选择的非合理性，等等。但无论怎样，要解决上述问题，在理论上全面理解人的发展内涵是关键，在实践上合理地选择实现方式和途径是保证。

## 一、人的发展的基本内涵

从唯物史观的角度来看，“人”这一概念，既不能仅仅理解为区别于动物的特殊的“类”，也不能只是理解为单个的“个人”，而应理解为反映“类”和“个人”辩证统一的概念。因此，对人的发展的基本内涵我们也应该从“类的发展”与“个人发展”两个层面及其辩证统一关系中去理解。

### 1. “类的发展”的基本内涵

从“类”的角度来看，人的发展主要包括以下几个方面。

第一，类特性的发展。类特性是人区别于物，尤其是动物的根本特性或本质特征。这种特性就是马克思所说的人的“自由自觉的劳动”。而劳动实质上就是人区别于动物的本能活动的社会性活动，即人在结成一定的社会关系的条件下与自然进行物质、能量和信息交换的活动，也是在人的理性和需要支配下的具有自觉能动性的，尤其是创造性的社会实践活动。所以，人的类特性的发展，实质上也就是人的社会性、实践性、自觉能动性（尤其是创造性）的充分发展。而人的社会性、实践性及创造性为主要内容的自觉能动性都不过是人的主体性的具体表现。因此，从一定意义上说，人的类特性的发展也就是人的主体性得到充分而全面的发展。

第二，类能力的发展。类能力是指人类在生存和发展过程中表现出来的征服自然和改造自然、调控社会关系和人与生存环境的关系的能力，以及在此基础上形成的物质生产、精神生产和人自身生产的能力。实际上，类能力的发展是一个复杂的体系。具体来说，它可以从以下五个方面加以规定和把握：其一是指人类为了生存和发展必须首先具有的征服自然和改造自然以满足物质生活资料需要的能力，即人们通常所说的社会生产力；其二是自觉地建构、调控、发展和完善生产关系为核心的各种社会关系，以利于类特性和社会生产力及其他能力充分发展的能力；其三是自觉调控精神生活和精神生产，以利于整个族类的健康发展和每个族类成员身心健康的能力；其四是对种族自身繁衍的自觉调控的能力；其五是与自身的生存环境或整个生态系统和谐发展的能力。由这五个相互联系、相互制约的方面而构成的类能力体系的发展，是“类”的发展的核心内容。

第三，社会关系的丰富和发展。与类特性和类能力的发展互为基础和前提的社会关系的发展，主要是指人类建立在低下的生产力的基础上的简单、狭隘和封闭的社会关系，向建立在高度发达的生产力和生产高度社会化的基础上的丰富、全面和开放的社会关系的发展；由带有类似动物以血缘关系为纽带的痕迹并使人受盲目的支配的社会关系向真正属于“人”并受其自觉调控的社会关系的发展。

第四，类的解放和自由的实现。这既是类的发展的综合表现和最高目标，也是个人实现自由而全面发展的现实条件。其实质内容是指人类凭借自己的类特性，尤其是类能力的充分发展以及社会关系的极大丰富和发展，而使整个族类从自然压迫和人类自身创造的社会（关系）压迫中解放出来，并使每个族类成员的自由个性得以充分发展和实现的过程；同时，也指人的本质力量得到了充分发展和实现的过程，以及人类将奴役和支配自身发展的外在必然性与人类社会本身发展变化的内在必然性及限制人类发展的其他条件置于自己的控制之下，从而使自己族类的每个成员都能按照自己的愿望、兴趣和爱好发展自身多方面才能的一种社会状态。

以上四个方面相互联系和相互渗透构成了人的发展的第一个层面，即“类”的发展的基本内涵。

### 2."个人发展"的基本内涵

从"个人"的角度看,人的发展主要包括以下四个方面。

第一,类特性在个人身上的充分发展。这主要是指在个人身上表现出来的社会性、实践性和自觉能动性等类特性的充分发展。从类与个人的相互关系来看,个人类特性的充分发展是通过类或作为类的存在形式的社会与个人的相互作用来实现的。一方面,社会将个人置于一定的社会关系中,并通过教育和文化(广义的文化)同化等手段和途径将自然人(仅具人的外形不等于人,如狼孩)转化为社会人或使其变成合格的类成员;另一方面,个人又通过自己的生活实践将人类特有的社会性、实践性、自觉能动性等特性展现出来,并在适当的社会条件下使其得以强化和进一步发展。

第二,个人能力或才能的充分发展。这是个人发展的核心内容。这里所指的个人能力或才能与类能力一样,也是一个复杂的体系,既包括体力,又包括智力;既包括从事物质生产劳动的能力或作为生产力要素所具有的生产技术能力,又包括从事精神活动或精神生产的能力以及需要和消费的能力;既包括德能,即思想觉悟与道德修养的能力,又包括审美的能力;既包括社会交往和社会适应以及驾驭社会关系的能力,又包括开拓和创新的能力等。其中体力和智力的发展是人的能力发展的主要内容,也是人的其他能力得以全面发展的前提和基础。

第三,个人价值的实现。人的价值的实现,是人的发展的重要内容和重要标志之一。在这里,人的价值的实现主要是指个人价值在社会生活,即社会关系中的实现和体现。而个人价值的实现首先是指在社会条件允许的范围内不断生成和发展的个人的各种能力或才能得到充分发挥,个人的需要能够得到满足,个人利益能够得到社会和历史的尊重。其次是指个人的劳动不仅能满足自身的需要,更主要的是能满足他人和社会的需要,得到社会的承认,从而使个人的自我价值转化为社会价值。

第四,自由个性的充分发展。一般来说,个性发展难以归属到类的发展这一层面中去,它只能从个人发展这一层面去加以规定和考察。这里所谓"自由个性的充分发展",是以整个族类或每个个人的自由自主发展为前提,以个人独特的性格和行为特征、心理品质以及能力和其他素质的充分发展为主要内容的。马克思曾经把人的自由个性的形成和发展当做人的发展的第三个历史形态,即最高形态的象征。因为在以"人的依赖性"为基础的最初的社会形态,人的个性都被湮灭了;而在"以物的依赖性为基础的"第二个社会形态,即资本主义社会或现代工业社会,个人虽然有了一定的独立性,但人的个性又被平均化、片面化了，人变成了机器的附庸，变成了单向度的人；只有到了共产主义社会，人的个性才有可能得到充分的发展。到那时，个人的独特性、完整性和全面性都将得到充分的展现；每个人都将是充分自由而又各具独特个性的人，整个社会将是各具个性的自由人的联合体。正因为如此，所以在马克思主义看来，自由个性的充分发展，既是人的发展的综合体现和最高目标，也是人的发展的最根本的内涵。

综上可见，“类”的发展与“个人”发展作为人的发展的两个不同的层面，各自都包含着自己特殊的内涵。我们既不能强调一面而忽视甚至否认另一面，也不能用一个方面去取代另一个方面。但是类的发展与个人的发展并不是截然分开、绝对对立的，而是相互依赖、相互制约、相互包含、辩证统一的。

首先，“类”的发展是“个人”发展的前提和条件。个人的发展依赖于类整体的发展，离开了人类整体的进化和发展，也就没有了个人的发展。个人发展的水平和程度的高低，是与类整体的发展水平密切相关的，甚至是由类整体的发展水平或程度所决定的。

其次，个人的发展是类的发展的基础和归宿。一方面，类整体的发展是建立在个人发展的基础之上的，没有个人的发展也就没有类整体的发展。因此，从某种程度上说，个人的发展程度也制约着类整体的发展。另一方面，类的发展不仅包含着个人的发展并通过个人的发展表现出来，而且个人的发展也包含并体现着类的发展，个人类特性和能力体系的发展、个人价值的实现以及自由个性的充分发展，其本身就体现着类的发展。同时，个人发展又是类的发展的最终目的，类的发展最终是以每个类成员的能力体系的发展、自我价值和社会价值的实现以及自由个性的充分发展为标志和归宿的。

总之，“类”的发展与“个人”发展的这种相互依赖、相互制约、相互包含的关系，充分说明了“人”的发展的两个不同层面的不可分割和辩证统一。

## 二、市场经济与人的发展

上面我们是在一般意义上或者说是在理想层面上分析了人的发展的基本内涵，但从历史的角度来看，人的发展，无论是“类”的发展还是“个人”的发展绝不是抽象的(概念)。马克思把人的发展的目标定位于自由与全面的发展，然而，人的自由与全面发展是一个具体的、历史的渐进过程，在不同的时代和不同的国度以及在不同的社会形态下有着不同的发展水平和具体内容。

人的自由与全面发展作为一种社会发展的理想目标，只能在社会既有连续性又有阶段性的发展中才有可能实现。在我看来，尽管这一理想目标从理论上讲是可能实现的，但从实际方面来看则是不可能完全实现的。正是这一矛盾推动着人的自由与全面发展不断地向新的高度和新的阶梯跃迁。

基于上述分析，我们有必要回到现实中来，具体分析市场经济尤其是在社会主义市场经济条件下的人的发展问题。我国目前处于激烈变动的改革和转型时期，市场经济体制的建立是这种改革和转型的重要标志。

分析和考察市场经济与人的发展的关系，可以从两个角度入手：其一，从人的发展视角看市场经济的命运；其二，从市场经济的视角看它对人的发展的影响。

### 1. 市场经济是适合当前人的发展的经济体制

唯物史观认为，尽管历史是人们自己创造的，但社会历史发展又有自己无法超越的自然发展阶段。马克思在谈到人类社会发展的形态时，曾以不同的社会经济形式为坐标，将人类社会经济形式的演进划分为三个阶段：自然经济阶段→(发达的)商品经济阶段(市场经济阶段)→时间经济阶段(产品经济阶段)，并以此为基础将人的发展也相应地划分为三个发展阶段："人的依赖关系"→"以物的依赖为基础的人的独立性"→"自由个性"阶段。每一个经济发展阶段以及与之对应的人的发展阶段是马克思所说的"不能跳过"的"自然发展阶段"。

按照马克思的观点，每一个自然发展阶段都有其存在的历史必然性和历史合理性。制约这些发展阶段前后交替的物质力量是生产力状况，而最符合生产力状况的那种发展阶段，也就是最能满足人的现实需要的发展阶段。因为生产力和生产关系无非是人的发展的不同方面。生产关系适合生产力状况，既是社会结构演进的客观必然性的要求，也是人类自身的一种价值需求。在马克思看来，生产力不是别的，生产力就是人的价值的创造和实现，是人的个性、本质的生成。从现象上看，生产力虽然具有物的外观，但从本质上看，生产力不过是人的本质力量的对象化。正如马克思所说的："工业的历史和工业的已经产生的对象性的存在，是一本打开了的关于人的本质力量的书。"[①]因此，人们追求生产力的发展实质上是为了满足自身的本质力量的需求。当生产关系与社会形式阻碍生产力的发展时，人们之所以要主动地起来变革过时的生产关系和社会形式，以适合生产力的发展，这对人类来说具有双重价值。一方面是为了保存人类已经取得的成果。马克思曾经指出：为了"不使文明的果实——已经获得的生产力被剥夺，所以必须粉碎生产力在其中产生的那些

① 马克思恩格斯全集：第42卷[M]. 北京：人民出版社，1979：127.

传统形式。"[①]另一方面,人类对新的生产关系或社会形式的追求,本质上就是人类追求一种更进步、更合理的适应于个人自觉自由活动的社会类型。换句话说,人们之所以要改变旧的、已经过时的生产关系和社会形式,其深刻动机就是要追求和实现人的自由和全面发展,归根到底,就是力图使人自身的本质力量获得更顺利的发展,而不使发展受到阻碍。

自然经济这个"自然发展阶段"是同使用手工工具的人和由这些人所结成的社会关系相一致的。它适合于前资本主义社会形态下人的发展的需要。这种需要就是马克思所说的个人对共同体的依赖:氏族的每个成员对氏族公社的依赖,奴隶对奴隶主的依赖,农奴对封建庄园的依赖,封建行会里的学徒、帮工对行东的依赖,各种侍从对封建贵族的依赖……这种依赖关系使得人的独立性和个性还不可能形成,因为在这里,商品生产还只能存在于社会的缝隙之中。

市场经济这个"自然发展阶段"是同使用机器工具的人和由这些人所结成的社会关系相一致的。机器工具是一种要由许多人共同使用的生产资料,是具有社会性的生产力要素。由此创造着社会化劳动和社会化的生产关系,而从事这种社会化劳动和充当社会化生产关系载体的人又必须是独立的个人,即摆脱了上一发展阶段一定狭隘人群附属物地位的必然结果。因为商品交换的前提便是要有这样的独立个人为商品的监护人。

在传统社会向现代化社会转变的今天,最适合于人的发展的社会经济环境是什么呢?是市场经济体制。这不仅因为市场经济是当下人的发展不可超越的"自然发展阶段",而且还因为,独立的个人是迄今为止最发达的商品经济社会存在的前提,同时,这种独立的个人只有在市场经济这种发达的社会关系和社会交往中才能得到自身的发展。

中国社会今天正处在这种转变之中。大家知道,中国没有经历发达的资本主义而进入到了社会主义。旧中国除了占国民经济约10%的现代工业外,基本上是自然经济和半自然经济,生产的社会化程度也比较低。然而无论资本主义还是社会主义都不可能长久建立在自然经济和半自然经济的基础之上。为了把社会主义制度奠定在社会化大生产的基础上,在今天除了通过发展商品经济之外,没有更有效的途径了。进一步研究还表明,商品、货币、市场等经济范畴并不是专属某一社会形态(如资本主义)的东西。商品经济并不代表一种基本的社会制度。因为在奴隶社会和封建社会里,商品生产和商品交换早已存在。因此,我们有理由把发达的商品经济即市场经济看做是一种经

---

① 马克思恩格斯选集:第1卷[M].北京:人民出版社,1995:152.

济手段。社会主义需要市场,如同资本主义也有计划一样。在现代资本主义社会的现实中,“计划”事实上已在某种程度上被人们所运用。这就是人们长期在心中困惑的一个问题——为什么资本主义至今仍“垂而不死,腐而不朽”的一个重要原因。我国的社会主义,从五大社会形态来看,它所处的社会发展阶梯是高于资本主义的,但从三大社会形态来看,它仍然没有越过第二大形态即商品经济社会。

因此,在今天的中国,社会主义初级阶段的国情要求我们把社会主义基本制度同市场经济(体制)结合起来。通过经济商品化、市场化以获得更为发达的社会大生产的物质基础。没有这样一个物质基础,社会主义是不可能巩固的。

这里,我们要澄清一个关系问题,即各种体制与社会主义基本制度的关系。虽然体制与基本制度关系密切,但不能把二者完全等同,相应的,也不要把体制改革与制度变革混为一谈。不能说经济体制改革或政治体制改革就是社会的经济制度或政治制度的变革。与基本制度(国家根本的经济制度和政治制度)相比,“体制”作为国家机关、企事业单位的机构设置和管理权限划分及相互关系的制度,既是国家的基本经济制度和政治制度的重要体现形式,又服务于国家的基本制度。因而,基本制度不仅处于更为基本的层次,而且具有相对稳定性、单一性(如社会主义的经济制度、政治制度),而体制则可以采取灵活多样的形式。正因为如此,各国在稳定基本制度的同时,不断探索和完善各种体制。我国进行各种体制改革的依据亦在这里。改革开放以来的实践表明,我国在从计划经济体制向市场经济体制的转变过程中,社会生产力发展了,社会财富增长了,从而各阶层人民的需要也在不同程度上得到了满足,社会主义的基本制度得到了巩固和加强。因此,无论从理论上还是实践上来看,我们完全有根据说,社会主义市场经济是适合现阶段人的发展、满足人的需要的最佳经济体制。

当然,没有一种永恒不变的经济体制。随着社会生产力的发展,总有一天,市场经济体制会退出历史舞台,让位于更新、更合理的经济体制(如马克思所预言的计划产品经济)。这是因为,支配市场经济(包括社会主义市场经济)的基本规律是价值规律。这个规律在本性上是带有自发性的。由于这个原因,尽管人们可以通过国家的宏观经济调控,赋予经济生活以某种计划因素,但仍然不能避免这样一种后果:人们活动的总效应必然作为一种难以在事先完全预测到的力量支配着人,给人以一定的消极效应。在这个意义上,市场经济是一种异化经济——人创造出来的经济力量反过来支配人、奴役人。因此,马克思把市场经济视为具有暂时的历史必然性和历史合理性的东西。等待时机成熟,人们必然会用一种新的、更合理的体制取代它。

### 2. 市场经济对人的发展的双重影响

在从人的发展的视角考察了市场经济的意义和命运之后,现在让我们转变视角,考察市场经济生活给在它之下的人们以什么影响。我们特别要考察中国社会主义市场经济对改革开放中的人的发展的影响。从积极影响方面看,市场经济是传统人向现代人转变的契机,市场经济为人的发展的全面性创造了前提。

(1) 市场经济是传统人向现代人转变的契机。改革开放 30 年来,中国社会向现代化迅速转变。何谓现代化?迄今为止,人们有不同的理解。一种广为流行的观点是,现代化就是西方化。这种观点以西方特别是英、美为参照系,照抄、照搬西方的模式,究其实质,不过是"西方中心论"的翻版。另一种也是相当流行的观念,现代化就是工业化。这种观点把国民经济结构中的主导产业——工业作为现代化的标志。在 20 世纪 30 年代苏联取得工业化的胜利后,这种观点盛行一时。目前,比较一致的认识是:现代化是从传统社会向现代社会的转变过程,是由科学技术革命引起的传统社会的经济、政治、社会、文化、思想等领域的深刻变化。概括地说,现代化就是:经济领域的工业化、信息化(知识经济时代还应加上知识化),政治领域的民主化、法制化,价值观念领域的人性化、理性化,以及它们之间的互动过程。归根结底,是人的现代化,是全体国民素质的提高。

传统人是前资本主义社会狭隘社会关系的产物,而狭隘社会关系则是自然经济的特征。农业社会的小农便是传统人的典型。马克思曾这样描绘法国农业社会的传统人的主要特征,他说:"他们的生活条件相同,但是彼此间并没有发生多种多样的关系。他们的生产方式不是使他们互相交往,而是使他们互相隔离。……小块土地,不容许在耕作时进行任何分工,应用科学,因而也就没有任何多种多样的发展,没有各种不同的才能,没有丰富的社会关系。""一小块土地,一个农民和一个家庭;旁边是另一小块土地,另一个农民和另一个家庭。一批这样的单位就形成一个村子;一批这样的村子就形成一个省。这样,法国国民的广大群众,便是由一些同名数简单相加形成的,好像一袋马铃薯是由袋中的一个个马铃薯所集成的那样。"[①]马克思在这里描绘的是法国小农经济培育出的传统人,他具有一切传统社会里的传统人所有的共性——狭隘社会关系所形成的愚昧、保守、封闭、墨守成规等。

---

① 马克思恩格斯选集:第 1 卷[M].北京:人民出版社,1995:677.

现代人的形成首先要归功于商品经济的大发展。不断扩大产品销路的需要驱使商品生产者奔走于全球各地。他们必须到处落户，到处创业，到处建立联系，开拓世界市场，使一切国家的生产和消费都成为世界性的。有了世界性的生产和消费，随之而来的是世界性的文化，在这基础上就形成现代人。人的现代化关键在于观念现代化。在早期资本主义的故乡意大利，由于商业和国际贸易的发展打破了中世纪的地域分割，我们看到那时候文艺复兴的人文主义者就已经形成了现代人的观念：以世界为家的观念。但丁说："我的国家是全世界。"吉贝尔蒂说："一个有学问的人定居在哪里，哪里就是家。"总之，自15世纪以来，美洲的发现，绕过非洲（好望角）的航行，世界市场的形成，商业、国际贸易、航海业和工业的高涨把一种具有世界观念、知识广博、社会关系丰富的现代人推到了历史舞台的前面。可以说，没有市场经济便没有传统人向现代人的转变。

在中国，向市场经济体制的转变也成了传统人向现代化嬗变的契机。自从1978年以来，中国广大农村残存着的封闭性突然被消解了。对消解起决定作用的是农村经济商品化的一系列措施，首推在农村实行的以家庭联产承包为主的责任制。

经过几年的试验，实行在土地公有制前提下的家庭联产承包制度，既使农民获得了土地经营自主权，也使农民终于成为自己生产的产品的所有者，成为能够参与商品交易的经济主体，从而为农村经济商品化大发展创造了必要的前提。这一切把上亿的原先禁锢在人民公社黄土地上的"社员"解放了出来，让他（她）们奔向大中城市，奔向中小城镇，成长为各种各样的新的社会角色：乡镇企业家、推销员、离土不离乡的工人、城市保姆、个体户等。他们同过去相比，其共同点是：社会联系丰富多了，视野广阔了，见识多了，观念改变了。一句话，逐渐地从传统人向现代人转变，尽管这个转变还仅仅是开始。

对于城里人来说，市场经济同样给他们带来了一个从传统向现代的转变，尽管新旧对比不像在农村居民身上发生的那样深刻、广泛。转变主要表现在观念的现代化上。在传统社会里，重义轻利是几千年中国古代社会传统。权威和政治（义）占优势，而效率、经济（利）则处在从属地位。即使在旧的计划经济体制下，这种传统观念也依然起作用，突出表现为"只算政治账不算经济账"的"政治挂帅"。在现代市场经济条件下，不算经济账是行不通的。以经济建设为中心被提高到党的基本路线的高度。相应的，效率观念被突出，并且放到重要地位，"效率优先，兼顾公平"成为人们处理分配领域问题的一项原则。

又如强调竞争的观念。竞争是商品经济特有的机制。在古代传统社会里，也有商品生产，但只存在于社会的缝隙中。传统社会靠家庭手工业与宗法农业的结合造成社会结构的超稳定性。而商品经济及其竞争机制必然导致小生产者的两极分化，使超稳定的传统社会结构濒于瓦解。因此传统社会的统治者（封建统治阶级）极力反对和排斥竞争观念，倡导重本（农）轻末（商），目的是保持自己统治的经济基础。马克思和恩格斯曾经以未来共产主义社会为参照系，批判市场经济使人仍然处于动物界的生存斗争状态，认为只有结束了市场经济的生存竞争状态，人类才能进入真正的人类历史，获得"真正人的生存条件"。后来的马克思主义者，特别是处于社会主义初级阶段的中国马克思主义者，由于他们只熟悉马克思、恩格斯这些抨击竞争的言论，因此，他们一方面忽略了这些抨击是以什么社会历史条件为前提的；另一方面又忽略了他们自己国家的国情，往往片面斥责市场竞争是"大鱼吃小鱼，小鱼吃虾米"，竞争就是无情的弱肉强食，竞争是资本主义固有的，是不道德的、反人道的……这种无条件地反对竞争的必然结果是选择了结果均等的价值取向。社会主义就是平等，而平等却被理解为结果均等。为了这样一种价值选择，他们不得不付出长期低效率或无效率的可怕代价。

我们承认，社会主义社会的竞争也与资本主义社会的竞争一样，遵循"优胜劣汰"的原则，因此，也必然会有一部分人在竞争中获胜，而另一部分人失利，从而出现利益或地位的差别。但是，这种差别是促进社会和个人进步的动力。差别也不会像资本主义竞争那样具有明显的对抗性，不平等性，从而造成社会贫富的两极分化。社会主义竞争是建立在社会主义公有制基础上的。国家可以通过宏观控制，制定相应政策，采取法律、经济、行政、教育等多种调节措施，扶植和帮助落后群众和弱势群体，将这种差别限制在一定的程度和范围内。尤其对于当代中国人来说，由于社会处于经济落后、商品生产发展不足、生产社会化水平甚低的条件下，竞争无疑是推动社会发展的不可或缺的积极因素，竞争不仅是他们发展的需要，而且是他们应当具备的现代进步观念。

(2) 市场经济为人的发展的全面性创造了前提。市场经济给予人的发展的积极影响不仅体现在观念方面，而且也体现在物质方面。

首先，市场经济促成了人的个性独立与自强。

在自然经济条件下，由于生产规模的狭小和交往的局限，人们不得不处在起初完全是自然发生的以血缘关系为基础的种群共同体的依赖关系之中，而残酷的奴隶制和漫长的封建宗法制度，尤其是我国儒家的人伦道德不仅牢牢地维系着各种人身依附关系或等级关系，而且几乎扼制了人的一切个性。当然，在这种社会形态中也就不可能形成真正具有独立人格的"个人"，也不可能谈论人的"自主性"。现实地看，我们可以通过计划经济与市场经济的比较来说明这一问题。

市场经济本质上是一种高度个性化的社会经济，而计划经济则是一种高度集权化的或整体化的社会经济。就其与个体的联系方式而言，计划经济体制有两个明显的特点，在某种程度上也可以说是它的缺点。一是作为一种由上至下的条型管理体制，它把社会复杂的网状立体结构分割成彼此隔离的条状结构。行业之间、部门之间尤其个人之间的横向联系被削弱以至取消，个人被固定在特定的社会层次上并处于上下级之间的线性联系之中，其行为主要由社会角色和社会层次地位来决定，谈不上个性和个体自主性。二是资源配置和社会管理主要通过由上到下的线性行政命令来进行。行政命令取代了公平竞争，长官意志取代了经济规律。即使在上级决策正确和传输渠道畅通的情况下，个人与社会的联系也要经过许多中间环节，这时人与人之间的联系间接化、单一化。一旦线性垂直联系中的任何一个环节发生故障，都会妨碍以至阻断整个社会联系。而如果上级决策出现失误，下级即使有所察觉，也会由于处在单向被决定的地位而无能为力。所以，在传统计划经济体制下，谈不上人的主体性、自主选择和负责精神。

相比之下，市场经济体制的最大特点和优点就在于它是一种平等的、自由的、开放的和各负其责的资源配置手段和社会管理体制。在市场的作用下，由于社会分工和利益的分化，劳动者必然成为相对独立的生产主体和利益主体。他生产经营什么，生产经营多少，都必须根据对市场信息的把握和自身的各种条件，由各主体独立自主地作出决定，决定的正确与否，最后的效果如何，都必须由劳动者自己负责。这种经济运行方式，不仅有助于调动劳动者的主动性、积极性，而且有利于劳动者充分发挥自己的主观能动性、创造性；不仅有力地促使着真正掌握自身命运的独立“个人”的生成，而且在事实上强化了人的主体意识。每个人以及所从事的活动都必须通过市场而直接面向社会。所有人要想在社会竞争中立足，就必须不断地发展自己的个性，提高自己的能力，拓展自己的生存和发展空间，否则，他将会在激烈的市场竞争中被淹没、被淘汰。

其次，市场经济丰富了人的全面关系。

历史已经充分证明，人们的生活圈子狭小、社会关系简单、交往贫乏、封闭自足是造成思想僵化、人的发展和社会发展缓慢的重要原因。而市场经济的形成，市场体系的扩大和全面开放，却能以其特有的方式和魅力把人们联系起来。它从客观上要求突破地域、民族或国家的壁垒，要求加强个人之间和单位、行业、地区之间，以及国家和民族之间的多方面的交流与合作，要求打破原始的保守自足状态，在人们之间建立起最广泛、最普遍的交往关系。同时，由于市场调动了人的多方面的需求，引导出人的多样性活动，而市场竞争又引发了多方面的利益冲突，这就使人的社会关系日益趋向复杂、全面，因而它在客观上要求人们在广泛的社会范围内结成经济的、政治的、法律的、伦理的以及思想文化的关系，即形成人的全面的社会关系。

再次，市场经济拓展了人的生存空间和发展空间。

所谓市场经济拓展了人的生存空间，意思是说，在市场经济条件下，每个人都不会永远固定在一个行业或一种职业上，这无疑会增强人们适应社会、驾驭自我的能力。而这一点正是通过劳动交换表现出来的。

劳动交换作为一种广泛的社会现象呈现于近现代社会，要归功于市场经济与大工业的结合。商品经济社会是一个以流动性为其根本特征的社会。商品、货币、资本一旦沉淀下来，就意味着经济的停滞、萧条和危机的到来。在市场经济条件下，劳动力作为生产要素，以商品的形式出现在市场上。商品（包括劳动力）必须是流通的。随着它的流动，劳动者就不能不经常变换自己的职业，从一个行业转到另一个行业，于是，在客观上便给他个人带来了劳动能力的多方面的发展。在这个意义上，对于人的发展来说，市场经济的劳动交换有着巨大的功绩。

在今天的中国社会主义初级阶段，大工业与市场经济相结合通过劳动交换这一客观规律对人的发展所起的积极作用，仍然是值得我们高度重视的。尤其是当我们把这种积极作用同计划经济体制下的劳动固定状态相对照时，其价值就更为明显。众所周知，在旧体制下，对社会资源配置起基础性作用的不是市场而是计划。如果整个社会生产是严格地按指令性计划实施的，那么劳动力作为一种基本资源，其配置当然要被严格地纳入指令性计划中，因而劳动者个人从进入社会就业伊始，在职业选择上就是由国家的计划预先确定好了的，这就是所谓“一次分配定终身”。此外，还由于计划经济体制下没有企业的兼并、破产，劳动者极少有机会从一个行业向另一个行业调拨。因此，今天人们熟知的就业上的“双向选择”，在当时是不存在的。劳动者个人对他所终身依附的企业形成一种依赖关系。“跳槽”的概念在旧体制下是一种很陌生的东西，那只是国外资本主义市场经济下的企业才有的现象。自从把社会主义市场经济作为经济体制改革的目标之后，劳动交换的积极效应在我们的社会生活中也逐渐显示出来。

所谓增加发展空间，是说由于市场经济的调节机制——价值规律和竞争的作用，从而在客观上促进了科学技术的发展和应用。科学技术的发展和应用，必然使劳动生产率得以提高，使劳动者的劳动时间缩短，从而为劳动者根据自己的兴趣和爱好发展自己的技能、特长和自由个性，为劳动者在物质生产活动的各个部门和科学技术、艺术创作等精神活动领域都得以全面、自由地发展提供越来越多的自由支配的时间。正如马克思所说：“正像单个人的情况一样，社会发展、社会享用和社会活动的全面性，都取决于时间的节省，一切节约归根到底都是时间的节约。"①"真正的节约(经济)=劳动时间的节约=生产力的发展。"②劳动时间的节约不仅意味着劳动效率的提高，而且意味着自由时间的增加，意味着社会用于发展时间的增加。

总之，市场经济对人的发展的积极影响是多方面的。但与世界上的任何事物都有它自身固有的局限性一样，市场经济也不是十全十美的。它在对人的发展起着积极的促进作用的同时，也在不断地产生着各种消极影响和负面效应。举例来说，市场经济中的"经济人"的行为模式就有可能导致利己主义。"经济人"概念是西方古典经济学界的著名代表亚当·斯密提出来的，用以揭示市场经济活动中人的行为动机上的自利性、行为目的上的功利性和行为方式上的理性化。这种行为模式的价值核心是"利己"。在自我与他人、自我与社会的利益关系上，利己是本位的，是市场经济活动的最终驱动力。诚实守信，文明经商，互惠互利，其出发点和落脚点都根源于自我利益的追求。市场经济制度本身一方面肯定人们利己的合理性，另一方面又规定人们合理地利己。但是，更重要的是市场经济实际上是在刺激着人们的利己心理与利己活动，由此可能导致三种情况。

(1) 损人利己。市场经济制度必须使人合理地利己，即在自我与他人、社会的利益关系上，也必须充分考虑他人与社会的利益，不能损人利己，这是合理利己的界限。但只要有漏洞可钻，"经济人"行为模式的"最小—最大"原则必然使自我的逐利行为超越这一合理界限，走向损人利己的利己主义，因为损人利己是追求利润最大化的最便利的途径。

(2) 取权利而摒责任。市场经济体制在制度设置上必须在利益主体之间合理分配权利与责任，使人人享有权利，也承担责任。责任意味着对权利和利益的限制、规定。但是，只要有可能，只要这样做不受到惩罚的话，私利的追求就不可避免地会使利益主体逃避责任，只取利益，诸如偷税漏税、经营假冒伪劣商品等。

(3) 将市场中的逐利行为扩展为社会行为。在非经济领域，诸如政治领域、文化领域与公共场所中，人们也按着"经济人"的行为模式追求自己的利益而演变为利己主义。再比如，市场经济的交换原则有可能导致拜金主义。在市场经济条件下，独立的利益主体的个别劳动支出必须通过商品等价交换才能转化为社会劳动，人的关系必须以商品货币的物的形式为中介，这就极有可能导致拜金主义或商品拜物教。其具体表现，一是人对物的依赖。市场经济

---

① 马克思恩格斯全集:第46卷(上)[M].北京:人民出版社1979:120.

② 马克思恩格斯全集:第46卷(下)[M].北京:人民出版社,1980:533.

使人成为独立的人，但由于独立的个人之间的中介是商品货币，这种人的独立性却是以对物的依赖为基础的。在这个意义上，这种具有“独立性”的人依然是不独立的。二是等价交换原则的泛化。等价交换的底蕴实际上是“物欲”的满足，是非常功利化的。市场经济实质上是在刺激和满足人们的“物欲”。这种以“物欲”为核心的功利价值观是“外向”的，而不是“内向”的；是“外展”的而不是“内收”的，而且在向外施展的过程中并无确定的界限，即“欲壑难填”。这种以“物欲”为核心的功利价值观的外趋指向决定了它不会局限于经济生活这一狭小的范围，而是具有一种扩张并企图支配人的全部生活领域的顽固态势。只要有可能，它就会渗透到政治、文化、家庭、人际关系等诸多领域，而使之功利化，被金钱所支配。

对于市场经济给人的发展带来的消极效应和影响，理解时要注意这么一个问题：消极效应和影响是否是市场经济固有的？笔者的看法和观点是否定的。无论是计划经济体制还是市场经济体制，它所带来的消极效应和影响只是一种可能趋向而并非“不可避免”。正如计划经济体制并不一定带来人们普遍的集体主义观念的确立一样，市场经济体制并不必然带来人们普遍的个人主义或利己主义倾向。关于这一点，邓小平关于计划与市场的论述是颇具启发意义的：社会主义需要市场，正如资本主义需要计划一样，计划和市场作为两种手段，并不是分属两种社会制度所独有的。这就是说，社会主义与计划和集体主义，资本主义与市场和个人主义之间并非存在着必然的因果联系。举例来说，关于利益驱动与道德状况（爬坡或滑坡）之间的关系，有人认为，利益驱动会造成道德滑坡，好像道德消极效应是市场经济所固有的。其实，在任何社会条件下，人总是从自己的利益出发的。马克思曾说过，人们所努力争取的一切都同利益相关。因此，就利益驱动本身来说，它与某种道德状况（爬坡或滑坡）并非有必然的因果关系。问题在于，在道德状况与利益驱动之间有一系列的中间环节，如道德教育、舆论导向、法制和社会管理等。人们对这些中间环节处理得好，利益驱动的结果就不会造成道德滑坡。反之，如果人们为求得利益而不顾起码的道德藩篱，践踏法制、忽视社会舆论与社会管理，或者这些中间环节对人们的行为缺乏应有的强制性和约束力，那么就会造成消极的道德状况。在这些场合，把市场的利益驱动比喻为“水力”是颇为恰当的。水有巨大能量，但它自身对人并无善恶、利害的品性。修水库，建水力发电站，把水力纳入一定轨道，就能给人带来善（水利）。反之，同样的水就会危害人类，带来恶（水害）。利与害、善与恶非水力自身固有之物。当然，像个人至上、利己倾向等与市场经济的关联比起它们与计划经济的关联要紧密一些、更直接一些，其形成的趋向和可能更大一些，这也是不可否认的。因此，我们不能一味地为市场经济唱赞歌，要辩证地对待它的方方面面。如何克服和消除市场经济给人的发展所造成的消极影响和负面效应，这是我们今天乃至今后需要不断进行理论探讨和实践解决的问题。

## 三、人的发展和社会发展

在发展的目的或归宿问题上，到底是人的发展还是社会发展，时至今日仍然众说纷纭，莫衷一是。概括起来，大致有两种主要观点。一种观点认为，人是社会的人，社会发展蕴涵着人的发展，从而以社会发展遮蔽了人的发展问题。另一种观点是，人的发展和社会发展是两个完全不同的概念，它们之间是不能通约或归属的。前一种观点虽然看到了人的发展和社会发展的相关性，但由于强调社会发展而在实际上取消了人的发展问题；后一种观点虽然看到了人的发展和社会发展之间的差异性，但其主导倾向更强调人的发展，社会发展只是人的发展的手段或条件，实际上等于取消了社会发展问题。

### 1. 人与社会关系的多重理解

实际上，对于人的发展和社会发展及其相互关系的理解在很大程度上取决于对于人和社会关系的理解。

就人与社会的关系而言，历史上人们主要围绕以下问题进行争论：人和社会两个方面，哪一方最根本；人是社会环境的产物，还是人创造了社会历史；是人决定社会的性质和发展方向，还是社会决定着人性和人的本质；人与社会存在和发展的目的是什么；人是为了自己而存在还是为了社会而存在，等等。面对这些问题，人们在不同的历史时期与不同的文化背景下，站在不同的立场上，做出了多种多样的回答。归纳起来，主要有三种类型的观点：一是人本论；二是社会本原论；三是人与社会相互作用论。[①]

人本论认为，人是本原性力量，是人创造了社会和人本身，人也是人类和社会活动的根本目的。作为人本论的对立面，社会本原论认为，人是社会环境的产物。这种观点认为，人只有在社会中才能成为一个人，如果他与社会失去了联系，那么充其量他只是一个人形动物。因此，不是人创造社会，而是社会塑造人。至于造就人的社会因素是什么，这往往因不同的理论家的不同理论而有所区别，一般指文化、风俗、习惯、法律、社会制度和语言等。客观上讲，人本论和社会本原论的见解既有其合理性，又有其明显的局限性。由于人本论

① 韩震. 生成的存在——关于人和社会的哲学思考[M]. 北京：北京师范大学出版社，1996：8-9.

过分强调人特别是个人的作用，这就把人的社会历史性质抽象掉了，结果却使人变成了一种生物性存在。社会本原论只用社会来解释社会本身及其人，这不仅分解了主体，消灭了人，而且也把社会抽象成某种独立的实体，使文化、语言、思想和制度等变成了不可捉摸的神秘存在。双方都是抽象的，人本论抽象掉了人的社会联系，社会本原论则抽去了社会的主体。失去社会联系的人，不能算是真正的人；没有主体的社会，也不是真正现实的社会。这说明，无论是片面地强调人的作用，还是片面地强调社会的作用，都不能正确理解人与社会的关系。

相比之下，人与社会相互作用论较之人本论和社会本原论有其更多的合理性。它强调，在人与社会的关系问题上，认为人与社会是一种相互作用的关系，双方相互生成、相互转化、相互推动、互为目的。这种理论和观点在方向上是正确的，但在他们那里，人与社会是如何关联的，它们统一的基础是什么等问题并没有得到合理的解决。

只有马克思主义才为正确地认识人与社会的关系奠定了科学的方法论基础。在马克思主义看来，人与社会在发生学的意义上是一种共时性的存在，人是社会的人，社会是人的社会，人及社会都是人的实践活动的产物和表现。脱离了社会的人和脱离了人的社会，都是不可能的，二者在人的实践活动的基础上统一起来。“环境的改变和人的活动的一致，只能被看作是并合理地理解为变革的实践。”①当然，人与社会又是有差异的。马克思指出：“全部人类历史的第一个前提无疑是有生命的个人的存在。因此，第一个需要确认的事实就是这些个人的肉体组织以及由此产生的个人对其他自然的关系。”②同时，社会又是人们之间交互作用的产物。这种“产物”反过来又成为人们力图认识和把握的对象。人与社会的差异，并不意味着对二者的统一的否定，恰恰相反，却为二者的相互生成和相互促进提供了前提。如果社会的力量只是人的力量的简单相加，那么人就无法从社会那里提升自己、发展自己；同样，如果人只是社会的附属品，那么社会就无从找到发展的动力源。正是无数个人能够为社会作出贡献，提供剩余价值，才使社会进步成为可能。人与社会是一个包含内在差别和矛盾的统一体。正是这种内在矛盾，既推动着社会的演进，又推动着人的不断完善。因此，只有从人和社会的辩证统一的关系中来研究人和社会，人和社会才能得到合理的解释和说明。

### 2. 人的发展与社会发展各有其不同的内涵

人与社会之间的对立统一关系构成我们理解人的发展和社会发展关系的

---

①② 马克思恩格斯选集：第1卷[M]. 北京：人民出版社，1995：59，67.

前提。根据唯物史观，人的发展就是人类追求自由和争取解放的过程。人的发展经历了一系列历史阶段，逐步趋向全面而自由的发展。如前所述，人的发展包含了“类”和“个人”两个层面的发展。但相对社会发展而言，人的发展则是指“每个人”，即“社会的每个成员”的发展，包括人的体力、智力、个性和交往能力等的发展，可从“全面”“自由”“充分”三个方面来衡量人的发展。所谓全面发展是从广泛性上谈人的发展，它与片面发展相对，指人的各方面才能和能力的协调发展。人的全面发展并不排除某个人在某个或某些方面的特殊才能的发展，并不否认人的个性特点，并不是把每个人都塑造成一模一样的完人。所谓自由发展是从自主性上谈人的发展，它指的是人自觉自愿地发展自己的才能，施展自己的力量。马克思多次强调这一点，如“个人的独创的和自由的发展”“全部才能的自由发展”“不受阻碍的发展”等。一定历史阶段上的人的片面发展，在某种意义上也是一种不自由的发展。就是说，一个人在某个或某些方面得到发展，往往并不是他根据自己的天赋和意愿而自愿选择的，而是由于外界压力或旧式分工而不得不做出的选择。所谓充分发展则是从程度上谈人的发展。人的才能和能力的发展有个程度或水平的问题，人总是向着更高程度和水平发展自己的才能。马克思多次提到人的“一切天赋得到充分发展”“自由而充分的发展”。充分发展是与全面发展和自由发展联系在一起的。在人的发展中，全面发展是把人的自由发展和充分发展都包含在其中的。

而社会发展虽说在某种意义上内含着人的发展，但决不能把它等同于人的发展。事实上，它具有比人的发展更为宽泛的特殊内涵。从总体上看，社会发展既包括社会形态的新陈代谢，即社会形态由低级到高级、由简单到复杂的依次更替或质的飞跃，也包括同一社会形态内部的各社会要素的量的增长和结构、功能的优化；从社会有机体的物质基础即社会赖以存在和发展的物质资料的生产方式来看，它既包括了社会生产力的发展，也包括了与之相应的社会生产关系的变革；从社会有机体本身的构成内容来看，它包括作为“骨骼”的社会经济基础的发展和作为“血肉”的上层建筑的变更；从社会有机体的宏观结构来看，它包括社会的经济结构、政治结构、文化结构等的变迁，等等。只有当我们从社会是人的社会、社会的存在和发展的主体这一角度看，社会发展才是指的人的发展。

当然，如同人与社会的关系一样，人的发展与社会发展之间尽管存在着差异，但并不意味着二者互不相干，各自孤立。事实上，无论是对人的发展还是对社会的发展的理解，我们总是把它们关联起来，以对方作为参照系。也就是说，离开人的发展去谈社会发展或离开社会发展来谈人的发展，都是片面的，不切实际的。

### 3. 人的发展以社会发展为前提

人的发展之所以要以社会发展为前提，这是由人的实践本性决定的。人的实践活动与动物的本能活动不同。无论是在自然界的动物世界里，还是在社会的人的世界里，都存在着一个个体与类的关系问题，然而这种关系的性质和表现形式是不同的。在动物世界里，由于先天的固有的生理结构和功能决定了每个个体虽有其各自的特性，但又体现了物种的整个类的规定性。正如康德所言："在其他一切自顾自的动物那里，每个个体都实现着它的整个规定性。"[①]虽然在有的动物中，个体为了群体，为了群的利益而牺牲自己，但这只是动物自身物种规定性的一种本能表现。因此，在动物那里，个体是可以离开"类"而单独存在和生活的，每个个体的需要及其满足单靠自己的本能活动而无须群体的力量的协助就能实现。但是人则不同。在社会世界里，个体与类的关系可以说是部分与整体的关系，这种关系具有必然的内在相关性。这意思是说，人是最名副其实的社会动物。与动物相比，人作为个体在适应环境、求生能力等方面远不及其他动物个体，它必须借助群体的力量来弥补个体力量的不足。实践是人类所特有的存在方式。然而实践从一开始就具有群体的、社会的性质，即必须有众多个体的相互合作才能进行。人们越是投入到这种实践活动中就越是会发现人们之间的这种依赖关系。在社会中生活着的每一个人，都有自己的特殊需要、利益、意志、情感和愿望等，都希望发展个性，完善自身。然而这些不仅在每个社会成员那里各不相同，而且因其相互冲突和抵触而最终很难如愿以偿，甚至事与愿违。这一矛盾使得每个人愈来愈意识到自己的特殊需要、利益和愿望只有在与他人的相互合作、相互交往中才能得到解决；甚至还意识到，为了换来个人的长远利益而舍弃暂时的利益，或为了获得更多的发展而牺牲个人利益来首先满足社会整体的发展需要。在这一意义上，社会不过是人们在实践活动中形成的相互结合的形式。这种形式的任务和使命就在于保证人们的实践活动能够顺利、有效地进行。

同时，我们注意到，社会一旦适应人的需要建立起来，又反过来深深地影响和制约着每个个体。这是因为，一方面，人是社会的人，人是一定社会历史的产物，人只能存在于社会历史之中，并在一定的社会历史中成为他自身。任何人的社会本质都是一定社会经济、政治、文化等社会关系凝结的产物。另一方面，现实人的活动都要受到一定社会历史条件的制约。正如马克思所说："人们自己创造自己的历史，但是他们并不是随心所欲地创造，并不是在他们

---

① ［德］康德．实用人类学［M］．邓小芒，译．重庆：重庆出版社，1987：235．

自己选定的条件下创造,而是在直接碰到的、既定的、从过去承继下来的条件下创造。"[①]既然如此,在人类社会历史的演进中,马克思根据人的发展和社会发展的相关性,把人的发展过程概括为三个历史阶段。

(1) 人的依赖关系占统治地位的阶段。在这个阶段中,个人没有独立性,直接依附于一定的社会共同体。人们之间的社会联系只限于共同体内部,只是在孤立的地点和狭窄的范围内发生的地方性联系。在这种原始的社会关系下,"无论个人还是社会,都不能想象会有自由而充分的发展,因为这样的发展是同[个人和社会之间]原始关系相矛盾的。"[②]

(2) 以物的依赖关系为基础的人的独立性阶段。在这一阶段中,社会形成了普遍的物质交换、全面的关系、多方面的要求以及整体能力的体系。由于社会关系以异己的物的关系的形式同个人相对立,人的发展依然受到社会关系的束缚和压抑。然而,它"在产生出个人同自己和同别人的普遍异化的同时,也产生出个人关系和个人能力的普遍性和全面性"[③],从而为更高的历史阶段的到来创造着条件。

(3) "建立在个人全面发展和他们共同的社会生产能力成为他们的社会财富这一基础上的自由个性"[④]的阶段。在这一阶段中,社会关系不再作为异己力量支配人,而是置于人们共同控制之下。人们将在丰富、全面的社会关系中获得自由、全面的发展。

马克思所概括的这三个阶段,既是社会经济形态历史演进的三个阶段,也是人的发展由低级向高级演进的三步历史阶梯。

### 4. 社会发展以人的发展为归宿

坚持在人和社会的辩证关系中去理解人的发展和社会发展的关系,并不意味着我们可以将人的发展与社会发展并列起来,等量齐观。我们有必要进一步追问和回答历代思想家们争论的焦点问题,这就是前面提到的:人与社会发展的目的是人还是社会本身?在这一问题上,我们认为,社会发展以人的发展为目的和归宿。

(1) 人是社会存在的根本前提和构成要素。社会是人的社会,人是社会的主体。对于人的社会历史的研究,首先要考察的就是人与社会的本体关联关系。在唯物史观的理论体系中,马克思始终把人当做社会的主体而使其具有社会的本体论地位,即人是社会历史的各种属性、状态和变化之所以能存在的物质承担者,是社会构成的实在基础。全部人类历史的第一个前提无疑是

---

① 马克思恩格斯选集:第1卷[M].北京:人民出版社,1995:585.

②③④ 马克思恩格斯全集:第46卷(上)[M].北京:人民出版社,1979:104,109,485.

有生命的个人的存在。“应当避免重新把‘社会’当作抽象的东西同个人对立起来。”人就是人的世界，就是国家、社会，人是全部人类活动和全部人类社会关系的本质和基础，社会本身即处于社会关系中的人本身。马克思的这些论述从存在物、前提、基础和本质等不同的角度阐明了人是社会存在的主体地位。可以说，离开了人的存在和主体地位，就会把社会变成抽象的、毫无意义的东西。

(2) 社会历史活动是“人为”的活动。我们知道，只要不承认什么上帝之类的虚幻的神灵的创造，也不承认有一个离开了人的什么抽象的社会自己创造自己，那么，我们就必须承认社会历史的一切都是在人类及其主体活动的基础上构筑起来的。

(3) 社会历史活动又是“为人”的活动。人们之所以要从事各种各样的历史活动，是因为人们具有各种各样的生存和发展的需要。马克思恩格斯指出：“我们首先应当确定一切人类生存的第一个前提，也就是一切历史的第一个前提，这个前提是：人们为了能够‘创造历史’，必须能够生活。但是为了生活，首先就需要吃喝住穿以及其他一些东西。因此第一个历史活动就是生产满足这些需要的资料，即生产物质生活本身。”①人们通过意识到的需要和通过自觉的创造活动来满足自身的需要并产生新的需要，从而不断地创造着社会历史和人自身的历史。从这个意义上说，人的活动都是以自身一定的需要为出发点和目的的。社会的一切都是为人的，人是社会发展的终极目的。在不同的社会形态中，其区别不在于是否以人为目的，而是在于为什么人和为少数人还是大多数人的问题。

由以上分析可见，既然人是社会的主体，社会的一切既是“人为”的又是“为人”的，那么很显然，社会发展的一切终究是为了人的发展。在马克思恩格斯看来，“社会”不是许多个人简单集合的“实体”范畴，而是一个内含着个人与社会相互作用及其矛盾的“关系”范畴。从这一矛盾关系的动态结构看，历史过程的演进不得不使个人与社会之间互为目的和手段，并且在阶级对抗的社会里，一些人的发展要以另一些人受压抑为代价，但历史过程的结果则明确地指向了个人的自由与全面发展。也就是说，每个个人的发展是社会发展的最终目的和归宿。对此，马克思说，无论是以社会分工的发展还是从改造社会关系方面来说，“‘人’类的才能的这种发展，虽然在开始时要靠牺牲多数的个人，甚至靠牺牲整个阶级，但最终会克服这种对抗，而同每个个人的发展相一致；因此，个性的比较高度的发展，只有以牺牲个人的历史过程为代价。”②这集中

① 马克思恩格斯选集：第1卷[M]．北京：人民出版社，1995：78-79.

② 马克思恩格斯全集：第26卷(第2册)[M]．北京：人民出版社，1973：124-125.

地体现了马克思在人的发展问题上历史的辩证观点。我们注意到，马克思的社会历史理论，正是以深切的人文关怀，亦即对每个人的自由解放或人的自我价值实现的深切关注为灵魂的。马克思愤怒地谴责那些致使人畸形发展和压抑人的个性发展的社会制度，劳动异化理论、人与自然关系的理论、关于共产主义是自由人联合体的思想、晚期人类学思想等，是马克思在自己哲学思考中自觉关注人的问题的明证。对此，当代美国学者宾克莱在《理想的冲突》中对马克思的评论是非常中肯的。他说："马克思反对资本主义的原因主要在于它不能让人的创造才能得到充分发展，反而要使一切人（工人与资本家一样）都成为一种对财物的崇拜为动力的制度的奴隶。资本主义制度评价一个人的价值是看他有什么而不是看他是什么样的人。结果金钱变成资本主义的伟大的上帝，而一切其他价值，不论是道德的还是精神的，都沦为替它服务的东西。"① 正因为如此，我们才有充分的理由认为，在人的发展和社会发展的关系问题上，社会发展以人的发展为旨归，这不仅是马克思恩格斯的一贯主张，而且也是我们思考这一问题的基本出发点。

---

① [美]宾克莱．理想的冲突[M]．马元德，译．北京：商务印书馆，1986：101-102.

# 参考文献

1. 马克思，恩格斯. 马克思恩格斯全集：第 1～50 卷[M]. 北京：人民出版社，1956—1985.

2. 马克思，恩格斯. 马克思恩格斯选集：第 1～4 卷. [M]. 北京：人民出版社，1995.

3. 列宁. 列宁选集：第 1～4 卷[M]. 北京：人民出版社，1995.

4. 列宁. 列宁全集：第 16 卷[M]. 北京：人民出版社，1988.

5. 列宁. 列宁全集：第 22 卷[M]. 北京：人民出版社，1958.

6. 邓小平. 邓小平文选：第 2 卷[M]. 北京：人民出版社，1983.

7. 邓小平. 邓小平文选：第 3 卷[M]. 北京：人民出版社，1993.

8. [美]塞缪·P. 亨廷顿. 现代化：理论与历史经验的再探讨[M]. 罗荣渠，译. 上海：上海译文出版社，1993.

9. [拉美]弗朗西斯科·洛佩斯·塞格雷拉主编. 全球化与世界体系(上、下)[M]. 白凤森，等译. 北京：社会科学文献出版社，2003.

10. [美]布热津斯基. 大失控与大混乱[M]. 潘嘉玢，刘瑞祥，译. 北京：中国社会科学出版社，1995.

11. [法]德里达. 马克思的幽灵[M]. 何一，译. 北京：中国人民大学出版社，1999.

12. [意]克罗齐. 历史学的理论和实际[M]. 傅任敢，译. 北京：商务印书馆，1982.

13. [美]阿尔温·托夫勒. 预测与前提[M]. 粟旺，等译. 北京：国际文化出版公司，1984.

14. [美]阿尔温·托夫勒. 未来的冲击[M]. 孟广均，等译. 北京：新华出版社，1996.

15. [法]雷蒙·阿隆. 社会学主要思潮[M]. 葛智强，等译. 北京：华夏出版社，2000.

16. [美]宾克莱. 理想的冲突[M]. 马元德，译. 北京：商务印书馆，1993.

17. [美]托马斯·莫尔. 乌托邦[M]. 戴镏龄,译. 北京:商务印书馆,1996.

18. [德]李凯尔特. 文化科学与自然科学[M]. 涂纪亮,译. 北京:商务印书馆,1986.

19. [法]弗朗索瓦·佩鲁. 新发展观[M]. 张宁,等译. 北京:华夏出版社,1987.

20. [德]康德. 实用人类学[M]. 邓晓芒,译. 重庆:重庆出版社,1987.

21. 刘森林. 发展哲学引论[M]. 广州:广东人民出版社,2000.

22. 郑积源. 跨世纪科技与社会可持续发展[M]. 北京:人民出版社,1998.

23. 中国21世纪议程编制组. 中国21世纪议程——中国21世纪人口、环境与发展白皮书[M]. 北京:中国环境科学出版社,1994.

24. 钱乘旦,等. 英国文化模式溯源[M]. 上海:上海社会科学出版社,2003.

25. 韩毅,等. 美国赶超经济史[M]. 北京:经济科学出版社,2006.

26. 罗荣渠. 现代化新论[M]. 北京:北京大学出版社,1993.

27. 苏振兴. 拉美国家现代化进程[M]. 北京:社会科学文献出版社,2006.

28. 童星. 发展社会学与中国现代化[M]. 北京:社会科学文献出版社,2005.

29. 杜方利. 东亚经济的崛起[M]. 上海:上海远东出版社,1998.

30. 姜桂石. 全球化与亚洲现代化[M]. 北京:社会科学文献出版社,2005.

31. 叶泽雄. 邓小平社会理想思想研究[M]. 武汉:华中科技大学出版社,2005.

32. 丰子义. 发展的反思与探索[M]. 北京:中国人民大学出版社,2006.

33. 韩震. 生成的存在——关于人和社会的哲学思考[M]. 北京:北京师范大学出版社,1996.

34. 侯衍社. 马克思的社会发展理论及其当代价值[M]. 北京:中国社会科学出版社,2004.

35. 程新英. 发展的意蕴——发展观的历史嬗变与科学发展观的当代价值[M]. 北京:中国社会科学出版社,2006.

36. 高峰,等. 社会发展导论[M]. 北京:社会科学文献出版社,2004.

37. 贺善侃. 发展哲学研究论纲[M]. 上海:上海三联书店,2005.

38. 韩庆祥. 发展与代价[M]. 北京:人民出版社,2002.

# 后 记

作为一名社会哲学及社会认识论的教学与研究工作者，社会发展问题始终是我学术生涯中关注和思考的重点。我深信，对任何时代的任何社会理论的研究与探讨，其主旨都是朝着完善人和人性这一主题的复归而进行的。在人类面临生存和发展困境的今天，现实社会如何发展，发展的模式和道路应如何选择，中国作为发展中国家，在"地球村"时代的发展轨迹中应有什么样的变化，这种变化与整个世界间的关系又是怎样等问题构成了我思考的核心。近几年来，本人围绕这些问题收集和阅读了大量文献，并结合本科生和研究生教学，撰写了一些相关文章，但总觉得言而未尽，不够系统与全面。尽管本书未能真正实现我最初的愿望，但较之前期研究自以为前进了许多。

事实上，对社会发展问题作全面系统的研究是一项艰巨的任务。本书不想对涉及发展的诸多问题作事无巨细的考究，也不想构建一个关于发展问题研究的哲学体系，而是想依据马克思社会发展理论，从哲学层面上对贯穿于发展实践中的"一般问题"，即涉及社会发展观的问题作一些前提批判与反思，以求在实践层面上为社会的合理发展提供可能借鉴的思路和方法。

在本书出版之际，特别感谢华中科技大学出版社的鼎力支持，感谢为本书的写作提供帮助的研究生们，感谢所有支持和帮助我的同仁、朋友和亲人。

由于本人才疏学浅，书中难免有不妥之处，在此，恳请学界同仁和各位朋友不吝赐教。

叶泽雄

2008 年 6 月于名都花园